기출이 답이다

TAT 2급

기출문제해설집 7회

SD에듀

(주)시대고시기획

2024 SD에듀 기출이 답이다
TAT 2급 기출문제해설집 7회

Always **with you**

사람의 인연은 길에서 우연하게 만나거나 함께 살아가는 것만을 의미하지는 않습니다.
책을 펴내는 출판사와 그 책을 읽는 독자의 만남도 소중한 인연입니다.
SD에듀는 항상 독자의 마음을 헤아리기 위해 노력하고 있습니다. 늘 독자와 함께하겠습니다.

PREFACE

머리말 | AT자격시험은 한국공인회계사회에서 주관하는 국가공인 회계·세무 실무자격을 평가하는 시험으로, 실제 기업에서 사용하는 실무프로그램인 더존 Smart A를 통해 회계 및 세무 처리 능력을 인증하는 자격시험입니다.

실제로 거의 모든 세무나 회계 관련 업무가 실무프로그램을 통해 이루어지고 있으므로, 실무중심의 AT자격 취득을 통해 취업에 한 걸음 더 다가가시길 바라는 마음으로 집필하였습니다.

본서는 최신 기출문제 7회분으로 구성되어 있습니다. 해설에는 주요 기출 핵심이론을 수록하여 시험에 충분히 대비할 수 있게 하였고, 더존 Smart A 프로그램 화면을 통한 직관적인 풀이를 통해 실무 학습에 도움이 되도록 하였습니다.

실무이론이나 실무수행 부분의 학습도 중요하지만 무엇보다도 기출문제가 가장 중요합니다. 기출문제를 반복하여 꼼꼼히 풀면 출제유형이나 풀이방식 등을 익힐 수 있으며, 출제되었던 유형의 문제가 다시 출제되는 경우가 많기 때문에 자격취득에 보다 가까워질 수 있습니다. 반복된 학습을 통해 기출문제를 완전한 내 것으로 만들어 합격의 기쁨을 누리시길 바랍니다.

세무회계연구소

INFORMATION
AT 자격시험 안내

검정기준

구 분	내 용
FAT 2급	회계기본 순환과정을 이해하고 증빙관리 및 상거래 활동에서 발생하는 회계정보의 활용 능력을 평가
FAT 1급	재무회계의 기본과정을 이해하고 전자세금계산서 관리 및 부가가치세 신고를 수행할 수 있으며, 상기업에서 발생하는 회계정보관리 능력을 평가
TAT 2급	재무회계와 부가가치세 수정신고 등 수행능력과 소득세 원천징수의 전자신고를 통한 세무정보 분석능력을 평가
TAT 1급	재무회계와 부가가치세, 소득세, 법인세, 회계정보관리의 수행 능력을 종합적으로 평가

시험정보

시험구분	국가공인 민간자격
합격기준	100점 만점 중 70점 이상
응시자격	제한 없음
시험시간	FAT 60분, TAT 90분
시험 응시료	등급별 39,000원
시험 준비물	신분증, PC(혹은 노트북), 휴대폰, A4백지 1장, 필기구 1개, 사칙연산용 계산기 ※ 비대면 시험 전환으로 준비물 확인 중요

※ 한국공인회계사회 AT자격시험 홈페이지(at.kicpa.or.kr)에서 정확한 정보를 확인하실 수 있습니다.

등급별 평가범위

구 성		평가범위
FAT 2급	이론(30%)	회계의 기초
	실무(70%)	기초정보관리의 이해, 거래자료입력, 전표수정, 결산, 자료조회
FAT 1급	이론(30%)	재무회계의 기초, 부가가치세
	실무(70%)	기초정보관리의 이해, 거래자료입력, 부가가치세, 결산, 자료조회
TAT 2급	이론(30%)	재무회계, 부가가치세, 소득세(원천징수)
	실무(70%)	거래자료입력, 결산, 전표수정, 부가가치세, 근로소득 관리
TAT 1급	이론(30%)	재무회계, 부가가치세, 소득세(원천징수), 법인세 기초
	실무(70%)	거래자료입력, 결산, 부가가치세, 원천징수 관리, 법인세무조정

STRUCTURES
구성과 특징

제62회 기출문제

실무이론평가

아래 문제에서 특별한 언급이 없으면 기업의 보고기간(회계기간)은 매년 1월 1일부터 12월 31일까지입니다. 또한 기업은 일반기업회계기준 및 관련 세법을 계속적으로 적용하고 있다고 가정하고 물음에 가장 합당한 답을 고르시기 바랍니다.

01 다음은 (주)한공의 2023년 12월 31일 현재 보유 중인 상품에 대한 자료이다. 2023년 손익계산서에 인식할 재고자산평가손실은 얼마인가?

수 량	장부상 단가	단위당 예상 판매가격	단위당 예상 판매비용
1,000개	100원	110원	30원

① 0원

최신 기출문제 7회분

최신 출제경향이 반영된 기출문제 7회분을 상세한 해설과 함께 제공하는 도서입니다. 동일한 유형의 문제가 반복되어 출제되는 시험이오니 7회분의 기출문제를 반복하여 풀면서 자주 틀리는 유형은 오답노트를 만들어 보시기를 바랍니다.

핵심이론 **부양가족공제(직계존속)**
거주자와 생계를 같이하는 60세 이상인 직계존속으로서 해당 과세기간의 소득금액 합계액이 100만원 이하인 사람

- 이채민(연말정산관계 : 1.소득자 직계존속)
 – 60세 이상이면서 연간 소득금액 합계액이 100만원 이하이므로 부양가족공제 가능

핵심이론 **연간 소득금액 합계액 100만원 산정방법**
1. 일시적으로 발생한 퇴직소득과 양도소득도 포함
2. 근로소득만 있는 경우 총급여액 500만원 이하
3. 비과세 · 분리과세 소득은 제외

 – 기본공제대상자면서 70세 이상이므로 경로우대자공제 가능

핵심이론 **경로우대자공제**
기본공제대상자면서 70세 이상인 사람

- 이다정(연말정산관계 : 3.배우자)
 – 연간 소득금액 합계액이 100만원 이하이므로 부양가족공제 가능
- 윤만세(연말정산관계 : 4.직계비속(자녀, 입양자))
 – 20세 이하이면서 연간 소득금액 합계액이 100만원 이하이므로 부양가족공제 가능

주요 기출 핵심이론

실무이론평가 해설에는 반복 출제되는 주요 기출에 대한 핵심이론을 수록하였습니다. 향후 출제가 예상되는 내용도 함께 수록하였으므로, 해설 풀이뿐만 아니라 관련 이론까지 완벽하게 숙지하시기를 바랍니다.

[실무수행평가] – 근로소득관리 1

36	37	38	39	40
1,500,000	3,000,000	0	500,000	1

36~40 조회 [인사급여] – [연말정산관리] – [연말정산 근로소득원천징수영수증] – 1300.윤세리

실제 프로그램 화면

실제 프로그램 화면을 수록하여 실무수행평가 조회 문항에 대한 정답을 직관적으로 확인할 수 있도록 하였습니다. 입력했던 내용들이 정확한지 조회하는 문제가 핵심이니 반복하여 연습하시기 바랍니다.

PROCESS
시험 진행순서

◇ 사전테스트

1. 테스트 초대 메일 링크 접속

- 수신할 이메일 정보 미리 입력 : [AT홈페이지] ▶ [마이페이지] ▶ [나의 정보관리] ▶ [회원정보 수정]
  ※ 초대 메일을 통해 사전테스트 및 본테스트를 해야하므로 중요
- 크롬브라우저를 실행하여 메일 링크 접속

▼

2. 더존 프로그램&수험용 데이터 파일 설치 및 사전점검

- 더존 교육용 프로그램 Smart A(최신버전)과 등급별 수험용 데이터 설치파일을 순서대로 설치
  ※ 미리 설치하지 않고 시험시작 후 설치하여 소요되는 시간은 추가시간 미부여

▼

3. 화상기기 화면 공유 및 웹캠 연결

- PC를 이용하는 경우 웹캠 이용, 내장된 카메라가 있는 노트북의 경우 웹캠 불필요
  ※ 노트북의 경우 내장된 카메라가 있어도 오류 생기는 경우가 가끔 있으므로 주의

▼

4. 신분증 제출 및 휴대폰 연결

- 신분증은 주민등록증, 운전면허증, 내국인 여권, 외국인 등록증, 기타 신분증 가능
- 시험시작 전에 휴대폰은 [화면켜짐상태유지], [화면잠금해제], [방해금지모드]를 설정
- 전원이 OFF 되지 않도록 충전선을 연결
- 휴대폰 카메라는 수험자의 양손, 얼굴 측면, 책상 위, 모니터가 보이도록 각도 설정 필수

▼

5. 사전(체험) 테스트 실시

- 수험자는 본테스트 1일 전 오후 6시까지 사전테스트 필수 실시
  ※ 사전테스트 미완료자 본테스트 응시 불가
- 테스트 체험 후 [체험하기 종료] 버튼을 반드시 눌러야 사전테스트 완료한 것으로 인정
  ※ 사전테스트 완료 여부는 초대메일의 [응시페이지 바로가기]를 누르면 확인 가능

⬡ 본테스트

1. 테스트 초대 메일 링크 접속

- 크롬브라우저를 실행하여 사전테스트 시 받았던 메일 링크로 접속
  ※ 원활한 신분확인 및 환경점검을 위해 1시간 전에 미리 입실
  ※ 시험시작 20분 전까지 시험준비를 마쳐야 하며, 해당 시각 이후에는 테스트 접속 불가

▼

2. 테스트 준비(화상기기설정, 수험용 데이터파일 설치)

- 사전테스트와 동일하게 수험용 데이터파일을 설치하고 화상기기 화면 공유 및 웹캠 연결

▼

3. [감독관] 수험자 신분확인 및 시험환경점검

- 테스트 설정 완료 후 감독관의 신분확인과 시험환경 확인을 위해 착석하여 대기
- 정숙이 유지되는 1인 1실의 독립공간에서 응시가능(자택, 개인사무실, 스터디카페 1인실 등)
- 책상 위에는 A4백지 1장, 필기구 1개, 사칙연산용 계산기만 허용

▼

4. 시작시각에 [테스트 시작] 누르고 시험진행

- [테스트 시작] 버튼을 누르면 시험이 시작되며, [감독관확인번호]는 전체 공지사항으로 안내
- 시험규정에 맞추어 응시해야 하며, 부정행위가 발견될 경우 시험 일시중단 및 종료처리

❖ 한국공인회계사회 AT자격시험 홈페이지(at.kicpa.or.kr)의 [공지사항]에서 정확한 정보를 확인하실 수 있습니다.

CONTENTS

이 책의 차례

PART 1	프로그램 설치 및 실행	
	더존 Smart A 설치 및 백데이터 실행	003

PART 2	기출문제	
	제63회 기출문제	011
	제62회 기출문제	034
	제61회 기출문제	058
	제60회 기출문제	080
	제59회 기출문제	104
	제58회 기출문제	128
	제57회 기출문제	152

PART 3	정답 및 해설	
	제63회 정답 및 해설	179
	제62회 정답 및 해설	201
	제61회 정답 및 해설	225
	제60회 정답 및 해설	248
	제59회 정답 및 해설	272
	제58회 정답 및 해설	295
	제57회 정답 및 해설	316

PART 1
프로그램 설치 및 실행

더존 Smart A 설치 및 백데이터 실행

더존 Smart A 설치 및 백데이터 실행

(1) 한국공인회계사회 AT자격시험 웹사이트(https://at.kicpa.or.kr) 접속 → 홈페이지 하단 [교육용프로그램 다운로드] 클릭 → 교육용 프로그램 다운로드 및 설치

(2) SD에듀 홈페이지(https://sdedu.co.kr) 접속 → [학습 자료실] → [프로그램 자료실] → [2024 TAT 2급 백데이터] 검색 및 다운로드

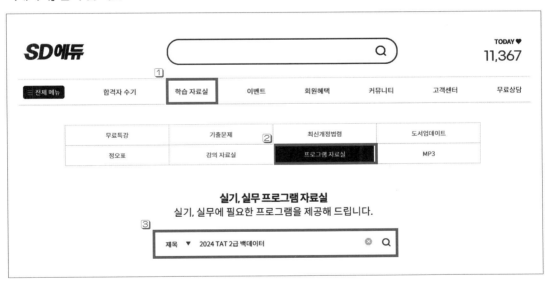

(3) 다운로드한 [2024 TAT 2급 백데이터] 파일의 압축 해제

이름	수정한 날짜	유형	크기
2163_#_(주)시원전자_#_회계_원천_법인...	2023-07-21 오후 2:32	공인회계사 파일	1,701KB
2162_#_(주)태평산업_#_회계_원천_법인...	2023-07-21 오후 2:19	공인회계사 파일	1,752KB
2161_#_(주)청정산업_#_회계_원천_법인...	2023-07-21 오후 2:21	공인회계사 파일	1,686KB
2160_#_(주)네팔산업_#_회계_원천_법인...	2023-07-21 오후 2:24	공인회계사 파일	1,635KB
2159_#_(주)반도산업_#_회계_원천_법인...	2023-07-21 오후 2:24	공인회계사 파일	1,687KB
2158_#_(주)뷰티플러스_#_회계_원천_법...	2023-07-21 오후 2:26	공인회계사 파일	1,665KB
2157_#_(주)산들산업_#_회계_원천_법인...	2023-07-21 오후 2:30	공인회계사 파일	1,689KB

(4) [Smart A 프로그램] 실행 → [사용급수 TAT 2급] 지정 → [회사등록] 클릭

※ [Smart A 프로그램]에 회사가 이미 등록되어 있는 경우 설치과정 생략 가능

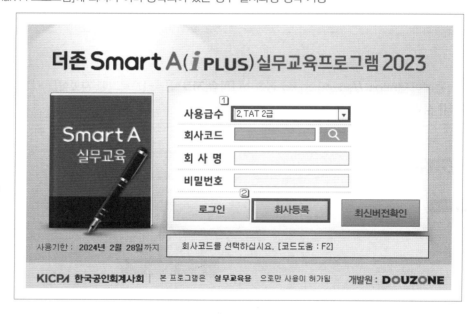

(5) 최초 로그인을 위한 임의의 [회사등록] 정보 입력 → [회사등록] 창 닫기

※ [Smart A 프로그램]에 회사가 이미 등록되어 있는 경우 설치과정 생략 가능

- 코드 : 1111
- 구분 : 0.법인
- 1.회계연도 : 제1기 2023년 1월 1일 ~ 2023년 12월 31일 입력
- 회사명 : 시대고시
- 사용 : 0.사용

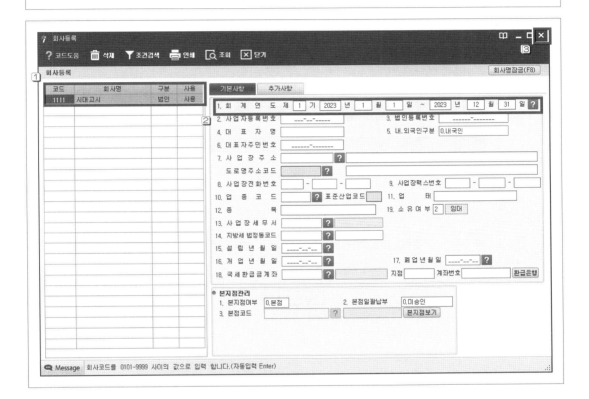

(6) [회사 코드도움] 클릭 → [회사선택] 후 확인 → [로그인] 클릭

(7) [회계] – [재무회계] – [데이터관리] – [백업데이터 복구] 클릭

(8) 데이터경로의 [선택] 클릭 → 다운로드 후 압축 해제한 [2024 TAT 2급 백데이터] 폴더 선택 → 복구할 회사 목록이 생성 → [복구할 회사] 선택 → [복구하기] 클릭

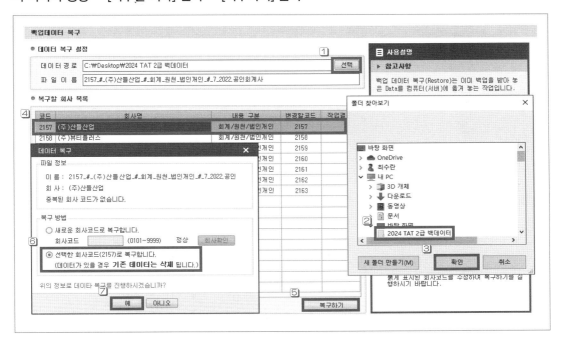

(9) [작업결과 성공] 확인 → 좌측상단 [회사] 탭 클릭 또는 [Shift] + [F1] 입력 → 풀이하고자 하는 회사코드 입력 후 풀이 시작

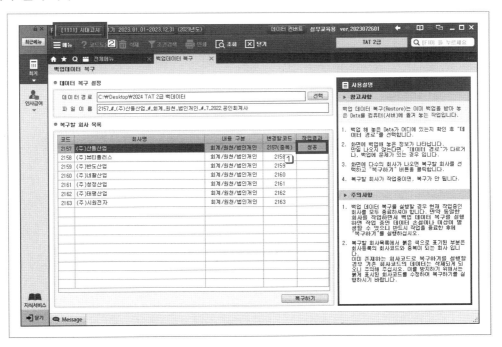

우리 인생의 가장 큰 영광은

결코 넘어지지 않는 데 있는 것이 아니라

넘어질 때마다 일어서는 데 있다.

– 넬슨 만델라 –

PART 2
기출문제

제63회   기출문제

제62회   기출문제

제61회   기출문제

제60회   기출문제

제59회   기출문제

제58회   기출문제

제57회   기출문제

아래 문제에서 특별한 언급이 없으면 기업의 보고기간(회계기간)은 매년 1월 1일부터 12월 31일까지입니다. 또한 기업은 일반기업회계기준 및 관련 세법을 계속적으로 적용하고 있다고 가정하고 물음에 가장 합당한 답을 고르시기 바랍니다.

01 다음은 (주)한공의 회계담당자간 대화이다. 아래의 (가), (나)에 들어갈 내용으로 옳은 것은?

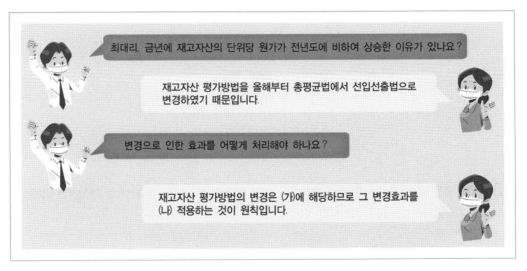

최대리, 금년에 재고자산의 단위당 원가가 전년도에 비하여 상승한 이유가 있나요?

재고자산 평가방법을 올해부터 총평균법에서 선입선출법으로 변경하였기 때문입니다.

변경으로 인한 효과를 어떻게 처리해야 하나요?

재고자산 평가방법의 변경은 (가)에 해당하므로 그 변경효과를 (나) 적용하는 것이 원칙입니다.

	(가)	(나)
①	회계정책의 변경	전진적으로
②	회계추정의 변경	전진적으로
③	회계정책의 변경	소급하여
④	회계추정의 변경	소급하여

02 다음은 (주)한공의 A기계장치 관련 자료이다. 2023년 말에 인식할 유형자산손상차손 금액은 얼마인가?

> • 2022년 1월 1일 : A기계장치를 200,000,000원에 취득
> • 2022년 12월 31일 : A기계장치에 대한 감가상각비 계상
>
>   (차) 감가상각비   20,000,000   (대) 감가상각누계액   20,000,000
> • 2023년 12월 31일 : A기계장치에 대한 감가상각비 계상
>
>   (차) 감가상각비   20,000,000   (대) 감가상각누계액   20,000,000
> • 2023년 12월 31일 : A기계장치에 대한 손상검사를 실시한 결과, 처분 시 예상되는 순공정가치는 60,000,000원, 계속사용가치는 70,000,000원으로 판단되었다.

① 60,000,000원
② 70,000,000원
③ 90,000,000원
④ 100,000,000원

03 다음은 (주)한공의 상품 관련 자료이다. 이를 토대로 2023년도 매출원가를 계산하면 얼마인가?(단, 재고자산평가손실은 모두 정상적인 것이다)

[자료 1. 2022년도]

기초상품재고액	당기매입액	기말상품재고액
1,000,000원	6,000,000원	• 취득원가 : 2,000,000원 • 순실현가능가치 : 1,500,000원

[자료 2. 2023년도]

기초상품재고액	당기매입액	기말상품재고액
×××	7,000,000원	• 취득원가 : 3,000,000원 • 순실현가능가치 : 2,000,000원

① 5,500,000원
② 6,000,000원
③ 6,500,000원
④ 7,000,000원

04 다음 자료를 토대로 (주)한공의 재고자산 중 자연재해로 인해 유실된 금액을 계산하면 얼마인가?

〈재고자산 자료〉
- 기초상품재고액 500,000원
- 당기상품매입액 1,500,000원
- 당기상품매출액 2,000,000원
- 매출총이익율 20%

〈재해 발생 후 재고자산 실사 결과 자료〉
- 기말상품재고 창고실사 결과 실재액 300,000원

① 100,000원
② 200,000원
③ 300,000원
④ 500,000원

05 (주)한공은 2023년 결산 후에 매출거래처인 (주)서울이 2023년 12월에 파산하여 매출채권의 회수가 불가능한 사실을 알게 되었다. 이에 대한 회계처리 누락이 2023년 재무제표에 미치는 영향으로 옳은 것은?(단, 대손충당금 잔액은 없다)

① 매출의 과대계상
② 당기순이익의 과소계상
③ 자산의 과대계상
④ 이익잉여금의 과소계상

06 다음은 (주)한공의 매도가능증권 관련 자료이다. 7월 1일자 회계처리로 옳은 것은?

- 2022년 8월 10일 : 매도가능증권 1,000주를 1주당 공정가치 8,000원에 취득하다.
- 2022년 12월 31일 : 매도가능증권을 1주당 공정가치 9,000원으로 평가하다.
- 2023년 7월 1일 : 매도가능증권 1주당 7,000원에 모두 처분하고 주금은 현금으로 받다.

가.	(차) 현 금	7,000,000	(대) 매도가능증권	8,000,000
	매도가능증권처분손실	1,000,000		
나.	(차) 현 금	7,000,000	(대) 매도가능증권	8,000,000
	매도가능증권평가이익	1,000,000		
다.	(차) 현 금	7,000,000	(대) 매도가능증권	9,000,000
	매도가능증권처분손실	2,000,000		
라.	(차) 현 금	7,000,000	(대) 매도가능증권	9,000,000
	매도가능증권평가이익	1,000,000		
	매도가능증권처분손실	1,000,000		

① 가
② 나
③ 다
④ 라

07 부가가치세법상 재화의 수입에 대한 설명으로 옳지 않은 것은?

① 보세구역 내에서 보세구역 외의 장소로 공급하는 재화가 외국에서 도착한 물품인 경우 재화의 수입에 해당한다.

② 수출신고가 수리된 물품으로서 선적되지 아니한 물품을 보세구역에서 반입하는 경우는 재화의 수입에 해당하지 아니한다.

③ 외국에서 보세구역으로 재화를 반입하는 것은 재화의 수입에 해당한다.

④ 부가가치세가 과세되는 재화를 수입하는 경우에는 세관장이 수입세금계산서를 발급한다.

08 다음은 제조업을 영위하는 일반과세자 (주)한공의 2023년 제1기 부가가치세 확정신고와 관련된 매입세액 자료이다. 부가가치세법상 공제받을 수 있는 매입세액은 얼마인가?(단, 세금계산서는 적법하게 수취하였다)

가. 공장용 화물차 유류대 관련 매입세액	3,400,000원
나. 거래처 접대용 선물세트 구입 관련 매입세액	1,000,000원
다. 사무용 비품 구입 관련 매입세액	4,000,000원
라. 토지 자본적 지출 관련 매입세액	2,500,000원

① 5,000,000원
② 5,900,000원
③ 6,500,000원
④ 7,400,000원

09 다음 중 연금소득에 대한 설명으로 옳지 않은 것은?

① 연금계좌에서 연금수령하는 경우의 연금소득은 연금수령한 날이 수입시기가 된다.
② 연금소득공제액이 900만원을 초과하는 경우에는 900만원을 공제한다.
③ 공적연금소득을 지급하는 원천징수의무자는 해당 과세기간의 다음 연도 2월분 공적연금 소득을 지급할 때에 연말정산을 하여야 한다.
④ 공적연금을 연금이 아닌 일시금으로 수령하는 경우에는 퇴직소득으로 과세한다.

10 다음은 (주)한공에서 근무하는 김회계씨(총급여액 60,000,000원)의 연말정산자료의 일부이다. 2023년 연말정산 시 적용하여야 할 의료비 세액공제액을 계산하면 얼마인가?

가. 시력보정용 안경구입비	600,000원
나. 국내 의료기관에서의 치료비	3,000,000원
다. 외국대학병원에서의 치료비	2,000,000원
라. 미용을 위한 성형수술비	1,000,000원

① 180,000원
② 255,000원
③ 571,000원
④ 720,000원

(주)시원전자(회사코드 2163)는 공기청정기 제조업을 영위하는 법인기업으로 회계기간은 제7기(2023.1.1. ~ 2023.12.31.)이다. 제시된 자료와 자료설명을 참고하여, [수행과제]를 완료하고 [평가문제]의 물음에 답하시오.

실무수행 유의사항	1. 부가가치세 관련 거래는 [매입매출전표입력] 메뉴에 입력하고, 부가가치세 관련 없는 거래는 [일반전표입력] 　메뉴에 입력한다. 2. 타계정 대체와 관련된 적요는 반드시 코드를 입력하여야 한다. 3. 채권·채무, 예금거래 등 관리대상 거래자료에 대하여는 반드시 거래처코드를 입력한다. 4. 자금관리 등 추가 작업이 필요한 경우 문제의 요구에 따라 추가 작업하여야 한다. 5. 제조경비는 500번대 계정코드를 사용한다. 6. 판매비와관리비는 800번대 계정코드를 사용한다. 7. 등록된 계정과목 중 가장 적절한 계정과목을 선택한다.

실무수행 1   거래자료 입력

실무프로세스 자료이다. [자료설명]을 참고하여 [수행과제]를 수행하시오.

① 3만원 초과 거래자료에 대한 경비등의송금명세서 작성

■ 보통예금(국민은행) 거래내역

		내 용	찾으신금액	맡기신금액	잔 액	거래점
번 호	거래일	계좌번호 719-119-123123 (주)시원전자				
1	2023-1-10	임차료	500,000		***	***

공급자 정보

- 상　　　　　　호 : 현대개발
- 사업자등록번호 : 120-07-27772
- 대　　표　　자 : 이종민
- 주　　　　　　소 : 경기도 수원시 팔달구 매산로 10-7 (매산로1가)
- 은　행　정　보 : 신한은행 011202-04-012368
- 예　　금　　주 : 이종민(현대개발)

자료설명	원재료 단순 보관을 위해 현대개발에서 임차한 임야에 대한 1월분 임차료 500,000원을 국민은행 보통예금에 서 이체하였다.(현대개발은 세금계산서 발급이 불가능한 간이과세자임)
수행과제	1. 거래자료를 입력하시오.(단, 비용처리할 것) 2. 경비등의송금명세서를 작성하시오.(단, 영수증수취명세서 작성은 생략할 것)

② 신규매입자산의 고정자산 등록

자료 1. 업무용승용차 구입내역

전자세금계산서			(공급받는자 보관용)		승인번호		

공급자	등록번호	101-81-09147			공급받는자	등록번호	120-81-32144		
	상호	현대자동차(주)	성명(대표자)	정의선		상호	(주)시원전자	성명(대표자)	오세정
	사업장주소	서울특별시 서초구 헌릉로 12				사업장주소	서울특별시 강남구 삼성로 530		
	업태	제조업	종사업장번호			업태	제조업외	종사업장번호	
	종목	자동차				종목	공기청정기		
	E-Mail	hdmotors@bill36524.com				E-Mail	cool@bill36524.com		

작성일자	2023.2.5.	공급가액	60,000,000	세 액	6,000,000
비고					

월	일	품목명	규격	수량	단가	공급가액	세액	비고
2	5	제네시스G80				60,000,000	6,000,000	

합계금액	현금	수표	어음	외상미수금	이 금액을	○ 영수 함
66,000,000				66,000,000		● 청구

자료 2. 업무용전용 자동차보험 가입내역

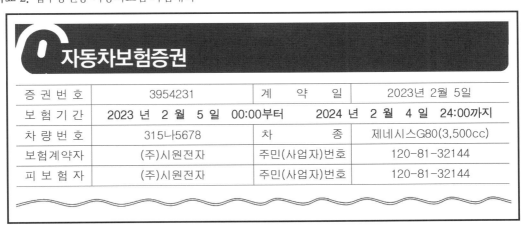

자동차보험증권			
증 권 번 호	3954231	계 약 일	2023년 2월 5일
보 험 기 간	2023 년 2 월 5 일 00:00부터	2024 년 2 월 4 일 24:00까지	
차 량 번 호	315나5678	차 종	제네시스G80(3,500cc)
보 험 계 약 자	(주)시원전자	주민(사업자)번호	120-81-32144
피 보 험 자	(주)시원전자	주민(사업자)번호	120-81-32144

자료설명	1. 자료 1은 관리부에서 사용할 업무용승용차(5인승, 3,500cc)를 구입하고 발급받은 전자세금계산서이다. 2. 자료 2는 업무용승용차 구입에 따른 자동차보험 가입내역이다.

수행과제	1. 자료 1을 참고로 하여 매입매출자료를 입력하시오.
	  (전자세금계산서와 관련된 거래는 '전자입력'으로 처리할 것)
	2. [고정자산등록]에서 신규 취득한 자산을 등록하시오.
	  (코드번호 : 1000, 자산명 : 제네시스G80, 상각방법 : 정액법, 내용연수 : 5년)
	3. 자료 2를 참고로 하여 [업무용승용차등록]에서 신규 취득한 승용차를 등록하시오.
	  - 코드번호 : 1000
	  - 차종 : 제네시스G80

③ 자본거래

자료 1. 신주발행 내역

주식 수	주당 액면가액	주당 발행가액	주식발행비용
3,500주	5,000원	15,000원	850,000원

자료 2. 보통예금(기업은행) 거래내역

번 호	거래일	내 용	찾으신금액	맡기신금액	잔 액	거래점
		계좌번호 1588-9824-69555 (주)시원전자				
1	2023-3-30	주식대금		51,650,000	***	***

자료설명	1. 자료 1은 임시주주총회에서 결의한 신주발행 내역이다. 2. 자료 2는 주식대금에서 주식발행비용을 차감하고 입금된 내역이다.
수행과제	주식발행일의 거래자료를 입력하시오.

부가가치세 신고 관련 자료이다. [자료설명]을 참고하여 [수행과제]를 수행하시오.

① 전자세금계산서 발급

거래명세서 (공급자 보관용)

공급자	등록번호	120-81-32144			공급받는자	등록번호	102-81-17053		
	상호	(주)시원전자	성명	오세정		상호	(주)클린기업	성명	이용수
	사업장주소	서울특별시 강남구 삼성로 530				사업장주소	서울특별시 서대문구 간호대로 10		
	업태	제조업외	종사업장번호			업태	도소매업	종사업장번호	
	종목	공기청정기				종목	전자제품		

거래일자	미수금액	공급가액	세액	총 합계금액
2023.4.30.		12,000,000	1,200,000	13,200,000

NO	월	일	품목명	규격	수량	단가	공급가액	세액	합계
1	4	15	차량용 공기청정기		20	800,000	16,000,000	1,600,000	17,600,000
2	4	22	차량용 공기청정기		-5	800,000	-4,000,000	-400,000	-4,400,000

비 고	전미수액	당일거래총액	입금액	미수액	인수자
		13,200,000		13,200,000	

자료설명	(주)클린기업에 제품을 공급하고 전자세금계산서를 발급·전송하였다. (전자세금계산서는 매월 말일 월합계로 발급하고 대금은 해당 월의 다음 달 10일 입금받기로 할 것)
수행과제	1. 4월 30일의 거래자료를 입력하시오.(복수거래 를 이용하여 입력하시오) 2. 전자세금계산서 발행 및 내역관리 를 통하여 발급·전송하시오. (전자세금계산서 발급 시 결제내역 및 전송일자는 고려하지 않는다)

② 수정전자세금계산서의 발급

전자세금계산서				(공급자 보관용)		승인번호			

<table>
<tr><td rowspan="6">공급자</td><td>등록번호</td><td colspan="4">120-81-32144</td><td rowspan="6">공급받는자</td><td>등록번호</td><td colspan="3">220-87-12697</td></tr>
<tr><td>상호</td><td colspan="2">(주)시원전자</td><td>성명
(대표자)</td><td>오세정</td><td>상호</td><td>예림산업(주)</td><td>성명
(대표자)</td><td>이예림</td></tr>
<tr><td>사업장
주소</td><td colspan="4">서울특별시 강남구 삼성로 530</td><td>사업장
주소</td><td colspan="3">서울특별시 강남구 테헤란로114길 38</td></tr>
<tr><td>업태</td><td colspan="2">제조업외</td><td colspan="2">종사업장번호</td><td>업태</td><td>도매업</td><td colspan="2">종사업장번호</td></tr>
<tr><td>종목</td><td colspan="4">공기청정기</td><td>종목</td><td colspan="3">전자제품</td></tr>
<tr><td>E-Mail</td><td colspan="4">cool@bill36524.com</td><td>E-Mail</td><td colspan="3">yerim@bill36524.com</td></tr>
</table>

작성일자	2023.6.22	공급가액	10,000,000	세 액	1,000,000
비고					

월	일	품목명	규격	수량	단가	공급가액	세액	비고
6	22	미니 공기청정기		100	100,000	10,000,000	1,000,000	

합계금액	현금	수표	어음	외상미수금	이 금액을	○ 영수 / ● 청구	함
11,000,000				11,000,000			

자료설명	1. 6월 22일 (주)예림산업에 제품을 공급하고 거래일에 전자세금계산서를 발급 및 전송하였다. 2. 6월 30일 (주)예림산업에 납품된 제품에 일부 불량이 발견되어 당초의 공급가액에 대해서 3%를 매출에누리로 확정하고 외상대금과 상계처리 하였다.
수행과제	수정사유를 선택하여 공급가액 변동에 따른 수정전자세금계산서를 발급·전송하시오. (공급가액 변동부분에 대해서만 회계처리하며, 외상대금 및 제품매출에서 음수(-)로 처리하고 전자세금계산서 발급 시 결제내역 및 전송일자는 무시할 것)

③ 부동산임대사업자의 부가가치세신고서 작성

자료 1. 부동산임대차계약서

(사 무 실) 월 세 계 약 서

■ 임 대 인 용
□ 임 차 인 용
□ 사무소보관용

부동산의 표시	소재지	서울특별시 강남구 삼성로 530, 2층 201호				
	구 조	철근콘크리트조	용도	사무실	면적	95㎡
월 세 보 증 금	금	200,000,000원정		월세 5,000,000원정(VAT 별도)		

제 1 조 위 부동산의 임대인과 임차인 합의하에 아래와 같이 계약함.

제 2 조 위 부동산의 임대차에 있어 임차인은 보증금을 아래와 같이 지불키로 함.

계 약 금	200,000,000원정은 계약 시 지불하고		
중 도 금	원정은 년 월	일 지불하며	
잔 금	원정은 년 월	일 중개업자 입회하에 지불함.	

제 3 조 위 부동산의 명도는 2023년 9월 1일로 함.

제 4 조 임대차 기간은 2023년 9월 1일로부터 (24)개월로 함.

제 5 조 **월세금액은 매월 말일에 지불키로** 하되 만약 기일내에 지불치 못할 시에는 보증금액에서 공제키로 함.

제 6 조 임차인은 임대인의 승인하에 개축 또는 변조할 수 있으나 계약 대상물을 명도시에는 임차인이 일체 비용을 부담하여 원상복구 하여야 함.

제 7 조 임대인과 중개업자는 별첨 중개물건 확인설명서를 작성하여 서명 날인하고 임차인은 이를 확인 수령함. 다만, 임대인은 중개물건 확인설명에 필요한 자료를 중개업자에게 제공하거나 자료수집에 따른 법령에 규정한 실비를 지급하고 대행케 하여야 함.

제 8 조 본 계약을 임대인이 위약시는 계약금의 배액을 변상하며 임차인이 위약시는 계약금은 무효로 하고 반환을 청구 할 수 없음.

제 9 조 부동산 중개업법 제 20 조 규정에 의하여 중개료는 계약당시 쌍방에서 법정수수료를 중개인에게 지불하여야 함.

본 계약을 증명하기 위하여 계약 당사자가 이의 없음을 확인하고 각각 서명·날인 후 임대인, 임차인 및 중개업자는 매장마다 간인하여야 하며, 각 1통씩 보관한다.

2023년 9월 1일

임 대 인	주 소	서울특별시 강남구 삼성로 530				
	사업자등록번호	120-81-32144	전화번호	02-569-4207	성명	(주)시원전
임 차 인	주 소	서울특별시 강남구 삼성로 530, 2층 201호				
	사업자등록번호	314-81-38777	전화번호	02-580-1952	성명	(주)해신전
중개업자	주 소	서울특별시 강남구 강남대로 252 대한빌딩 102호		허가번호	92240000-004	
	상 호	대한부동산	전화번호	02-578-2151	성명	백 용 명 ㉞

자료 2. 9월분 임대료

전자세금계산서		(공급자 보관용)			승인번호		

공급자	등록번호	120-81-32144			공급받는자	등록번호	314-81-38777		
	상호	(주)시원전자	성명 (대표자)	오세정		상호	(주)해신전자	성명 (대표자)	박상태
	사업장 주소	서울특별서 강남구 삼성로 530				사업장 주소	서울특별시 강남구 삼성로 530, 2층 201호		
	업태	제조업외	종사업장번호			업태	도소매업	종사업장번호	
	종목	공기청정기				종목	사무용기기		
	E-Mail	cool@bill36524.com				E-Mail	haesin@bill36524.com		

작성일자	2023.9.30.	공급가액	5,000,000	세 액	500,000
비고					

월	일	품목명	규격	수량	단가	공급가액	세액	비고
9	30	임대료				5,000,000	500,000	

합계금액	현금	수표	어음	외상미수금	이 금액을	○ 영수	함
5,500,000						○ 청구	

자료설명	1. 자료 1은 (주)해신전자와 체결한 부동산임대차계약서이다. 2. 자료 2는 9월분 임대료를 국민은행 보통예금 계좌로 입금 받고 발급한 전자세금계산서이다. 3. 간주임대료에 대한 부가가치세는 임차인이 부담하기로 하였으며, 9월 30일 간주임대료에 대한 부가가치세 가 국민은행 보통예금계좌로 입금되었다.
수행과제	1. 9월 임대료를 매입매출전표에 입력하시오.(전자세금계산서와 관련된 거래는 '전자입력'으로 처리할 것) 2. 제2기 예정신고에 대한 부동산임대공급가액명세서를 작성하시오. (적용이자율 2.9%, 동 입력은 생략할 것) 3. 간주임대료에 대한 회계처리를 9월 30일자로 매입매출전표에 입력하시오. 4. 9월 임대료 및 간주임대료에 대한 내용을 제2기 부가가치세 예정신고서에 반영하시오.

④ **매입세액불공제내역 작성자의 부가가치세신고서 작성**

자료 1. 공통매입내역

취득일자	계정과목	공급가액	부가가치세
2021.6.25.	건 물	200,000,000원	20,000,000원
2022.3.5.	기계장치	50,000,000원	5,000,000원
2023.4.10.	토 지	100,000,000원	-

자료 2. 과세기간의 제품매출(공급가액) 내역

일 자	과세사업	면세사업	총공급가액	면세비율
2023년 제1기	400,000,000원	100,000,000원	500,000,000원	20%
2023년 제2기	360,000,000원	240,000,000원	600,000,000원	40%

자료설명	본 문제에 한하여 (주)시원전자는 과세사업과 면세사업을 겸영하고 있다고 가정한다. 1. 자료 1은 과세사업과 면세사업에 공통으로 사용되는 자산의 구입내역이다. 2. 자료 2는 2023년 1기 및 2023년 2기의 제품매출내역이다. 　(기입력된 데이터는 무시하고 제시된 자료에 의할 것)
수행과제	1. 공통매입세액 재계산을 하여 제2기 확정 부가가치세 신고기간의 매입세액불공제내역서를 작성하시오. 2. 공통매입세액 재계산 결과 및 전자신고세액공제를 반영하여 제2기 부가가치세 확정신고서를 작성하시오. 　- 제2기 부가가치세 확정신고서를 홈택스에서 전자신고하여 전자신고세액공제 10,000원을 공제받기로 한다. 3. 공통매입세액 재계산 관련 회계처리를 일반전표입력에 12월 31일자로 입력하시오.

입력자료 및 회계정보를 조회하여 [평가문제]의 답안을 입력하시오.

평가문제 답안입력 유의사항

❶ 답안은 지정된 단위의 숫자로만 입력해 주십시오.

*한글 등 문자 금지

	정 답	오답(예)
(1) 금액은 원 단위로 숫자를 입력하되, 천 단위 콤마(,)는 생략 가능합니다.	1,245,000 1245000	1,245,000 1,245,000원 1,245,0000 12,45,000 1,245천원
(1-1) 답이 0원인 경우 반드시 "0" 입력 (1-2) 답이 음수(-)인 경우 숫자 앞에 "-" 입력 (1-3) 답이 소수인 경우 반드시 "." 입력		
(2) 질문에 대한 답안은 숫자로만 입력하세요.	4	04 4건/매/명 04건/매/명
(3) 거래처 코드번호는 5자리 숫자로 입력하세요.	00101	101 00101번

❷ 답안에 천원 단위(000) 입력 시 더존 프로그램 숫자 입력 방법과 다르게 숫자키패드 '+' 기능은 지원되지 않습니다.

❸ 더존 프로그램에서 조회되는 자료를 복사하여 붙여넣기가 가능합니다.

❹ 수행과제를 올바르게 입력하지 않고 작성한 답과 모범답안이 다른 경우 오답처리 됩니다.

[실무수행평가] – 부가가치세관리

번호	평가문제	배점
11	**평가문제 [세금계산서합계표 조회]** 제1기 확정 신고기간의 거래처 '(주)클린기업'에 전자발행된 세금계산서 공급가액은 얼마인가? ( )원	2
12	**평가문제 [세금계산서합계표 조회]** 제1기 확정신고기간의 매출전자세금계산서 발급매수는 총 몇 매인가? ( )매	2
13	**평가문제 [매입매출전표입력 조회]** 6월 30일자 수정세금계산서의 수정사유를 코드로 입력하시오. ( )	2
14	**평가문제 [부동산임대공급가액명세서 조회]** 제2기 예정 신고기간의 부동산임대공급가액명세서의 보증금 이자(간주임대료) 금액은 얼마인가? ( )원	2
15	**평가문제 [부가가치세신고서 조회]** 제2기 예정 신고기간 부가가치세신고서의 과세_세금계산서발급분(1란) 금액은 얼마인가? ( )원	2
16	**평가문제 [부가가치세신고서 조회]** 제2기 예정 신고기간 부가가치세신고서의 그밖의공제매입세액(14란) 세액은 얼마인가? ( )원	2
17	**평가문제 [부가가치세신고서 조회]** 제2기 예정 신고기간의 부가가치세 신고시에 작성되는 부가가치세 첨부서류에 해당하지 않는 것은? ① 계산서합계표 ② 부동산임대공급가액명세서 ③ 건물등감가상각자산취득명세서 ④ 신용카드매출전표등수령금액합계표	3
18	**평가문제 [매입세액불공제내역 조회]** 제2기 확정 신고기간의 납부세액 재계산 내역에 반영되는 면세비율 증감액은 몇 %인가? ( )%	3
19	**평가문제 [부가가치세신고서 조회]** 제2기 확정 신고기간 부가가치세신고서의 공제받지못할매입세액(16란) 세액은 얼마인가? ( )원	2
20	**평가문제 [부가가치세신고서 조회]** 제2기 확정 신고기간의 부가가치세 차가감납부할세액(27란)의 금액은 얼마인가? ( )원	2
부가가치세 소계		22

[결산자료]를 참고로 결산을 수행하시오.(단, 제시된 자료 이외의 자료는 없다고 가정함)

① 수동결산

자료설명	(주)연성전자에서 영업자금을 차입하고 이자는 6개월마다 지급하기로 하였다. - 차입기간 : 2023.10.1. ~ 2025.9.30. - 차입액 : 30,000,000원(이자율 연 5%)
수행과제	결산정리분개를 입력하시오.(단, 이자는 월할계산할 것)

② 결산자료입력에 의한 자동결산

자료설명	1. 무형자산내역
		계정과목	자산코드	자산명	취득일	취득가액	전기말 상각누계액	상각방법	내용연수	용 도
---	---	---	---	---	---	---	---	---
특허권	1000	미세먼지 방지기능	2023.2.1.	3,000,000원	–	정액법	5년	관리부 | [고정자산등록] 메뉴에서 특허권에 대한 감가상각비를 계상하고, 결산에 반영하시오. 2. 기말재고자산 현황 | 구 분	단위당 원가	단위당 시가	수 량
---	---	---	---
제 품	62,000원	70,000원	500개	 3. 이익잉여금처분계산서 처분확정(예정)일 - 당기 : 2024년 3월 31일 - 전기 : 2023년 3월 31일
수행과제	결산을 완료하고 이익잉여금처분계산서에서 손익대체분개를 하시오. (단, 이익잉여금처분내역은 없는 것으로 하고 미처분이익잉여금 전액을 이월이익잉여금으로 이월할 것)

[실무수행평가] – 재무회계

번 호	평가문제	배 점
21	평가문제 [경비등송금명세서 조회] 경비등송금명세서에 반영되는 신한은행의 은행코드번호(CD) 3자리를 입력하시오. ( )	2
22	평가문제 [업무용승용차등록 조회] [업무용승용차 등록] 내용으로 옳지 않은 것은? ① 차량번호는 '315나5678'이다. ② 기본사항 2.고정자산코드는 '001000'이다. ③ 기본사항 5.경비구분은 '1.500번대'이다. ④ 기본사항 10.보험기간은 '2023-02-05 ~ 2024-02-04'이다.	1

23	**평가문제 [거래처원장 조회]** 3월 말 기업은행(코드98500) 보통예금 잔액은 얼마인가? (　　　　　)원	1
24	**평가문제 [거래처원장 조회]** 5월 말 거래처별 외상매출금 잔액으로 옳지 않은 것은? ① 01116.(주)우주산업 5,500,000원 ② 02040.(주)클린기업 17,600,000원 ③ 03150.(주)비전통상 11,000,000원 ④ 04820.하남전자(주) 13,200,000원	1
25	**평가문제 [거래처원장 조회]** 3/4분기(7월 ~ 9월)에 국민은행(코드98000) 보통예금 계정의 증가액은 얼마인가? (　　　　　)원	2
26	**평가문제 [일/월계표 조회]** 1/4분기(1월 ~ 3월)에 발생한 임차료(제조) 금액은 얼마인가? (　　　　　)원	1
27	**평가문제 [일/월계표 조회]** 2/4분기(4월 ~ 6월)에 발생한 제품매출 금액은 얼마인가? (　　　　　)원	1
28	**평가문제 [손익계산서 조회]** 당기 발생한 영업외비용은 얼마인가? (　　　　　)원	2
29	**평가문제 [재무상태표 조회]** 3월 말 차량운반구 장부금액은 얼마인가? (　　　　　)원	2
30	**평가문제 [재무상태표 조회]** 3월 말 자본잉여금 금액은 얼마인가? (　　　　　)원	1
31	**평가문제 [재무상태표 조회]]** 12월 말 건물의 장부금액은 얼마인가? (　　　　　)원	2
32	**평가문제 [재무상태표 조회]** 12월 말 기계장치의 장부금액은 얼마인가? (　　　　　)원	2
33	**평가문제 [재무상태표 조회]** 기말 제품 잔액은 얼마인가? (　　　　　)원	1
34	**평가문제 [재무상태표 조회]** 12월 말 특허권 장부금액은 얼마인가? (　　　　　)원	3
35	**평가문제 [재무상태표 조회]** 12월 말 이월이익잉여금(미처분이익잉여금) 잔액으로 옳은 것은? ① 195,194,251원 ② 298,251,180원 ③ 383,052,104원 ④ 423,169,587원	1
재무회계 소계		23

인사급여 관련 자료이다. [자료설명]을 참고하여 [수행과제]를 수행하시오.

① **중도퇴사자의 원천징수**

자료. 마동석 5월 급여자료

(단위 : 원)

수당항목			공제항목					
기본급	퇴직 위로금	특별 수당	국민 연금	건강 보험	고용 보험	장기요양 보험	건강 보험료정산	장기요양 보험료정산
3,500,000	2,000,000	1,000,000	157,500	124,070	58,500	15,890	−55,800	−3,050

자료설명	5월분 급여대장이다. 1. 관리부 마동석(1002)부장은 2023년 5월 30일 퇴사하였다. 중도퇴사자 정산은 기등록되어 있는 자료 이외 의 공제는 없는 것으로 한다. 2. 급여지급일은 매월 30일이다.

수행과제	1. [사원등록] 메뉴에 퇴사일자를 입력하시오.
	2. [급여자료입력] 메뉴에 수당, 공제등록을 하시오.
	3. 5월분 급여자료를 입력하고 [중도퇴사자정산] 버튼을 이용하여 중도퇴사자 정산내역을 급여자료에 반영하
	  시오.(단, 구분 1.급여로 선택할 것)
	4. 5월 귀속분 [원천징수이행상황신고서]를 작성하시오.
	  (전월미환급세액 150,000원을 반영하고, 조정대상 환급액은 당월 환급 신청할 것)

[실무수행평가] – 근로소득관리 1

번 호	평가문제	배 점
36	**평가문제 [마동석 5월 급여자료입력 조회]** 급여항목 중 과세대상 지급액은 얼마인가? <div align="right">( )원</div>	2
37	**평가문제 [마동석 5월 급여자료입력 조회]** 5월 급여의 소득세는 얼마인가? <div align="right">( )원</div>	2
38	**평가문제 [마동석 5월 급여자료입력 조회]** 5월 급여의 공제총액은 얼마인가? <div align="right">( )원</div>	1
39	**평가문제 [원천징수이행상황신고서 조회]** 중도퇴사자료가 반영된 '6.소득세'의 가감계는 얼마인가? <div align="right">( )원</div>	1
40	**평가문제 [원천징수이행상황신고서 조회]** '21.환급신청액'은 얼마인가? <div align="right">( )원</div>	2

② 가족관계증명서에 의한 사원등록

자료설명	경영지원팀 윤혜린(1004) 팀장의 가족관계증명서이다. 1. 부양가족은 윤혜린과 생계를 같이하고 있으며 윤혜린이 세대주이다. 2. 시부 박재용은 소득이 없으며 항시 치료를 요하는 중증환자이다. 3. 시모 김인희는 부동산 양도소득금액 1,200,000원이 있다. 4. 배우자 박태수는 총급여 50,000,000원이 있다. 5. 자녀 박은식은 소득이 없다. 6. 세부담을 최소화하는 방법을 선택한다.
수행과제	[사원등록] 메뉴에서 부양가족명세를 작성하시오.

자료. 윤혜린의 가족관계증명서

가족관계증명서

등록기준지	서울특별시 관악구 관악로30길 10 (봉천동)

구분	성 명	출생년월일	주민등록번호	성별	본
본인	윤혜린	1982년 11월 11일	821111-2245111	여	坡平

가족사항

구분	성 명	출생년월일	주민등록번호	성별	본
시부	박재용	1951년 05월 05일	510505-1678526	남	密陽
시모	김인희	1953년 04월 02일	530402-2022340	여	全州
배우자	박태수	1979년 07월 13일	790713-1351206	남	密陽
자녀	박은식	2005년 02월 03일	050203-3023185	남	密陽

[실무수행평가] – 근로소득관리 2

번 호	평가문제	배 점
41	**평가문제 [윤혜린 근로소득원천징수영수증 조회]** '26.부양가족' 공제대상 인원은 몇 명인가? ( )명	1
42	**평가문제 [윤혜린 근로소득원천징수영수증 조회]** '27.경로우대' 공제대상액은 얼마인가? ( )원	2
43	**평가문제 [윤혜린 근로소득원천징수영수증 조회]** '28.장애인' 공제대상액은 얼마인가? ( )원	2
44	**평가문제 [윤혜린 근로소득원천징수영수증 조회]** '29.부녀자' 공제대상액은 얼마인가? ( )원	1
45	**평가문제 [윤혜린 근로소득원천징수영수증 조회]** '57.자녀세액공제' 금액은 얼마인가? ( )원	1

③ **국세청연말정산간소화 및 이외의 자료를 기준으로 연말정산**

자료설명	사무직 천지훈(1003)의 연말정산을 위한 자료이다. 1. 사원등록의 부양가족현황은 사전에 입력되어 있다. 2. 부양가족은 천지훈과 생계를 같이 한다. 3. 천지훈은 무주택 세대주이며, 총급여는 7천만원 이하이다.
수행과제	[연말정산 근로소득원천징수영수증] 메뉴에서 연말정산을 완료하시오. 1. 신용카드는 [신용카드] 탭에서 입력한다. 2. 보험료와 교육비는 [소득공제] 탭에서 입력한다. 3. 월세는 [정산명세] 탭에서 입력한다.

자료 1. 천지훈 사원의 부양가족등록 현황

연말정산관계	성 명	주민번호	기타사항
0.본인	천지훈	860512-1875655	
3.배우자	백마리	880103-2774918	기본공제
2.배우자 직계존속	백현무	540608-1899730	부
2.배우자 직계존속	오민아	520411-2222220	기본공제, 경로
4.직계비속	천예진	091218-4094112	기본공제
6.형제자매	백은지	901111-2845670	기본공제, 장애인

자료 2. 국세청간소화서비스 및 기타증빙자료

2023년 귀속 소득·세액공제증명서류: 기본(사용처별)내역 [신용카드]

■ 사용자 인적사항

성 명	주 민 등 록 번 호
백마리	880103-2774***

■ 신용카드 등 사용금액 집계

일반	전통시장	대중교통	도서공연등	합계금액
22,000,000	2,500,000	0	0	24,500,000

- 본 증명서류는 「소득세법」 제165조 제1항에 따라 영수증 발급기관으로부터 수집한 서류로 소득·세액공제 충족 여부는 근로자가 직접 확인하여야 합니다.
- 본 증명서류에서 조회되지 않는 내역은 영수증 발급기관에서 직접 발급받으시기 바랍니다.

2023년 귀속 소득·세액공제증명서류: 기본(사용처별)내역 [신용카드]

■ 사용자 인적사항

성 명	주 민 등 록 번 호
백은지	901111-2845***

■ 신용카드 등 사용금액 집계

일반	전통시장	대중교통	도서공연등	합계금액
1,800,000	0	600,000	0	2,400,000

- 본 증명서류는 「소득세법」 제165조 제1항에 따라 영수증 발급기관으로부터 수집한 서류로 소득·세액공제 충족 여부는 근로자가 직접 확인하여야 합니다.
- 본 증명서류에서 조회되지 않는 내역은 영수증 발급기관에서 직접 발급받으시기 바랍니다.

2023년 귀속 소득·세액공제증명서류 : 기본(지출처별)내역
[보장성 보험, 장애인전용보장성보험]

■ 계약자 인적사항

성 명	주 민 등 록 번 호
천지훈	860512-1******

■ 보장성보험(장애인전용보장성보험) 납입내역

(단위: 원)

종류	상 호	보험종류	주피보험자		납입금액 계
	사업자번호	증권번호			
	종피보험자1	종피보험자2	종피보험자3		
보장성	한화생명보험(주)	실손의료보험	540608-1******	백현무	2,400,000
	108-81-15***				
저축성	MG손해보험	든든100세저축	520411-2******	오민아	6,000,000
	104-81-28***	000005523***			
인별합계금액					8,400,000

- 본 증명서류는 「소득세법」 제165조 제1항에 따라 영수증 발급기관으로부터 수집한 서류로 소득·세액공제 충족 여부는 근로자가 직접 확인하여야 합니다.
- 본 증명서류에서 조회되지 않는 내역은 영수증 발급기관에서 직접 발급받으시기 바랍니다.

2023년 귀속 세액공제증명서류: 기본(지출처별)내역 [교육비]

■ 학생 인적사항

성 명	주 민 등 록 번 호
천예진	091218-4094***

■ 교육비 지출내역

교육비종류	학교명	사업자번호	납입금액 계
현장학습비	***중학교	**3-83-21***	300,000
교복	***교복사	**2-81-01***	800,000
인별합계금액			1,100,000

- 본 증명서류는 「소득세법」 제165조 제1항에 따라 영수증 발급기관으로부터 수집한 서류로 소득·세액공제 충족 여부는 근로자가 직접 확인하여야 합니다.
- 본 증명서류에서 조회되지 않는 내역은 영수증 발급기관에서 직접 발급받으시기 바랍니다.

월 세 납 입 영 수 증

■ 임대인

성명(법인명)	김나영	주민등록번호(사업자번호)	800707-2026122
주소	서울특별시 마포구 월드컵로12길 99 (서교동, 서교빌라 707호)		

■ 임차인

성명	천지훈	주민등록번호	860512-1875655
주소	서울특별시 서초구 방배로15길 22		

■ 세부내용

- 임대차 기간: 2022년 2월 1일 ~ 2024년 1월 31일
- 임대차계약서상 주소지: 서울특별시 서초구 방배로15길 22
- 월세금액: 400,000원 (2023년 총액 4,800,000원)
- 주택유형: 단독주택, 주택계약면적 85㎡

[실무수행평가] – 근로소득관리 3

번 호	평가문제	배 점
46	**평가문제 [천지훈 근로소득원천징수영수증 조회]** '42.신용카드' 소득공제 최종공제액은 얼마인가? ( )원	2
47	**평가문제 [천지훈 근로소득원천징수영수증 조회]** '61.보장성보험' 세액공제액은 얼마인가? ( )원	2
48	**평가문제 [천지훈 근로소득원천징수영수증 조회]** '63.교육비' 세액공제액은 얼마인가? ( )원	2
49	**평가문제 [천지훈 근로소득원천징수영수증 조회]** '70.월세액' 세액공제액은 얼마인가? ( )원	2
50	**평가문제 [천지훈 근로소득원천징수영수증 조회]** '77.차감징수세액'(지방소득세 포함)은 얼마인가? ( )원	2
근로소득 소계		25

아래 문제에서 특별한 언급이 없으면 기업의 보고기간(회계기간)은 매년 1월 1일부터 12월 31일까지입니다. 또한 기업은 일반기업회계기준 및 관련 세법을 계속적으로 적용하고 있다고 가정하고 물음에 가장 합당한 답을 고르시기 바랍니다.

01 다음은 (주)한공의 2023년 12월 31일 현재 보유 중인 상품에 대한 자료이다. 2023년 손익계산서에 인식할 재고자산평가손실은 얼마인가?

수 량	장부상 단가	단위당 예상 판매가격	단위당 예상 판매비용
1,000개	100원	110원	30원

① 0원
② 10,000원
③ 20,000원
④ 30,000원

02 다음 자료를 토대로 (주)한공의 당기순이익을 계산하면 얼마인가?

〈기초 및 기말 자본〉
• 기초 자본 4,000,000원
• 기말 자본 7,000,000원
〈당기 중 자본거래〉
• 유상증자 3,000,000원
• 현금배당 1,000,000원
• 주식배당 2,000,000원

① 1,000,000원
② 2,000,000원
③ 3,000,000원
④ 4,000,000원

03 다음은 (주)한공이 2023년 중 취득하여 보유 중인 유가증권 내역이다. 2023년 말 결산 시 유가증권의 평가 결과가 당기순이익에 미치는 영향으로 옳은 것은?

구 분	종 류	액면단가	취득단가	단위당 공정가치
단기매매증권	A주식 1,000주	5,000원	6,000원	7,000원
단기매매증권	B주식 3,000주	5,000원	8,000원	5,000원
매도가능증권	C주식 2,000주	5,000원	7,000원	9,000원

① 4,000,000원 증가
② 4,000,000원 감소
③ 8,000,000원 증가
④ 8,000,000원 감소

04 (주)한공은 사용하던 기계장치를 다음과 같이 거래처의 동종자산으로 교환하여 취득하였다. 새로운 기계장치의 취득원가로 옳은 것은?

- (주)한공이 제공한 기계장치(A) 관련 금액
  취득원가 30,000,000원, 감가상각누계액 24,000,000원, 공정가치 5,000,000원
- 거래처로부터 제공받은 기계장치(B) 관련 금액
  취득원가 20,000,000원, 감가상각누계액 15,000,000원, 공정가치 3,000,000원

① 3,000,000원
② 4,000,000원
③ 5,000,000원
④ 6,000,000원

05 다음은 (주)한공의 12월 중 상품 매매 자료이다. 재고자산의 평가방법으로 이동평균법과 총평균법을 적용할 때 12월 말 상품재고액으로 옳은 것은?

일 자	구 분	수 량	단 가
12월 1일	월초재고	1,000개	100원
12월 8일	외상매입	1,000개	110원
12월 12일	상품매출	1,500개	500원
12월 16일	외상매입	1,000개	120원

	이동평균법	총평균법
①	175,000원	155,000원
②	155,000원	175,000원
③	172,500원	165,000원
④	165,000원	172,500원

06 (주)한공의 외화매출 거래는 다음과 같다. 기말 재무상태표에 표시되는 외화외상매출금과 손익계산서에 인식하는 외화환산손익은 얼마인가?

> • 7월 1일   미국에 있는 거래처에 상품을 US$100,000에 외상으로 판매하였다.
> 판매시점 환율은 US$1 = 1,100원이다.
> • 12월 31일   결산시점 환율은 US$1 = 1,200원이다.

	외화외상매출금	외화환산손익
①	110,000,000원	외화환산손실 10,000,000원
②	110,000,000원	외화환산이익 10,000,000원
③	120,000,000원	외화환산손실 10,000,000원
④	120,000,000원	외화환산이익 10,000,000원

07 다음은 과세사업자인 (주)한공의 거래내역이다. 이 중 부가가치세 과세거래에 해당하는 것은?

가. 담보목적으로 부동산을 제공하는 경우
나. 매입세액공제를 받지 못한 재화를 거래처에 증정하는 경우
다. 특수관계인에게 사업용 부동산을 무상으로 임대하는 경우
라. 건물을 교환하는 경우

---

① 가, 나
② 나, 다
③ 다, 라
④ 가, 라

08 다음은 일반과세자인 (주)한공의 2023년 제1기 부가가치세 확정신고와 관련된 자료이다. 이 자료를 토대로 매출세액을 계산하면 얼마인가?

가. 상품공급액(부가가치세 포함)   66,000,000원
나. 매출채권의 회수지연에 따라 받은 연체이자   1,100,000원
다. 거래처의 파산으로 당기에 대손확정된 전기 과세표준에 포함된 매출채권(부가가치세 포함) 5,500,000원

---

① 5,400,000원
② 5,500,000원
③ 5,940,000원
④ 6,050,000원

09 다음은 김한공 씨의 수입 내역이다. 이를 토대로 원천징수대상 기타소득금액을 계산하면 얼마인가?(단, 실제 사용된 필요경비는 없는 것으로 가정한다)

가. 유실물의 습득으로 인한 보상금   2,000,000원
나. 주택입주 지체상금   1,000,000원
다. 고용관계 없이 다수인에게 강연을 하고 받은 대가   5,000,000원

---

① 3,200,000원
② 4,200,000원
③ 4,400,000원
④ 5,000,000원

10 다음 중 신용카드 등 사용금액에 대한 소득공제에 대한 설명으로 옳지 않은 것은?

① 고등학생의 교복을 신용카드로 구입한 경우 신용카드 등 사용금액에 대한 소득공제는 교육비세액공제와 중복적용이 가능하다.

② 소득세법에 따라 세액공제를 적용받는 월세액은 신용카드 등 사용금액에 포함하지 아니한다.

③ 해외에서 사용한 금액은 신용카드 등 사용금액에 포함하지 아니한다.

④ 신용카드로 지급한 의료비에 대하여 의료비세액공제를 받은 경우에는 신용카드 등 사용금액에 대한 소득공제를 받을 수 없다.

(주)태평산업(회사코드 2162)은 가정용 전기밥솥 제조업을 영위하는 법인기업으로 회계기간은 제7기(2023.1.1. ~ 2023.12.31.)이다. 제시된 자료와 자료설명을 참고하여, [수행과제]를 완료하고 [평가문제]의 물음에 답하시오.

실무수행 유의사항	1. 부가가치세 관련 거래는 [매입매출전표입력] 메뉴에 입력하고, 부가가치세 관련 없는 거래는 [일반전표입력] 메뉴에 입력한다. 2. 타계정 대체와 관련된 적요는 반드시 코드를 입력하여야 한다. 3. 채권·채무, 예금거래 등 관리대상 거래자료에 대하여는 반드시 거래처코드를 입력한다. 4. 자금관리 등 추가 작업이 필요한 경우 문제의 요구에 따라 추가 작업하여야 한다. 5. 제조경비는 500번대 계정코드를 사용한다. 6. 판매비와관리비는 800번대 계정코드를 사용한다. 7. 등록된 계정과목 중 가장 적절한 계정과목을 선택한다.

실무수행 1   거래자료 입력

실무프로세스 자료이다. [자료설명]을 참고하여 [수행과제]를 수행하시오.

① 3만원 초과 거래자료에 대한 경비등송금명세서 작성

자료 1. 공급자 정보

영 수 증 (공급받는자용)			
(주) 태평산업			귀하
공급자	사 업 자 등 록 번 호	315-25-00910		
	상 호	번개화물	성명	이재훈
	사 업 장 소 재 지	서울특별시 성동구 상원길 59		
	업 태	운수업	종목	개별화물
작성 년월일	공급대가총액		비고
2023. 1. 5.	₩ 250,000		
위 금액을 영수(청구)함.			
월/일	품명	수량	단가	공급대가(금액)
1/5	운송료			250,000
입 금 계 좌 : 우리은행 123-124567-800				

자료 2. 보통예금(하나은행) 거래내역

번 호	거래일	내 용	찾으신금액	맡기신금액	잔 액	거래점
		계좌번호 112-088-123123 (주)태평산업				
1	2023-01-05	번개화물	250,000		***	***

자료설명	원재료를 매입하면서 당사 부담의 운반비를 번개화물(간이과세자)에 이체하여 지급하였다. 해당사업자는 경비등송금명세서 제출대상자에 해당한다.
수행과제	1. 거래자료를 입력하시오. 2. 경비등송금명세서를 작성하시오.(단, 영수증수취명세서 작성은 생략할 것)

② 유 · 무형자산의 매각

자료 1. 토지 매각 시 매매계약서

토지 매매 계약서

본 부동산에 대하여 매도인과 매수인은 합의에 의하여 다음과 같이 매매계약을 체결한다.

1. 부동산의 표시

소재지		경기도 용인시 처인구 백암면 장평리 79-6		
토지	지목	대지	면적	6,611.57㎡ (2,000평)

2. 계약내용
제1조 위 부동산의 매매에 있어 매매대금 및 매수인의 대금 지불 시기는 다음과 같다.

매매대금	金	이억원정 (₩ 200,000,000)

(중략)

<특약사항>
토지 매매대금은 계약일에 일시불로 지급함.

2023년 2월 21일

매 도 인	주소	강원도 춘천시 명동길 11 (조양동)					印
	주민등록번호	221-81-55552	전화	033-330-1234	성명	(주)태평산업	
매 수 인	주소	서울특별시 금천구 서부샛길 606					印
	주민등록번호	109-13-67050	전화	02-513-0001	성명	금천산업	

자료 2. 보통예금(국민은행) 거래내역

번 호	거래일	내 용	찾으신금액	맡기신금액	잔 액	거래점
		계좌번호 101-25-859655 (주)태평산업				
1	2023-02-21	토지매매대금		198,000,000	***	***

자료설명	1. 자료 1은 공장신축 목적으로 구입하였던 토지(2023.1.10 취득, 취득가액 190,000,000원)의 공장신축이 취소되어 처분한 계약서이다. 2. 자료 2는 부동산중개수수료(매매대금 200,000,000원의 1%)를 제외한 금액(198,000,000원)이 당사 국민은행 보통예금 계좌로 입금된 내역이다.
수행과제	2월 21일의 토지 처분일의 거래 자료를 일반전표에 입력하시오.

③ **퇴직금 지급**

퇴직금 정산서

• 사업장명 : (주)태평산업
• 성 명 : 송중기
• 생년월일 : 1985년 10월 20일
• 퇴사일자 : 2023년 03월 31일
• 퇴직금 지급일자 : 2023년 03월 31일
• 퇴직금 : 20,000,000원(『근로자퇴직급여 보장법』상 금액)
• 퇴직금 지급방법 : 확정급여형퇴직연금(DB) 계좌에서 지급

자료설명	1. (주)태평산업은 확정급여형퇴직연금(DB)에 가입하여 퇴직금추계액의 100%를 불입하고 있다. 2. 송중기 퇴사 시 퇴직금 전액을 개인형퇴직연금(IRP) 계좌로 지급한다.
수행과제	3월 31일 퇴직금 지급과 관련된 거래자료를 입력하시오.(거래처코드 입력은 생략할 것)

부가가치세 신고 관련 자료이다. [자료설명]을 참고하여 [수행과제]를 수행하시오.

① 전자세금계산서 발급

거래명세서		(공급자 보관용)						

공급자	등록번호	221-81-55552			공급받는자	등록번호	123-81-52149		
	상호	(주)태평산업	성명	장민국		상호	(주)중앙물산	성명	오민수
	사업장주소	강원도 춘천시 명동길 11(조양동)				사업장주소	서울특별시 송파구 송파대로 170		
	업태	제조업	종사업장번호			업태	도소매업	종사업장번호	
	종목	전기밥솥				종목	전자제품외		

거래일자	미수금액	공급가액	세액	총 합계금액
2023.4.18.		12,000,000	1,200,000	13,200,000

NO	월	일	품목명	규격	수량	단가	공급가액	세액	합계
1	4	18	전기압력밥솥		30	400,000	12,000,000	1,200,000	13,200,000

자료설명	1. 제품을 공급하고 발행한 거래명세서이다. 2. 공급대가 중 1,200,000원은 (주)중앙물산이 발행한 당좌수표로 받았고, 잔액은 10일 후에 받기로 하였다.
수행과제	1. 거래자료를 입력하시오. 2. **전자세금계산서 발행 및 내역관리** 를 통하여 발급·전송하시오. (전자세금계산서 발급 시 결제내역 및 전송일자는 무시할 것)

② 수정전자세금계산서의 발급

전자세금계산서			(공급자 보관용)				승인번호		

공급자	등록번호	221-81-55552			공급받는자	등록번호	506-81-45111		
	상호	(주)태평산업	성명 (대표자)	장민국		상호	(주)기남전자	성명 (대표자)	장기남
	사업장 주소	강원도 춘천시 명동길 11(조양동)				사업장 주소	경상북도 포항시 남구 시청로 9		
	업태	제조업	종사업장번호			업태	제조.도소매업	종사업장번호	
	종목	전기밥솥				종목	가전제품		
	E-Mail	sot@bill36524.com				E-Mail	kinam@bill36524.com		

작성일자	2023.6.1.	공급가액	20,000,000	세 액	2,000,000
비고					

월	일	품목명	규격	수량	단가	공급가액	세액	비고
6	1	전기밥솥		100	200,000	20,000,000	2,000,000	

합계금액	현금	수표	어음	외상미수금	이 금액을	○ 영수 ● 청구	함
22,000,000				22,000,000			

자료설명	1. 6월 1일 제품을 공급하고 발급한 전자세금계산서이며 매입매출전표에 입력되어 있다. 2. 6월 10일 당초의 결제조건에 의하여 2% 할인된 금액만큼 차감하고 결제되었다.
수행과제	수정사유를 선택하여 공급가액 변동에 따른 수정전자세금계산서를 발급·전송하시오.(매출할인에 대해서만 회계처리하며, 외상대금 및 제품매출에서 음수(−)로 처리하고 전자세금계산서 발급 시 결제내역 및 전송일자는 무시할 것)

③ 건물등감가상각자산취득명세서 작성자의 부가가치세신고서 작성

자료 1. 기계장치 구입 관련 자료

전자세금계산서					(공급받는자 보관용)		승인번호		
공급자	등록번호	869-88-01648			공급받는자	등록번호	221-81-55552		
	상호	(주)용인기계	성명 (대표자)	김원선		상호	(주)태평산업	성명 (대표자)	장민국
	사업장 주소	경기도 용인시 기흥구 강남로 3				사업장 주소	강원도 춘천시 명동길 11(조양동)		
	업태	제조업	종사업장번호			업태	제조업	종사업장번호	
	종목	전자기기				종목	전기밥솥		
	E-Mail	yongin@bill36524.com				E-Mail	sot@bill36524.com		
작성일자		2023.7.10.	공급가액		20,000,000		세 액		2,000,000
비고									

월	일	품목명	규격	수량	단가	공급가액	세액	비고
7	10	프레스기계				20,000,000	2,000,000	

합계금액	현금	수표	어음	외상미수금	이 금액을	○ 영수 ◉ 청구	함
22,000,000				22,000,000			

자료 2. 화물차 구입

전자세금계산서					(공급받는자 보관용)		승인번호		
공급자	등록번호	750-35-00091			공급받는자	등록번호	221-81-55552		
	상호	드림모터스	성명 (대표자)	한석민		상호	(주)태평산업	성명 (대표자)	장민국
	사업장 주소	경기도 수원시 권선구 곡반정로 13번길 18				사업장 주소	강원도 춘천시 명동길 11(조양동)		
	업태	도소매업	종사업장번호			업태	제조업	종사업장번호	
	종목	자동차				종목	전기밥솥		
	E-Mail	dream@bill36524.com				E-Mail	sot@bill36524.com		
작성일자		2023.8.15.	공급가액		16,000,000		세 액		1,600,000
비고									

월	일	품목명	규격	수량	단가	공급가액	세액	비고
8	15	1.5트럭				16,000,000	1,600,000	

합계금액	현금	수표	어음	외상미수금	이 금액을	○ 영수 ◉ 청구	함
17,600,000				17,600,000			

자료 3. 차량 수리비

```
┌─────────────────────────────────────┐
│                                     │
│          신용카드매출전표              │
│  - - - - - - - - - - - - - - - - - - │
│                                     │
│  카드종류: 롯데카드                    │
│  회원번호: 6880-1256-****-40**        │
│  거래일시: 2023.9.10. 10:01:23        │
│  거래유형: 신용승인                    │
│  매    출:   1,000,000원             │
│  부 가 세:     100,000원             │
│  합    계:   1,100,000원             │
│  결제방법: 일시불                      │
│  승인번호: 98776544                  │
│                                     │
│  - - - - - - - - - - - - - - - - - - │
│  - - - - - - - - - - - - - - - - - - │
│                                     │
│  가맹점명: (주)블루핸즈 춘천점           │
│          - 이 하 생 략 -             │
│                                     │
└─────────────────────────────────────┘
```

자료설명	자료 1. 제품 생산용 프레스 기계를 구입하고 발급받은 전자세금계산서이다. 자료 2. 물류팀에서 사용할 제품배송용 화물차를 구입하고 수취한 전자세금계산서이다. 자료 3. 영업부 승용자동차(개별소비세 과세대상, 5인승, 2,000cc)에 대한 자동차수리비를 지출하고 수취한 신용카드매출전표이다.(자본적 지출로 처리할 것)
수행과제	1. 자료 1 ~ 자료 3에 대한 거래자료를 입력하시오. (전자세금계산서와 관련된 거래는 '전자입력'으로 처리할 것) 2. 제2기 예정신고기간의 건물등감가상각자산취득명세서를 작성하시오. 3. 제2기 예정 부가가치세신고서에 반영하시오.

④ 매입세액불공제내역 작성자의 부가가치세신고서 작성

자료 1. 수수료비용(판매관리비) 내역

전자세금계산서 (공급받는자 보관용)						승인번호			

공급자	등록번호	214-06-97431			공급받는자	등록번호	221-81-55552		
	상호	나이스회계법인	성명(대표자)	김영남		상호	(주)태평산업	성명(대표자)	장민국
	사업장주소	서울특별시 강남구 강남대로 272				사업장주소	강원도 춘천시 명동길 11(조양동)		
	업태	서비스업	종사업장번호			업태	제조업	종사업장번호	
	종목	공인회계사				종목	전기밥솥		
	E-Mail	nice@bill36524.com				E-Mail	sot@bill36524.com		

작성일자	2023.9.30.	공급가액	5,000,000	세 액	500,000

비고	

월	일	품목명	규격	수량	단가	공급가액	세액	비고
9	30	컨설팅 수수료비용				5,000,000	500,000	

합계금액	현금	수표	어음	외상미수금	이 금액을	○ 영수 / ● 청구	함
5,500,000				5,500,000			

자료 2. 공급가액 내역

구 분	제2기 예정	제2기 확정	계
과세분(전자세금계산서)	300,000,000원	370,000,000원	670,000,000원
면세분(전자계산서)	100,000,000원	230,000,000원	330,000,000원
합 계	400,000,000원	600,000,000원	1,000,000,000원

*제2기 예정신고 시에 공통매입세액 중 안분계산을 통해 125,000원을 기 불공제 처리하였다.

자료설명	본 문제에 한하여 (주)태평산업은 과세사업과 면세사업을 겸영하고 있다고 가정한다. 1. 자료 1은 공통매입내역으로 과세·면세사업 사용 구분이 불가하다. 2. 자료 2는 제2기 예정 및 확정신고기간의 과세 및 면세 공급가액이다. 3. 제2기 과세기간 중 공통매입세액과 관련하여 주어진 자료 외에 다른 자료는 없다고 가정한다.
수행과제	1. 제2기 확정 [매입세액불공제내역]의 공통매입세액 정산내역을 작성하시오. 2. 매입세액불공제내역 및 전자신고세액공제를 반영하여 제2기 부가가치세 확정신고서를 작성하시오. 　– 제2기 부가가치세 확정신고서를 홈택스로 전자신고하여 전자신고세액공제 10,000원을 공제받기로 한다. 3. 공통매입세액의 정산내역에 의한 회계처리를 12월 31일자로 일반전표에 입력하시오.

입력자료 및 회계정보를 조회하여 [평가문제]의 답안을 입력하시오.

평가문제 답안입력 유의사항		

❶ 답안은 지정된 단위의 숫자로만 입력해 주십시오.
  *한글 등 문자 금지

	정 답	오답(예)
(1) 금액은 원 단위로 숫자를 입력하되, 천 단위 콤마(,)는 생략 가능합니다.	1,245,000 1245000	1.245.000 1,245,000원 1,245,0000 12,45,000 1,245천원

(1-1) 답이 0원인 경우 반드시 "0" 입력
    (1-2) 답이 음수(-)인 경우 숫자 앞에 "-" 입력
    (1-3) 답이 소수인 경우 반드시 "." 입력		

(2) 질문에 대한 답안은 숫자로만 입력하세요.	4	04 4건/매/명 04건/매/명
(3) 거래처 코드번호는 5자리 숫자로 입력하세요.	00101	101 00101번

❷ 답안에 천원 단위(000) 입력 시 더존 프로그램 숫자 입력 방법과 다르게 숫자키패드 '+' 기능은 지원되지 않습니다.

❸ 더존 프로그램에서 조회되는 자료를 복사하여 붙여넣기가 가능합니다.

❹ 수행과제를 올바르게 입력하지 않고 작성한 답과 모범답안이 다른 경우 오답처리 됩니다.

[실무수행평가] – 부가가치세관리

번 호	평가문제	배 점
11	**평가문제 [회사등록 조회]** (주)태평산업의 회사등록 정보이다. 다음 중 올바르지 않은 것은? ① (주)태평산업은 내국법인이며, 사업장 종류별 구분은 "비중소기업"에 해당한다. ② (주)태평산업의 업종(기준경비율)코드는 '293001'로 제조업에 해당한다. ③ (주)태평산업의 국세환급사유 발생시 하나은행으로 입금된다. ④ 전자세금계산서 관리를 위한 담당자 E–mail은 sot@bill36524.com이다.	2
12	**평가문제 [매입매출전표입력 조회]** 6월 10일자 수정세금계산서의 수정입력사유를 코드로 입력하시오. ( )	2
13	**평가문제 [세금계산서합계표 조회]** 제1기 확정 신고기간의 거래처 '(주)중앙물산'에 전자발행된 세금계산서 공급가액은 얼마인가? ( )원	2
14	**평가문제 [세금계산서합계표 조회]** 제1기 확정 신고기간의 매출전자세금계산서 발급매수는 총 몇 매인가? ( )매	2
15	**평가문제 [건물등감가상각자산취득명세서 조회]** 제2기 예정 신고기간의 건물등감가상각취득명세서에서 조회되는 차량운반구(자산구분코드3) 공급가액은 얼마인가? ( )원	2
16	**평가문제 [부가가치세신고서 조회]** 제2기 예정 신고기간 부가가치세신고서의 세금계산서수취부분_고정자산매입(11란) 금액은 얼마인가? ( )원	2
17	**평가문제 [부가가치세신고서 조회]** 제2기 예정 신고기간의 부가가치세 신고시에 작성되는 부가가치세 첨부서류에 해당하지 않는 것은? ① 세금계산서합계표 ② 수출실적명세서 ③ 건물등감가상각자산취득명세서 ④ 신용카드매출전표등수령금액합계표	3
18	**평가문제 [부가가치세신고서 조회]** 제2기 예정신고기간 부가가치세 신고서에 관련된 내용으로 옳지 않은 것은? ① 과세표준 금액은 300,000,000원이다. ② 과세표준 명세의 '수입금액제외' 금액은 3,000,000원이다. ③ 예정신고이므로 환급세액에 대하여 조기환급을 적용하지 않는다. ④ 국세환급금 계좌은행은 '하나은행'이다.	3
19	**평가문제 [매입세액불공제내역 조회]** 제2기 확정 신고기간의 공통매입세액 정산내역에 반영되는 면세비율은 몇 %인가? (소수점 이하 기재 생략할 것) ( )%	2
20	**평가문제 [부가가치세신고서 조회]** 제2기 확정 신고기간의 부가가치세 차가감납부할세액(27번란)은 얼마인가? ( )원	2
부가가치세 소계		**22**

[결산자료]를 참고로 결산을 수행하시오.(단, 제시된 자료 이외의 자료는 없다고 가정함)

① 수동결산

자료설명	당기에 취득후 소모품 계정으로 처리한 소모성 물품의 사용액은 800,000원이며, 제조부(30%)와 관리부(70%)가 사용한 것으로 확인되었다.
수행과제	결산정리분개를 입력하시오.

② 결산자료입력에 의한 자동결산

자료설명	1. 기말재고자산 현황

구 분	단위당 원가	단위당 순실현가능가치	장부수량	실사수량	비 고
원재료	10,000	12,000	500개	450개	50개 수량부족
제 품	30,000	45,000	1,000개	1,000개	–

(1) 원재료 50개 수량부족분은 원가성이 없는 것으로 확인되었다.
(2) 당사는 저가법으로 재고자산을 평가하고 있다.

2. 이익잉여금처분계산서 처분확정(예정)일
 – 당기 : 2024년 3월 31일
 – 전기 : 2023년 3월 31일

수행과제	결산을 완료하고 이익잉여금처분계산서에서 손익대체분개를 하시오. (단, 이익잉여금처분내역은 없는 것으로 하고 미처분이익잉여금 전액을 이월이익잉여금으로 이월하기로 할 것)

[실무수행평가] – 재무회계

번 호	평가문제	배 점
21	**평가문제 [경비등송금명세서 조회]** 경비등송금명세서에 반영되는 우리은행의 은행코드번호(CD)를 입력하시오. ( )	1
22	**평가문제 [현금출납장 조회]** 4월 한 달 동안 '현금' 입금액은 얼마인가? ( )원	1
23	**평가문제 [거래처원장 조회]** 3월 말 국민은행(코드 98001)의 보통예금 잔액은 얼마인가? ( )원	2

24	**평가문제 [거래처원장 조회]** 4월 말 거래처별 외상매출금 잔액으로 옳지 않은 것은? ① 01116.(주)중앙물산 28,500,000원 ② 03150.(주)기성물산 110,000,000원 ③ 04001.(주)유니전자 5,500,000원 ④ 04003.(주)오투전자 2,310,000원	2
25	**평가문제 [거래처원장 조회]** 6월 말 (주)기남전자(코드 04004)의 외상매출금 잔액은 얼마인가? ( )원	1
26	**평가문제 [거래처원장 조회]** 9월 말 롯데카드(코드 99601)의 미지급금 잔액은 얼마인가? ( )원	2
27	**평가문제 [일/월계표 조회]** 1/4분기(1월 ~ 3월) 원재료 증가액은 얼마인가? ( )원	1
28	**평가문제 [손익계산서 조회]** 당기 손익계산서의 수수료비용(판매관리비)은 얼마인가? ( )원	2
29	**평가문제 [손익계산서 조회]** 당기 손익계산서의 영업외비용은 얼마인가? ( )원	1
30	**평가문제 [합계잔액시산표 조회]** 3월 말 퇴직급여충당부채 잔액은 얼마인가? ( )원	2
31	**평가문제 [합계잔액시산표 조회]** 9월 말 미지급금 잔액은 얼마인가? ( )원	2
32	**평가문제 [재무상태표 조회]** 12월 말 소모품 잔액은 얼마인가? ( )원	1
33	**평가문제 [재무상태표 조회]** 12월 말 토지 금액은 얼마인가? ( )원	2
34	**평가문제 [재무상태표 조회]** 기말 원재료 금액은 얼마인가? ( )원	2
35	**평가문제 [재무상태표 조회]** 12월 말 이월이익잉여금(미처분이익잉여금) 잔액으로 옳은 것은? ① 169,251,810원 ② 251,120,133원 ③ 399,338,937원 ④ 423,520,189원	1
재무회계 소계		23

인사급여 관련 자료이다. [자료설명]을 참고하여 [수행과제]를 수행하시오.

① 주민등록등본에 의한 사원등록

자료 1. 윤세리의 주민등록등본

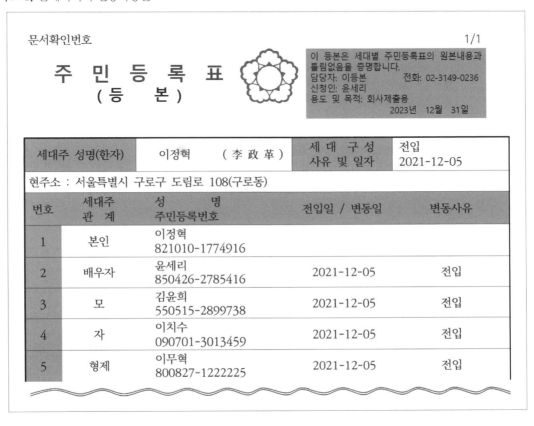

자료설명	사무직 사원 윤세리(1300)의 사원등록을 위한 자료이다. 1. 부양가족은 윤세리와 생계를 같이 한다. 2. 남편 이정혁은 사업소득 관련 결손금 8,000,000원과 근로소득금액 6,000,000원이 있다. 3. 모 김윤희는 과세대상인 공무원 총연금액(연금소득공제 전) 3,000,000원이 있다. 4. 자녀 이치수는 별도 소득이 없다. 5. 형제 이무혁은 시각장애인이며, 근로소득금액 5,000,000원이 있다. 6. 세부담을 최소화하는 방법으로 선택한다.
수행과제	[사원등록] 메뉴에서 부양가족명세를 작성하시오.

[실무수행평가] – 근로소득관리 1

번 호	평가문제	배 점
36	**평가문제 [윤세리 근로소득원천징수영수증 조회]** '25.배우자' 공제대상액은 얼마인가? <div align="right">( )원</div>	2
37	**평가문제 [윤세리 근로소득원천징수영수증 조회]** '26.부양가족' 공제대상액은 얼마인가? <div align="right">( )원</div>	2
38	**평가문제 [윤세리 근로소득원천징수영수증 조회]** '28.장애인' 공제대상액은 얼마인가? <div align="right">( )원</div>	1
39	**평가문제 [윤세리 근로소득원천징수영수증 조회]** '29.부녀자' 공제대상액은 얼마인가? <div align="right">( )원</div>	2
40	**평가문제 [윤세리 근로소득원천징수영수증 조회]** '57.자녀세액공제' 공제대상 자녀는 몇 명인가? <div align="right">( )명</div>	1

② **일용직사원의 원천징수**

자료 1. 일용직사원 관련 정보

성 명	천경수(코드 4001)
거주구분(내국인/외국인)	거주자/내국인
주민등록번호	860925–1182817
입사일자	2023년 12월 1일

자료 2. 일용직급여내역

성 명	계산내역	12월의 근무일
천경수	1일 180,000원 × 총 5일 = 900,000원	5, 7, 9, 12, 14

자료설명	1. 자료 1, 2는 일용직 사원(생산라인 보조)의 관련정보 및 급여지급내역이다. 2. 일용직 급여는 일정기간 지급하는 방식으로 한다. 3. 사회보험료 중 고용보험만 징수하기로 한다. 4. 제시된 사항 이외의 자료는 없는 것으로 한다.
수행과제	1. [일용직사원등록] 메뉴에 사원등록을 하시오. 2. [일용직급여입력] 메뉴에 급여내역을 입력하시오. 3. 12월 귀속분 원천징수이행상황신고서를 작성하시오.

[실무수행평가] – 근로소득관리 2

번호	평가문제	배점
41	**평가문제 [일용직(천경수) 12월 일용직급여입력 조회]** 공제항목 중 고용보험의 합계액은 얼마인가? <div style="text-align:right">( )원</div>	2
42	**평가문제 [일용직(천경수) 12월 일용직급여입력 조회]** 12월 급여의 차인지급액 합계는 얼마인가? <div style="text-align:right">( )원</div>	2
43	**평가문제 [12월 원천징수이행상황신고서 조회]** 근로소득에 대한 원천징수대상 인원은 총 몇 명인가? <div style="text-align:right">( )명</div>	2
44	**평가문제 [12월 원천징수이행상황신고서 조회]** 근로소득 일용근로(A03) '6.소득세 등' 금액은 얼마인가? <div style="text-align:right">( )원</div>	1

③ **국세청연말정산간소화 및 이외의 자료를 기준으로 연말정산**

자료설명	사무직 김나영(1400)의 연말정산을 위한 자료이다. 1. 사원등록의 부양가족현황은 사전에 입력되어 있다. 2. 부양가족은 김나영과 생계를 같이 한다. 3. 김나영은 2023년 8월 31일까지 (주)평화산업에서 근무하고 퇴직하였다.
수행과제	[연말정산 근로소득원천징수영수증] 메뉴에서 연말정산을 완료하시오. 1. 종전근무지 관련서류는 [소득명세] 탭에서 입력한다. 2. 장기주택저당차입금 이자상환액(소득공제요건 충족)은 [정산명세] 탭에서 입력한다. 3. 의료비는 [의료비] 탭에서 입력하며, 국세청자료는 공제대상 합계금액을 1건으로 집계하여 입력한다. 4. 기부금은 [기부금] 탭에서 입력한다.

자료 1. 김나영 사원의 부양가족등록 현황

연말정산관계	성 명	주민번호	기타사항
0.본인	김나영	880103-2774918	
3.배우자	이민재	900512-1887561	근로소득금액 12,000,000원
1.소득자 직계존속	이정희	520411-2222220	• 이자소득 10,000,000원 • 사적연금소득 12,000,000원
4.직계비속	이지은	201218-4094113	

자료 2. 김나영 사원의 전근무지 정산내역

거주구분	거주자1 / 비거주자2	
거주지국	대한민국 거주지국코드	kr
내·외국인	내국인1 외국인9	
외국인단일세율적용	여 1 / 부 2	
외국법인소속파견근로자여부	여 1 부 2	
국적	대한민국 국적코드	kr
세대주 여부	세대주1 세대원2	
연말정산 구분	계속근로1, 중도퇴사2	

[√] 근로소득 원천징수영수증
[ ] 근로소득 지 급 명 세 서

관리
번호

([√]소득자 보관용 [ ]발행자 보관용 [ ]발행자 보고용)

징수의무자	① 법인명(상 호) (주)평화산업	② 대 표 자(성 명) 이동은
	③ 사업자등록번호 305-86-11110	④ 주 민 등 록 번 호
	③-1 사업자단위과세자여부 여 1 / 부 2	
	⑤ 소 재 지(주소) 대전광역시 동구 가양남로 10	
소득자	⑥ 성 명 김나영	⑦ 주 민 등 록 번 호 880103-2774918
	⑧ 주 소 서울특별시 서대문구 충정로 7길 30(충정로2가)	

	구 분	주(현)	종(전)	종(전)	⑯-1 납세조합	합 계
I 근무처별소득명세	⑨ 근 무 처 명	(주)평화산업				
	⑩ 사업자등록번호	305-86-11110				
	⑪ 근무기간	2023.1.1.~ 2023.8.31.	~	~	~	~
	⑫ 감면기간	~	~	~	~	~
	⑬ 급 여	28,000,000				28,000,000
	⑭ 상 여	7,000,000				7,000,000
	⑮ 인 정 상 여					
	⑮-1 주식매수선택권 행사이익					
	⑮-2 우리사주조합인출금					
	⑮-3 임원 퇴직소득금액 한도초과액					
	⑮-4					
	⑯ 계	35,000,000				35,000,000
II 비과세 및 감면 소득명세	⑱ 국외근로	M0X				
	⑱-1 야간근로수당	O0X				
	⑱-2 출산·보육수당	Q0X				
	⑱-4 연구보조비	H0X				
	~					
	⑲ 수련보조수당	Y22				
	⑳ 비과세소득 계					
	⑳-1 감면소득 계					

			구 분	㉚ 소 득 세	㉛ 지방소득세	㉜ 농어촌특별세
III 세액명세	㉑ 결 정 세 액			1,300,500	130,050	
	기납부세액	㉔ 종(전)근무지 (결정세액란의 세액 기재)	사업자등록번호			
		㉕ 주(현)근무지		1,401,880	140,180	
	㉖납부특례세액					
	㉗ 차 감 징 수 세 액 (㉓-㉔-㉕-㉖)			-101,380	-10,130	

국민연금보험료 : 1,093,500원
건강보험료 : 833,750원
장기요양보험료 : 96,040원
고용보험료 : 280,000원

위의 원천징수액(근로소득)을 정히 영수(지급)합니다.

2023년 8월

징수(보고)의무자 (주)평화산업 (서명 또는 인)

대 전 세 무 서 장 귀하

자료 3. 국세청간소화서비스 및 기타증빙자료

2023년 귀속 소득·세액공제증명서류 : 기본(취급기관별)내역
[장기주택저당차입금 이자상환액]

■ 계약자 인적사항

성 명	주 민 등 록 번 호
김나영	880103-2774***

■ 장기주택저당차입금 이자상환액 부담내역

(단위: 원)

취급기관	대출종류	최초차입일 최종상환예정일	상환기간	주택 취득일	저당권 설정일	연간 합계액	소득공제 대상액
		차입금	고정금리 차입금	비거치식 상환차입금	당해년 원금상환액		
(주)신한은행 (201-81-72***)	주택구입 자금대출	2012-08-02 2032-08-02	20년	2012-08-01	2012-08-02	1,200,000	1,200,000
		30,000,000	0	30,000,000	3,000,000		
인별합계금액							1,200,000

국세청 National Tax Service

- 본 증명서류는 『소득세법』 제165조 제1항에 따라 영수증 발급기관으로부터 수집한 서류로 소득·세액공제 충족 여부는 근로자가 직접 확인하여야 합니다.
- 본 증명서류에서 조회되지 않는 내역은 영수증 발급기관에서 직접 발급받으시기 바랍니다.

2023년 귀속 소득·세액공제증명서류 : 기본(지출처별)내역 [의료비]

■ 환자 인적사항

성 명	주 민 등 록 번 호
이정희	520411-2******

■ 의료비 지출내역

(단위: 원)

사업자번호	상 호	종류	납입금액 계
109-04-16***	서울**병원	일반	1,800,000
106-05-81***	***의원	일반	400,000
의료비 인별합계금액			2,200,000
안경구입비 인별합계금액			0
산후조리원 인별합계금액			0
인별합계금액			2,200,000

국세청 National Tax Service

- 본 증명서류는 『소득세법』 제165조 제1항에 따라 영수증 발급기관으로부터 수집한 서류로 소득·세액공제 충족 여부는 근로자가 직접 확인하여야 합니다.
- 본 증명서류에서 조회되지 않는 내역은 영수증 발급기관에서 직접 발급받으시기 바랍니다.

일련번호	0233

기 부 금 영 수 증

※ 아래의 작성방법을 읽고 작성하여 주시기 바랍니다.

① 기부자

성명(법인명)	김 나 영	주민등록번호 (사업자등록번호)	880103-*******
주소(소재지)	서울특별시 성북구 대사관로11가길 36		

② 기부금 단체

단 체 명	제일성결교회	사업자등록번호 (고유번호)	106-82-99369
소 재 지	서울 영등포구 영등포로 21	기부금공제대상 기부금단체 근거법령	소득세법 제34조제1항

③ 기부금 모집처(언론기관 등)

단 체 명		사업자등록번호	
소 재 지			

④ 기부내용

유형	코드	구분	연월일	내용	기 부 금 액			
					합계	공제대상 기부금액	공제제외 기부금	
							기부장려금 신청금액	기타
종교단체	41	금전	2023.12.20.	기부금	600,000	600,000		
- 이 하 생 략 -								

[실무수행평가] – 근로소득관리 3

번 호	평가문제	배 점
45	**평가문제 [김나영 근로소득원천징수영수증 조회]** '36.특별소득공제 합계'의 공제대상액은 얼마인가? <div align="right">( )원</div>	2
46	**평가문제 [김나영 근로소득원천징수영수증 조회]** '56.근로소득' 세액공제액은 얼마인가? <div align="right">( )원</div>	1
47	**평가문제 [김나영 근로소득원천징수영수증 조회]** '62.의료비' 세액공제액은 얼마인가? <div align="right">( )원</div>	2
48	**평가문제 [김나영 근로소득원천징수영수증 조회]** '64.기부금' 세액공제액은 얼마인가? <div align="right">( )원</div>	2
49	**평가문제 [김나영 근로소득원천징수영수증 조회]** 기납부세액(소득세)은 얼마인가?('74.종(전)근무지'와 '75.주(현)근무지'의 합계액) <div align="right">( )원</div>	2
50	**평가문제 [김나영 근로소득원천징수영수증 조회]** '77.차감징수세액(소득세)'은 얼마인가? <div align="right">( )원</div>	1
근로소득 소계		25

실무이론평가

아래 문제에서 특별한 언급이 없으면 기업의 보고기간(회계기간)은 매년 1월 1일부터 12월 31일까지입니다. 또한 기업은 일반기업회계기준 및 관련 세법을 계속적으로 적용하고 있다고 가정하고 물음에 가장 합당한 답을 고르시기 바랍니다.

01 다음 중 재고자산에 관한 설명으로 옳지 않은 것은?

① 재고자산감모손실 중 정상적으로 발생한 감모손실은 매출원가에 가산한다.

② 물가가 지속적으로 상승하는 상황에서 선입선출법을 적용한 경우의 기말재고액은 이동평균법, 총평균법, 후입선출법을 적용한 경우의 기말재고액보다 크다.

③ 재고자산감모손실 중 비정상적으로 발생한 감모손실은 영업외비용으로 처리한다.

④ 저가법을 적용함으로써 발생한 재고자산평가손실은 영업외비용으로 처리한다.

02 (주)한공은 2023년 1월 1일 다음의 조건으로 사채를 발행하였다. 2023년 말 손익계산서상 사채 관련 이자비용은 얼마인가?

- 액면금액 100,000,000원(3년 만기), 발행금액 97,400,000원
- 액면이자율 5%(매년 말 지급), 유효이자율 6%

① 4,870,000원

② 5,000,000원

③ 5,844,000원

④ 6,000,000원

03 (주)한공은 당기 중 다음과 같이 유상증자를 2차례 실시하였다. 재무상태표에 계상될 주식발행초과금은 얼마인가?(단, 전기 말 주식발행초과금과 주식할인발행차금 잔액은 없는 것으로 한다)

- 3월 5일 : 발행주식수 1,000주, 1주당 발행금액 15,000원(액면금액 @10,000원), 주식발행 수수료는 없었다.
- 9월 20일 : 발행주식수 1,000주, 1주당 발행금액 9,000원(액면금액 @10,000원), 주식발행 수수료 100,000원이 발생하였다.

① 3,900,000원
② 4,000,000원
③ 4,100,000원
④ 5,000,000원

04 다음은 (주)한공의 저작권 관련 자료이다. 2023년의 저작권상각액은 얼마인가?

- 2019년 : 1월 1일 저작권을 10,000,000원에 취득하였다.(내용연수 10년, 잔존가치 없음, 정액법 상각)
- 2023년 : 1월 1일 자본적지출 600,000원이 발생하였다.(단, 내용연수는 연장되지 않는다)

① 0원
② 1,000,000원
③ 1,100,000원
④ 1,200,000원

05 다음 자료를 토대로 기말 현재 퇴직금추계액을 계산하면 얼마인가?

〈총계정원장의 일부〉

퇴직급여충당부채				
4/5	보통예금	2,000,000	1/1 전기이월	6,000,000

〈결산정리사항〉

12월 31일	(차) 퇴직급여	3,000,000	(대) 퇴직급여충당부채	3,000,000

① 1,000,000원
② 4,000,000원
③ 7,000,000원
④ 9,000,000원

06 다음은 (주)한공이 정부보조금을 수령하여 취득한 차량운반구 관련 자료이다. 2023년 결산정리 후 재무상태표의 차량운반구 장부금액은 얼마인가?

> • 취득일 : 2023년 1월 1일
> • 취득원가 : 12,000,000원(보통예금 지급)
> • 정부보조금 : 4,000,000원(보통예금 수령)
> • 내용연수 : 5년, 잔존가치 : 없음, 정액법 적용

① 5,600,000원
② 6,400,000원
③ 8,000,000원
④ 9,600,000원

07 세금계산서(또는 전자세금계산서)에 대한 설명으로 옳지 않은 것은?

① 법인사업자는 모두 전자세금계산서 의무발급대상이나, 개인사업자는 일정한 요건에 해당하는 경우에만 전자세금계산서 의무발급대상이다.
② 전자세금계산서 발급명세는 전자세금계산서 발급 후 10일 이내에 국세청장에게 전송하여야 한다.
③ 공급받는 자의 등록번호는 세금계산서의 필요적 기재사항이다.
④ 필요적 기재사항 등이 착오 외의 사유로 잘못 적힌 경우는 재화나 용역의 공급일이 속하는 과세기간에 대한 확정신고기한 다음 날부터 1년 이내에 수정세금계산서를 발급할 수 있다.

08 다음 자료를 토대로 도매업을 영위하는 (주)한공의 2023년 제1기 확정신고기간 부가가치세 과세표준을 계산하면 얼마인가?

거래내용	공급가액
상품국내매출액	4,000,000원(매출할인 1,000,000원 차감 전)
상품수출액	2,000,000원
거래처에 무상 제공한 견본품	1,500,000원(시가 2,000,000원)
공급받는 자에게 도달하기 전에 파손된 재화 가액	5,000,000원

① 3,000,000원
② 5,000,000원
③ 6,500,000원
④ 8,000,000원

09 다음은 거주자 김회계 씨(과장)가 (주)한공으로부터 수령한 소득자료이다. 이를 이용하여 2023년 김회계 씨의 총급여액을 계산하면 얼마인가?

> 가. 기본급 : 36,000,000원(월 3,000,000원)
> 나. 상여금 : 3,000,000원
> 다. 식 대 : 2,400,000원(월 200,000원, 식사는 제공받지 않음)
> 라. 자녀보육수당 : 2,400,000원(월 200,000원, 김회계씨의 6세 이하 자녀는 2명임)

① 39,000,000원
② 40,200,000원
③ 41,400,000원
④ 42,600,000원

10 다음 중 소득세법상 소득공제 및 세액공제에 대한 설명으로 옳지 않은 것은?

① 특별세액 공제대상 교육비에는 초 · 중등교육법에 따른 학교에서 실시하는 방과후 학교 수업료 및 교재구입비가 포함된다.
② 근로소득자 본인의 종교단체 기부금은 기부금세액공제 대상이다.
③ 종합소득이 있는 거주자가 공적연금보험료를 납입한 경우 전액 소득공제한다.
④ 의료비 지출액에 대해서는 신용카드소득공제와 의료비 세액공제를 중복하여 적용할 수 없다.

(주)청정산업(회사코드 2161)은 정수기 제조업을 영위하는 법인기업으로 회계기간은 제6기(2023.1.1. ~ 2023.12.31.)이다. 제시된 자료와 자료설명을 참고하여, [수행과제]를 완료하고 [평가문제]의 물음에 답하시오.

실무수행 유의사항	1. 부가가치세 관련 거래는 [매입매출전표입력] 메뉴에 입력하고, 부가가치세 관련 없는 거래는 [일반전표입력] 메뉴에 입력한다. 2. 타계정 대체와 관련된 적요는 반드시 코드를 입력하여야 한다. 3. 채권·채무, 예금거래 등 관리대상 거래자료에 대하여는 반드시 거래처코드를 입력한다. 4. 자금관리 등 추가 작업이 필요한 경우 문제의 요구에 따라 추가 작업하여야 한다. 5. 제조경비는 500번대 계정코드를 사용한다. 6. 판매비와관리비는 800번대 계정코드를 사용한다. 7. 등록된 계정과목 중 가장 적절한 계정과목을 선택한다.

실무수행 1 거래자료 입력

실무프로세스 자료이다. [자료설명]을 참고하여 [수행과제]를 수행하시오.

① 3만원 초과 거래 자료에 대한 영수증 수취명세서 작성

NO.	영 수 증 (공급받는자용)			
	(주)청정산업 귀하			
공급자	사 업 자 등 록 번 호	122-56-12346		
	상 호	선우인쇄	성 명	이선우
	사 업 장 소 재 지	서울특별시 중구 퇴계로51길		
	업 태	제조업외	종목	인쇄외
작성일자	공급대가총액		비고	
2023.1.4.	₩ 50,000			
공 급 내 역				
월/일	품명	수량	단가	금액
1/4	직원명함	2	25,000	50,000
합 계	₩ 50,000			
위 금액을 영수(청구)함				

자료설명	영업부 직원 명함 인쇄를 의뢰하고, 제작 대금은 현금으로 지급하고 수취한 영수증이다. 회사는 이 거래가 지출증명서류 미수취 가산세 대상인지를 검토하려고 한다.
수행과제	1. 거래자료를 입력하시오. 2. 영수증수취명세서(1)과 (2)서식을 작성하시오.

② 단기매매증권 구입 및 매각

자료 1. 차량 구입 시 채권 구입

NO. 7

춘천시 지역개발채권 매입필증

(증빙서류 첨부용)

채권매입금액	금삼십만원정 (₩300,000)		
성 명 / 업 체 명	(주)청정산업	주민등록번호 (사업자 번호)	1208132144
주 소	강원도 춘천시 명동길 11 (조양동)		
대리인(성명)	****	주민등록번호	720125-******
청 구 기 관	******		

※ 용도

1. 자동차 신규등록   2. 자동차 이전등록   3. 각종 허가 및 신고   4. 각종 계약체결

자료 2. 보통예금(기업은행) 거래내역

		내 용	찾으신금액	맡기신금액	잔 액	거래점
번 호	거래일	계좌번호 986-1568-5754 (주)청정산업				
1	2023-2-14	공채구입	300,000		***	***

자료설명	본사 업무용 차량을 구입하면서 법령에 의한 공채를 액면금액으로 구입하고 기업은행 보통예금 계좌에서 이체하여 지급하였다.(공채 매입 시 공정가치는 260,000원이며 '단기매매증권'으로 회계처리할 것)
수행과제	거래자료를 입력하시오.

③ 통장사본에 의한 거래자료 입력

자료. 보통예금(기업은행) 거래내역

번 호	거래일	내 용	찾으신금액	맡기신금액	잔 액	거래점
		계좌번호 986-1568-5754 (주)청정산업				
1	2023-4-12	퇴직연금	6,000,000		***	***

자료설명	자료는 기업은행 보통예금 계좌에서 삼성생명으로 자동이체된 퇴직연금 이체내역이다.

구 분	금 액
확정급여형(DB)형	3,000,000원
확정기여형(DC)형	사무직 1,500,000원
	생산직 1,500,000원
합 계	6,000,000원

수행과제	거래자료를 입력하시오.

실무수행 2 부가가치세관리

부가가치세 신고 관련 자료이다. [자료설명]을 참고하여 [수행과제]를 수행하시오.

① 전자세금계산서 발급

거래명세서
(공급자 보관용)

공급자	등록번호	120-81-32144			공급받는자	등록번호	102-81-17053		
	상호	(주)청정산업	성명	오세훈		상호	(주)코웨이산업	성명	윤춘호
	사업장주소	강원도 춘천시 명동길 11(조양동)				사업장주소	서울특별시 서대문구 간호대로 10 (홍제동)		
	업태	제조업외	종사업장번호			업태	도소매업	종사업장번호	
	종목	정수기외				종목	정수기외		

거래일자	미수금액	공급가액	세액	총 합계금액
2023.5.15.		6,000,000	600,000	6,600,000

NO	월	일	품목명	규격	수량	단가	공급가액	세액	합계
1	5	15	온수정수기		10	600,000	6,000,000	600,000	6,600,000

자료설명	1. (주)코웨이산업에 제품을 공급하고 발급한 거래명세서이다. 2. 회사는 (주)코웨이산업에서 4월 10일 계약금 2,000,000원을 수령하였으며 잔액은 국민은행 보통예금 계좌로 이체받았다.
수행과제	1. 거래명세서에 의해 매입매출자료를 입력하시오. 2. 전자세금계산서 발행 및 내역관리 를 통하여 발급·전송하시오. (전자세금계산서 발급 시 결제내역 및 전송일자는 무시할 것)

② 수정전자세금계산서의 발급

전자세금계산서			(공급자 보관용)			승인번호			

공급자	등록번호	120-81-32144			공급받는자	등록번호	105-81-47288		
	상호	(주)청정산업	성명(대표자)	오세훈		상호	(주)웰스산업	성명(대표자)	박종길
	사업장주소	강원도 춘천시 명동길 11(조양동)				사업장주소	서울특별시 금천구 시흥대로 405 (독산동)		
	업태	제조업외	종사업장번호			업태	도소매업	종사업장번호	
	종목	정수기외				종목	정수기외		
	E-Mail	chungjung@bill36524.com				E-Mail	wells@bill36524.com		

작성일자	2023.6.15.	공급가액	12,000,000	세 액	1,200,000
비고					

월	일	품목명	규격	수량	단가	공급가액	세액	비고
6	15	미니정수기		100	120,000	12,000,000	1,200,000	

합계금액	현금	수표	어음	외상미수금	이 금액을	○ 영수	함
13,200,000				13,200,000		● 청구	

자료설명	1. (주)웰스산업에 제품을 공급하고 발급한 전자세금계산서이다. 2. 전자세금계산서의 공급단가를 130,000원으로 기재했어야 하나, 담당자의 실수로 공급단가를 120,000원으로 기재하여 발급하였음을 확인하였다.
수행과제	수정사유에 따른 수정전자세금계산서를 발급·전송하시오. (외상대금 및 제품매출에서 음수(-)로 처리하고 전자세금계산서 발급 시 결제내역 입력 및 전송일자는 고려하지 말 것)

③ 의제매입세액공제신고사업자의 부가가치세신고서 작성

자료 1. 면세매입 계산서

계산서				(공급받는자 보관용)					승인번호			

<table>
<tr><td rowspan="6">공
급
자</td><td>등록번호</td><td colspan="3">101-90-39264</td><td rowspan="6">공
급
받
는
자</td><td>등록번호</td><td colspan="3">120-81-32144</td></tr>
<tr><td>상호</td><td>온누리농산</td><td>성명
(대표자)</td><td>지미화</td><td>상호</td><td>(주)청정산업</td><td>성명
(대표자)</td><td>오세훈</td></tr>
<tr><td>사업장
주소</td><td colspan="3">경기도 안양시 동안구 흥안대로 313</td><td>사업장
주소</td><td colspan="3">강원도 춘천시 명동길 11(조양동)</td></tr>
<tr><td>업태</td><td>축산물</td><td colspan="2">종사업장번호</td><td>업태</td><td>제조업외</td><td colspan="2">종사업장번호</td></tr>
<tr><td>종목</td><td colspan="3">농축수산물</td><td>종목</td><td colspan="3">정수기외</td></tr>
<tr><td>E-Mail</td><td colspan="3">onnuri@naver.com</td><td>E-Mail</td><td colspan="3">chungjung@bill36524.com</td></tr>
</table>

작성일자	2023.7.10.	공급가액	10,000,000	비 고	

월	일	품목명	규격	수량	단가	공급가액	비고
7	10	돼지고기	kg	200	50,000	10,000,000	

합계금액	현금	수표	어음	외상미수금	이 금액을	● 영수 ○ 청구 함
10,000,000	10,000,000					

자료 2. 농산물 거래 내역서

농산물 거래 내역서

■ 공급자 인적사항

성 명	주 민 등 록 번 호
이지웅	740502-1245119

■ 거래 내역

농산물 품목	수량	납품일자	금 액
배추	30kg	2023.7.15.	600,000원
합계금액			600,000원

■ 대금지급조건: 납품 시 현금 결제

자료 3. 미가공 농산물(보리) 구입관련 자료

```
                      현금영수증
            ---------------CASH RECEIPT---------------

        거래일시            2023-07-30  14:15:27
        품명                                   보리
        식별번호                      208341 ****
        승인번호                       165656304
        판매금액                    2,200,000원
        부가가치세                          0원
        봉사료                              0원

        합계                       2,200,000원

            ------------------------------------

        현금영수증가맹점명                  하나로마트
        사업자번호                  229-81-16010
        대표자명: 신영호          TEL: 02 755 1112
        주소: 서울특별시 서초구 청계산로 10
        CATID: 1123973              전표No:

        현금영수증 문의: Tel 126
        http://현금영수증.kr
        감사합니다.
```

자료설명	본 문제에 한하여 음식점업을 겸업 운영한다고 가정하며, 아래 자료는 음식점업과 관련된 내역이다. 1. 자료 1은 돼지고기를 현금으로 구입하고 수취한 계산서이다. 2. 자료 2는 배추를 농민으로부터 현금으로 직접 구입하고 수취한 농산물 거래내역서이다. 3. 자료 3은 미가공 농산물(보리 10가마니)을 현금으로 구입한 현금영수증이다. 4. 자료 1 ~ 3의 계정과목은 원재료로 처리하고, 법인 음식점업 공제율은 6/106으로 한다. 5. 단, 회사는 중소기업에 해당한다.

수행과제	1. 자료 1 ~ 3의 거래를 검토하여 의제매입세액공제 요건을 갖춘 거래는 매입매출전표에 입력하고, 그 외의
	  거래는 일반전표에 입력하시오.
	  (의제매입세액공제신고서에 자동반영 되도록 적요를 선택할 것)
	2. 제2기 부가가치세 예정신고기간의 의제매입세액공제신고서를 작성하시오.
	3. 의제매입세액공제내역을 제2기 부가가치세 예정신고서에 반영하시오.
	4. 의제매입세액과 관련된 회계처리를 일반전표입력에 9월 30일자로 입력하시오.
	  (공제세액은 '부가세대급금'으로 회계처리할 것)

④ 신용카드매출전표등 수령금액합계표 작성자의 부가가치세신고서 작성

자료 1.

매출전표

카드종류		거래일자				
삼성카드		2023.10.2.10:25:11				
카드번호(CARD NO)						
9410-3256-****-2351						
승인번호		금액	백		천	원
30010947		AMOUNT		5 0 0 0 0		
일반	할부	부가세			5 0 0 0	
일시불		V.AT				
	경유	봉사료 CASHBACK				
거래유형		합계				
신용승인		TOTAL		5 5 0 0 0		
가맹점명						
춘천주유소						
대표자명		사업자번호				
추상훈		229-98-01188				
전화번호		가맹점번호				
033-457-8004		312110073				
주소						
강원 춘천시 동내면 세실로 38						

상기의 거래 내역을 확인합니다.   서명 **(주)청정산업**

자료 2.

신 용 카 드 매 출 전 표

가 맹 점 명   향정원
사업자번호   215-03-80780
대 표 자 명   백종원
주   소   서울 강남 테헤란로8길 29

현대카드   신용승인
거래일시   2023-11-4 오후 14:08:04
카드번호   6880-1256-****-4056
유효기간   **/**
가맹점번호   123460001
매입사 : 현대카드(전자서명전표)

공 급 금 액   200,000원
부가세금액   20,000원
합   계   220,000원

자료 3.

```
            ** 현금영수증 **
              (지출증빙용)

  사업자등록번호   : 477-07-00913
  사업자명        오피스알파
  단말기ID         : 73453259(tel:02-257-1004)
  가맹점주소      : 서울 강남구 테헤란로 51길

  현금영수증 회원번호
   120-81-32144        (주)청정산업
  승인번호         : 57231010
  거래일시         : 2023년 12월 6일 10시10분10초

  공 급 금 액                    300,000원
  부가세금액                      30,000원
  총 합 계                       330,000원

  휴대전화, 카드번호 등록
  http://현금영수증.kr
  국세청문의(126)
  38036925-GCA10106-3870-U490
     <<<<<<이용해 주셔서 감사합니다.>>>>>>
```

자료설명	1. 자료 1은 공장 화물트럭에 주유하고 결제한 법인 신용카드매출전표이다.
	2. 자료 2는 매출처 직원 접대를 하고 결제한 법인 신용카드매출전표이다.
	3. 자료 3은 관리부에서 사용할 소모품을 구입하고 수취한 현금영수증이다.
	(자산으로 처리할 것)
	단, 제시된 자료의 거래처는 모두 일반과세자이다.
수행과제	1. 자료 1 ~ 3을 일반전표 및 매입매출전표에 입력하시오.
	2. 제2기 확정 신용카드매출전표등 수령금액 합계표를 작성하시오.
	3. 신용카드매입 및 전자신고세액공제를 반영하여 제2기 부가가치세 확정신고서를 작성하시오.
	- 제2기 부가가치세 확정신고서를 홈택스에서 전자신고하여 전자신고세액공제 10,000원을 공제받기로 한다.

입력자료 및 회계정보를 조회하여 [평가문제]의 답안을 입력하시오.

평가문제 답안입력 유의사항

❶ 답안은 지정된 단위의 숫자로만 입력해 주십시오.

   *한글 등 문자 금지

	정답	오답(예)
(1) 금액은 원 단위로 숫자를 입력하되, 천 단위 콤마(,)는 생략 가능합니다.	1,245,000 1245000	1.245.000 1,245,000원 1,245,0000 12,45,000 1,245천원

(1-1) 답이 0원인 경우 반드시 "0" 입력
   (1-2) 답이 음수(-)인 경우 숫자 앞에 "-" 입력
   (1-3) 답이 소수인 경우 반드시 "." 입력		

(2) 질문에 대한 답안은 숫자로만 입력하세요.	4	04 4건/매/명 04건/매/명
(3) 거래처 코드번호는 5자리 숫자로 입력하세요.	00101	101 00101번

❷ 답안에 천원 단위(000) 입력 시 더존 프로그램 숫자 입력 방법과 다르게 숫자키패드 '+' 기능은 지원되지 않습니다.

❸ 더존 프로그램에서 조회되는 자료를 복사하여 붙여넣기가 가능합니다.

❹ 수행과제를 올바르게 입력하지 않고 작성한 답과 모범답안이 다른 경우 오답처리 됩니다.

[실무수행평가] – 부가가치세관리

번 호	평가문제	배 점
11	**평가문제 [세금계산서합계표 조회]** 제1기 확정신고기간의 거래처 '(주)코웨이산업'에 전자발행된 세금계산서 공급가액은 얼마인가? ( )원	2
12	**평가문제 [세금계산서합계표 조회]** 제1기 확정신고기간의 매출전자세금계산서 발급매수는 총 몇 매인가? ( )매	2
13	**평가문제 [매입매출전표입력 조회]** 6월 15일자 수정세금계산서의 수정입력사유를 코드로 입력하시오. ( )	2
14	**평가문제 [의제매입세액공제신고서 조회]** 제2기 예정신고기간의 의제매입세액공제신고서의 '의제매입세액 계'는 얼마인가? ( )원	2
15	**평가문제 [부가가치세신고서 조회]** 제2기 예정신고기간 부가가치세신고서의 과세_세금계산서발급분(1란) 금액은 얼마인가? ( )원	2
16	**평가문제 [부가가치세신고서 조회]** 제2기 예정신고기간의 부가가치세 신고시에 작성되는 부가가치세 첨부서류에 해당하지 않는 것은? ① 세금계산서합계표 ② 신용카드매출전표등수령금액합계표 ③ 의제매입세액공제신고서 ④ (면세)계산서합계표	2
17	**평가문제 [부가가치세신고서 조회]** 제2기 예정신고기간의 부가가치세 신고 시와 관련된 설명으로 옳지 않은 것은? ① 과세표준 금액은 226,800,000원이다. ② 부가가치세 조기환급은 적용받을 수 없다. ③ 전자신고세액공제는 확정신고 시에만 적용받을 수 있다. ④ 국세환급금 계좌은행은 '국민은행'이다.	2
18	**평가문제 [신용카드매출전표등 수령금액 합계표(갑) 조회]** 제2기 확정신고기간의 신용카드매출전표 수령금액 합계표(갑)에 반영되는 신용카드매입명세 합계(공급가액)는 얼마인가? ( )원	3
19	**평가문제 [부가가치세신고서 조회]** 제2기 확정신고기간 부가가치세신고서에 반영되는 과세표준명세의 '수입금액제외' 금액은 얼마인가? ( )원	2
20	**평가문제 [부가가치세신고서 조회]** 제2기 확정신고기간의 부가가치세 차가감납부할(환급받을)세액(27란)의 금액은 얼마인가? (환급세액인 경우 음수(−)로 입력할 것) ( )원	3
부가가치세 소계		22

[결산자료]를 참고로 결산을 수행하시오.(단, 제시된 자료 이외의 자료는 없다고 가정함)

① 수동결산

자료설명	결산일 현재 보유한 외화부채는 다음과 같다.				
	계정과목	금 액	거래처	전기말 적용환율	결산일 적용환율
	외화장기차입금	US$100,000	tesla.co.kr	US$1/1,300원	US$1/1,290원
수행과제	결산정리분개를 입력하시오.				

② 결산자료입력에 의한 자동결산

자료설명	1. 당기 법인세는 14,232,000원이고 법인지방소득세는 1,423,200원이다. 법인세와 법인지방소득세는 법인세 등으로 계상한다.(법인세 중간예납세액 및 원천징수세액은 선납세금 계정에 계상되어 있다) 2. 기말재고자산 현황
	<table><tr><th>구 분</th><th>평가금액</th></tr><tr><td>제 품</td><td>30,000,000원</td></tr></table> ※ 기말제품 평가액에는 시용판매 조건으로 고객에게 인도한 제품 2,000,000원(구입의사 미표시분)이 포함 되어 있지 않다. 3. 이익잉여금처분계산서 처분확정(예정)일 － 당기 : 2024년 3월 31일 － 전기 : 2023년 3월 31일
수행과제	결산을 완료하고 이익잉여금처분계산서에서 손익대체분개를 하시오. (단, 이익잉여금처분내역은 없는 것으로 하고 미처분이월이익잉여금 전액을 이월이익잉여금으로 이월하기로 한다)

[실무수행평가] – 재무회계

번 호	평가문제	배 점
21	**평가문제 [영수증수취명세서 조회]** 영수증수취명세서(1)에 반영되는 '12.명세서제출 대상' 금액은 얼마인가? (　　　　)원	2
22	**평가문제 [거래처원장 조회]** 6월 말 국민은행(코드 98000) 보통예금 잔액은 얼마인가? (　　　　)원	1
23	**평가문제 [일/월계표 조회]** 1/4분기(1월 ~ 3월)에 발생한 도서인쇄비(판매관리비) 총금액은 얼마인가? (　　　　)원	1

24	**평가문제 [일/월계표 조회]** 2/4분기(4월 ~ 6월)에 발생한 퇴직급여(판매관리비)는 얼마인가? <div style="text-align:right">(　　　　　)원</div>	1
25	**평가문제 [일/월계표 조회]** 2/4분기(4월 ~ 6월)에 발생한 제품매출 금액은 총 얼마인가? <div style="text-align:right">(　　　　　)원</div>	2
26	**평가문제 [일/월계표 조회]** 4/4분기(10월 ~ 12월)에 발생한 차량유지비(제조)는 얼마인가? <div style="text-align:right">(　　　　　)원</div>	1
27	**평가문제 [합계잔액시산표 조회]** 6월 말 단기매매증권 잔액은 얼마인가? <div style="text-align:right">(　　　　　)원</div>	1
28	**평가문제 [합계잔액시산표 조회]** 6월 말 퇴직연금운용자산 잔액은 얼마인가? <div style="text-align:right">(　　　　　)원</div>	2
29	**평가문제 [재무상태표 조회]** 9월 말 원재료 잔액으로 옳은 것은? ① 352,685,398원 ② 352,809,926원 ③ 352,912,724원 ④ 353,375,963원	2
30	**평가문제 [재무상태표 조회]** 12월 말 차량운반구 장부금액은 얼마인가? <div style="text-align:right">(　　　　　)원</div>	1
31	**평가문제 [재무상태표 조회]** 12월 말 외화장기차입금 잔액은 얼마인가? <div style="text-align:right">(　　　　　)원</div>	2
32	**평가문제 [재무상태표 조회]** 기말 제품 잔액은 얼마인가? <div style="text-align:right">(　　　　　)원</div>	2
33	**평가문제 [재무상태표 조회]** 12월 말 미지급세금 잔액은 얼마인가? <div style="text-align:right">(　　　　　)원</div>	1
34	**평가문제 [재무상태표 조회]** 12월 말 소모품 잔액은 얼마인가? <div style="text-align:right">(　　　　　)원</div>	3
35	**평가문제 [재무상태표 조회]** 12월 말 이월이익잉여금(미처분이익잉여금) 잔액으로 옳은 것은? ① 152,168,150원 ② 225,120,269원 ③ 279,702,471원 ④ 320,158,743원	1
재무회계 소계		23

인사급여 관련 자료이다. [자료설명]을 참고하여 [수행과제]를 수행하시오.

① 가족관계증명서에 의한 사원등록

자료 1. 윤현우의 가족관계증명서

[별지 제1호서식] <개정 2010.6.3>

가 족 관 계 증 명 서

등록기준지	경기도 평택시 경기대로 701 (지제동)				

구분	성 명	출생연월일	주민등록번호	성별	본
본인	윤 현 우	1974년 10월 11일	741011-1111113	남	坡平

가족사항

구분	성 명	출생연월일	주민등록번호	성별	본
부	윤 두 식	1938년 09월 22일	380922-1785417	남	坡平
모	이 채 민	1940년 11월 12일	401112-2075529	여	慶州
배우자	이 다 정	1980년 01월 17일	800117-2247093	여	全州
자녀	윤 만 세	2015년 08월 12일	150812-4985710	여	坡平
형제	윤 도 준	1977년 09월 15일	770915-1927311	남	坡平

자료설명	2023년 4월 1일에 입사한 사원 윤현우(1004)가 제출한 가족관계증명서이다. 1. 윤현우는 세대주이다. 2. 부 윤두식은 부동산임대소득금액 20,000,000원이 있다. 3. 모 이채민은 일용 근로소득 6,000,000원이 있다. 4. 배우자 이다정은 복권당첨소득 15,000,000원이 있다. 5. 자녀 윤만세는 2023년 10월 입양한 자녀이다. 6. 형제 윤도준은 장애인복지법에 따른 장애인이며, 총급여액 6,000,000원이 있다. 7. 세부담을 최소화하는 방법을 선택한다.
수행과제	사원등록 메뉴에서 부양가족명세를 작성하시오.

[실무수행평가] – 근로소득관리 1

번 호	평가문제	배 점
36	**평가문제 [윤현우 근로소득원천징수영수증 조회]** 본인과 배우자를 포함한 부양가족의 기본공제 대상액은 얼마인가? ( )원	2
37	**평가문제 [윤현우 근로소득원천징수영수증 조회]** '27.경로우대' 추가공제액은 얼마인가? ( )원	2
38	**평가문제 [윤현우 근로소득원천징수영수증 조회]** '28.장애인' 추가공제액은 얼마인가? ( )원	2
39	**평가문제 [윤현우 근로소득원천징수영수증 조회]** 공제대상자녀 세액공제액은 얼마인가? ( )원	1
40	**평가문제 [윤현우 근로소득원천징수영수증 조회]** 출산입양 세액공제액은 얼마인가? ( )원	1

② 급여명세에 의한 급여자료

자료 1. 12월 급여자료

(단위 : 원)

사 원	기본급	육아 수당	자격증 수당	식 대	월차 수당	야간근로 수당	국민 연금	건강 보험	고용 보험	장기요양 보험
박성욱	5,000,000	120,000	200,000	220,000	100,000	0	프로그램에서 자동 계산된 금액으로 공제한다.			
김도훈	2,100,000	0	100,000	220,000	100,000	800,000				

자료 2. 수당 및 공제요건

구 분	코 드	수당 및 공제명	내 용
수당등록	101	기본급	설정된 그대로 사용한다.
	200	육아수당	출산 및 6세 이하 자녀를 양육하는 경우 매월 고정적으로 지급하고 있다.
	201	자격증수당	직무관련 자격 취득시 자격증수당을 지급하고 있다.
	202	식대	야근 시에는 야식을 제공하고 있으며, 야식을 제외한 별도의 음식물은 제공하고 있지 않다.
	203	월차수당	전월에 만근한 사원에게 수당을 지급하고 있다.
	204	야간근로수당	생산직 사원에게 연장근로시간에 대하여 수당을 지급하고 있다.

자료설명	1. 자료 1에서 박성욱은 영업부 과장이다.
	2. 자료 1에서 김도훈은 생산직 사원이며, 2022년 총급여액은 3,800만원이다.
	3. 12월 귀속분 급여지급일은 당월 25일이며, 사회보험료는 자동 계산된 금액으로 공제한다.
	4. 당사는 반기별 원천징수 납부대상자가 아니며, 전월 미환급세액 33,000원(지방소득세 3,000원 포함)이 있다.
수행과제	1. 사원등록에서 생산직 비과세여부를 적용하시오.
	2. 급여자료입력 메뉴에 수당등록을 하시오.
	3. 12월분 급여자료를 입력하시오.(단, 구분 '1.급여'로 선택할 것)
	4. 12월 귀속분 [원천징수이행상황신고서]를 작성하시오.

[실무수행평가] – 근로소득관리 2

번 호	평가문제	배 점
41	**평가문제 [박성욱 12월 급여자료입력 조회]** 급여항목 중 비과세대상 지급액은 얼마인가? ( )원	2
42	**평가문제 [박성욱 12월 급여자료입력 조회]** 12월 급여의 차인지급액은 얼마인가? ( )원	1
43	**평가문제 [김도훈 12월 급여자료입력 조회]** 급여항목 중 과세대상 지급액은 얼마인가? ( )원	2
44	**평가문제 [김도훈 12월 급여자료입력 조회]** 수당항목 중 과세대상 야간근로수당 금액은 얼마인가? ( )원	1
45	**평가문제 [12월 원천징수이행상황신고서 조회]** '10.소득세 등' 총 합계 금액은 얼마인가? ( )원	2

③ 국세청연말정산간소화 및 이외의 자료를 기준으로 연말정산

자료설명	사무직 이익준(1003)의 연말정산을 위한 자료이다. 1. 사원등록의 부양가족현황은 사전에 입력되어 있다. 2. 부양가족은 이익준과 생계를 같이 한다.
수행과제	[연말정산 근로소득원천징수영수증] 메뉴에서 연말정산을 완료하시오. 1. 의료비는 [의료비] 탭에서 입력하며, 국세청자료는 공제대상 합계금액을 1건으로 집계하여 입력한다. (단, 실손의료보험금 500,000원을 수령하였다) 2. 보험료와 교육비는 [소득공제] 탭에서 입력한다. 3. 연금계좌는 [정산명세] 탭에서 입력한다.

자료 1. 이익준 사원의 부양가족등록 현황

연말정산관계	성 명	주민번호	기타사항
0.본인	이익준	781010-1774911	세대주
3.배우자	채송화	781202-204567	이자소득 4,000,000원과 배당소득 8,000,000원 있음
1.소득자 직계존속	박희진	430411-2222229	소득 없음
4.직계비속	이우주	181218-3094111	소득 없음

자료 2. 국세청간소화서비스 및 기타증빙자료

2023년 귀속 소득·세액공제증명서류 : 기본(지출처별)내역 [의료비]

■ 환자 인적사항

성 명	주 민 등 록 번 호
이우주	181218-3******

■ 의료비 지출내역

(단위: 원)

사업자번호	상 호	종류	지출금액 계
109-04-16***	서울**병원	일반	2,500,000
106-05-81***	***안경원	일반	700,000
의료비 인별합계금액			2,500,000
안경구입비 인별합계금액			700,000
산후조리원 인별합계금액			0
인별합계금액			3,200,000

 국 세 청
National Tax Service

• 본 증명서류는 『소득세법』 제165조 제1항에 따라 영수증 발급기관으로부터 수집한 서류로 소득·세액공제 충족 여부는 근로자가 직접 확인하여야 합니다.
• 본 증명서류에서 조회되지 않는 내역은 영수증 발급기관에서 직접 발급받으시기 바랍니다.

2023년 귀속 소득·세액공제증명서류 : 기본(지출처별)내역
[보장성 보험, 장애인전용보장성보험]

■ 계약자 인적사항

성 명	주 민 등 록 번 호
이익준	781010-1******

■ 보장성보험(장애인전용보장성보험) 납입내역

(단위: 원)

종류	상 호	보험종류	주피보험자		납입금액 계
	사업자번호	증권번호			
	종피보험자1	종피보험자2	종피보험자3		
보장성	한화생명보험(주)	실손의료보험	181218-3094***	이우주	1,200,000
	108-81-15***	202112345**			
보장성	삼성생명보험(주)	실버든든보험	430411-2222***	박희진	1,800,000
	106-81-41***	100540651**			
인별합계금액					3,000,000

- 본 증명서류는 『소득세법』 제165조 제1항에 따라 영수증 발급기관으로부터 수집한 서류로 소득·세액공제 충족 여부는 근로자가 직접 확인하여야 합니다.
- 본 증명서류에서 조회되지 않는 내역은 영수증 발급기관에서 직접 발급받으시기 바랍니다.

2023년 귀속 세액공제증명서류: 기본내역[퇴직연금]

■ 가입자 인적사항

성 명	주 민 등 록 번 호
이익준	781010-1******

■ 퇴직연금 납입내역

(단위: 원)

상호	사업자번호	당해연도 납입금액	당해연도 납입액 중 인출금액	순납입금액
	계좌번호			
신한생명보험(주)	108-81-26***	2,400,000		2,400,000
12345204578				
순납입금액 합계				2,400,000

- 본 증명서류는 『소득세법』 제165조 제1항에 따라 영수증 발급기관으로부터 수집한 서류로 소득·세액공제 충족 여부는 근로자가 직접 확인하여야 합니다.
- 본 증명서류에서 조회되지 않는 내역은 영수증 발급기관에서 직접 발급받으시기 바랍니다.

2023년 귀속 세액공제증명서류: 기본내역[연금저축]

■ 가입자 인적사항

성 명	주 민 등 록 번 호
채송화	781202-2******

■ 연금저축 납입내역

(단위: 원)

상호	사업자번호	당해연도 납입금액	당해연도 납입액 중 인출금액	순납입금액
계좌번호				
신한생명보험(주)	108-81-26***	4,500,000	3,000,000	1,500,000
013479999				
순납입금액 합계				1,500,000

국세청
National Tax Service

- 본 증명서류는 「소득세법」 제165조 제1항에 따라 영수증 발급기관으로부터 수집한 서류로 소득·세액공제 충족 여부는 근로자가 직접 확인하여야 합니다.
- 본 증명서류에서 조회되지 않는 내역은 영수증 발급기관에서 직접 발급받으시기 바랍니다.

[실무수행평가] – 근로소득관리 3

번호	평가문제	배점
46	평가문제 [이익준 근로소득원천징수영수증 조회] '연금계좌' 세액공제액은 얼마인가? ( )원	2
47	평가문제 [이익준 근로소득원천징수영수증 조회] '61.보장성보험' 세액공제액은 얼마인가? ( )원	2
48	평가문제 [이익준 근로소득원천징수영수증 조회] '62.의료비' 세액공제액은 얼마인가? ( )원	2
49	평가문제 [이익준 근로소득원천징수영수증 조회] '77.차감징수세액(소득세)'은 얼마인가? ( )원	2
50	평가문제 [이익준 근로소득원천징수영수증 조회] '82.실효세율'은 몇 %인가? ① 0.2% ② 0.6% ③ 1.2% ④ 1.6%	1
근로소득 소계		25

실무이론평가

아래 문제에서 특별한 언급이 없으면 기업의 보고기간(회계기간)은 매년 1월 1일부터 12월 31일까지입니다. 또한 기업은 일반기업회계기준 및 관련 세법을 계속적으로 적용하고 있다고 가정하고 물음에 가장 합당한 답을 고르시기 바랍니다.

01 다음 중 선생님의 질문에 대하여 바르게 대답한 학생은?

① 명 희
② 설 아
③ 민 종
④ 우 성

02 다음은 (주)한공의 7월 상품 거래내역이다. 선입선출법에 의한 7월 매출원가와 매출총이익은 얼마인가?

	수 량	단 가	금 액
• 7월 1일 기초 :	50개	100원	5,000원
• 7월 12일 매입 :	100개	120원	12,000원
• 7월 20일 매출 :	80개	200원	16,000원

	매출원가	매출총이익
①	8,600원	8,400원
②	8,600원	7,400원
③	8,400원	8,600원
④	7,400원	8,600원

03 (주)한공은 2023년 3월 1일에 1년분 보험료 2,400,000원을 납부하면서 전액 비용처리하였다. 이에 대한 결산정리사항으로 옳은 것은?(단, 월할계산을 가정한다)

① (차) 선급비용   400,000원   (대) 보험료   400,000원
② (차) 선급비용   600,000원   (대) 보험료   600,000원
③ (차) 보험료   400,000원   (대) 선급비용   400,000원
④ (차) 보험료   600,000원   (대) 선급비용   600,000원

04 다음 총계정원장 자료를 바탕으로 외상매출금 기말잔액에 대한 대손추정액을 계산하면 얼마인가?

대손충당금					
7/6	외상매출금	30,000	1/1	전기이월	130,000
12/31	차기이월	200,000	12/31	대손상각비	100,000
		230,000			230,000

① 30,000원

② 100,000원

③ 130,000원

④ 200,000원

05 다음 자료를 토대로 (주)한공이 2023년 손익계산서에 계상할 토지 재평가손익을 계산하면 얼마인가?

> • (주)한공은 2022년에 공장을 건설할 목적으로 토지를 2,000,000원에 취득하였으며, 매 보고기간마다 재평가모형을 적용하기로 하였다.
> • 2022년 말과 2023년 말 토지의 공정가치는 각각 2,200,000원과 1,800,000원이다.

① 재평가손실 200,000원
② 재평가손실 400,000원
③ 재평가이익 200,000원
④ 재평가이익 400,000원

06 (주)한공은 2021년에 장기투자 목적으로 (주)서울의 주식을 1,000,000원에 취득하고 매도가능증권으로 분류하였다. 다음 자료에 의해 2023년에 인식할 매도가능증권처분손익을 계산하면 얼마인가?

> • 2021년 말 공정가치 : 900,000원
> • 2022년 말 공정가치 : 1,200,000원
> • 2023년 중 처분금액 : 1,100,000원

① 매도가능증권처분손실 100,000원
② 매도가능증권처분손실 200,000원
③ 매도가능증권처분이익 100,000원
④ 매도가능증권처분이익 200,000원

07 다음 중 부가가치세법상 재화의 공급이 아닌 것은?

① 매매계약에 따라 재화를 인도하거나 양도하는 경우
② 자기가 주요자재의 전부 또는 일부를 부담하고 상대방으로부터 인도받은 재화를 가공하여 새로운 재화를 만들어 인도하는 경우
③ 재화의 인도 대가로서 다른 재화를 인도받거나, 용역을 제공받는 교환계약에 따라 재화를 인도하거나 양도하는 경우
④ 재화를 잃어버리거나 재화가 멸실된 경우

08 다음은 제조업을 영위하는 일반과세자 (주)한공의 2023년 제1기 부가가치세 확정신고와 관련된 매입세액 자료이다. 부가가치세법상 공제받을 수 있는 매입세액은 얼마인가?(단, 세금계산서는 적법하게 수취하였다)

가. 공장용 화물차 유류대 관련 매입세액	2,500,000원
나. 거래처 발송용 추석 선물세트 구입 관련 매입세액	1,000,000원
다. 사무용 비품 구입 관련 매입세액	4,000,000원
라. 토지 자본적 지출 관련 매입세액	3,400,000원

① 5,000,000원
② 5,900,000원
③ 6,500,000원
④ 7,400,000원

09 다음 자료를 토대로 거주자 김한공 씨의 2023년도 귀속 종합소득금액을 계산하면 얼마인가?(단, 모든 소득은 국내에서 발생한 것으로 세법에서 규정된 원천징수는 적법하게 이루어졌으며 필요경비는 확인되지 않는다)

가. 은행예금이자	3,000,000원
나. 비상장주식의 양도소득	5,000,000원
다. 유실물 습득으로 인한 보상금	6,000,000원

① 3,000,000원
② 6,000,000원
③ 8,000,000원
④ 14,000,000원

10 다음 중 근로소득자의 연말정산에 대한 설명으로 옳지 않은 것은?

① 현 호
② 예 지
③ 제 형
④ 지 영

(주)네팔산업(회사코드 2160)은 등산용품 제조업을 영위하는 법인기업으로 회계기간은 제6기(2023.1.1. ~ 2023.12.31.)이다. 제시된 자료와 자료설명을 참고하여, [수행과제]를 완료하고 [평가문제]의 물음에 답하시오.

실무수행 유의사항	1. 부가가치세 관련 거래는 [매입매출전표입력] 메뉴에 입력하고, 부가가치세 관련 없는 거래는 [일반전표입력] 메뉴에 입력한다. 2. 타계정 대체와 관련된 적요는 반드시 코드를 입력하여야 한다. 3. 채권 · 채무, 예금거래 등 관리대상 거래자료에 대하여는 반드시 거래처코드를 입력한다. 4. 자금관리 등 추가 작업이 필요한 경우 문제의 요구에 따라 추가 작업하여야 한다. 5. 제조경비는 500번대 계정코드를 사용한다. 6. 판매비와관리비는 800번대 계정코드를 사용한다. 7. 등록된 계정과목 중 가장 적절한 계정과목을 선택한다.

실무수행 1 거래자료 입력

실무프로세스 자료이다. [자료설명]을 참고하여 [수행과제]를 수행하시오.

① 3만원 초과 거래자료에 대한 경비등송금명세서 작성

자료 1. 부동산 임대차계약서

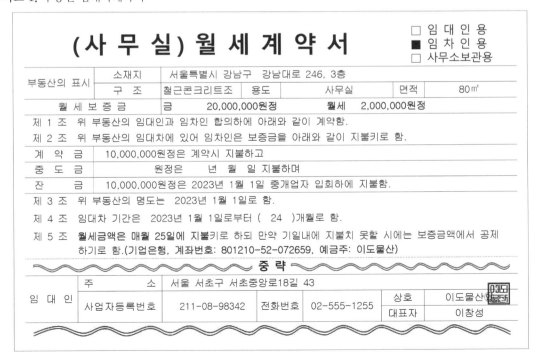

<table>
<tr><td colspan="7" align="center">(사 무 실) 월 세 계 약 서</td><td>□ 임 대 인 용
■ 임 차 인 용
□ 사무소보관용</td></tr>
<tr><td rowspan="2">부동산의 표시</td><td>소재지</td><td colspan="6">서울특별시 강남구 강남대로 246, 3층</td></tr>
<tr><td>구 조</td><td>철근콘크리트조</td><td>용도</td><td colspan="2">사무실</td><td>면적</td><td>80㎡</td></tr>
<tr><td colspan="2">월 세 보 증 금</td><td>금</td><td colspan="2">20,000,000원정</td><td colspan="3">월세 2,000,000원정</td></tr>
<tr><td colspan="8">제 1 조 위 부동산의 임대인과 임차인 합의하에 아래와 같이 계약함.</td></tr>
<tr><td colspan="8">제 2 조 위 부동산의 임대차에 있어 임차인은 보증금을 아래와 같이 지불키로 함.</td></tr>
<tr><td colspan="2">계 약 금</td><td colspan="6">10,000,000원정은 계약시 지불하고</td></tr>
<tr><td colspan="2">중 도 금</td><td colspan="6">원정은   년 월 일 지불하며</td></tr>
<tr><td colspan="2">잔 금</td><td colspan="6">10,000,000원정은 2023년 1월 1일 중개업자 입회하에 지불함.</td></tr>
<tr><td colspan="8">제 3 조 위 부동산의 명도는 2023년 1월 1일로 함.</td></tr>
<tr><td colspan="8">제 4 조 임대차 기간은 2023년 1월 1일로부터 (24)개월로 함.</td></tr>
<tr><td colspan="8">제 5 조 월세금액은 매월 25일에 지불키로 하되 만약 기일내에 지불치 못할 시에는 보증금액에서 공제
하기로 함.(기업은행, 계좌번호: 801210-52-072659, 예금주: 이도물산)</td></tr>
<tr><td colspan="8" align="center">~~~~~ 중 략 ~~~~~</td></tr>
<tr><td rowspan="2">임 대 인</td><td colspan="2">주   소</td><td colspan="5">서울 서초구 서초중앙로18길 43</td></tr>
<tr><td colspan="2">사업자등록번호</td><td>211-08-98342</td><td>전화번호</td><td>02-555-1255</td><td>상호
대표자</td><td colspan="2">이도물산
이창성</td></tr>
</table>

자료 2. 보통예금(국민은행) 거래내역

번 호	거래일	내 용	찾으신금액	맡기신금액	잔 액	거래점
			계좌번호 204456-02-344714 (주)네팔산업			
1	2023-1-25	이도물산	2,000,000		***	***

자료설명	1. 자료 1은 영업부서에서 사용할 사무실 임대차계약서이며, 임대인은 간이과세자이다.(이도물산은 세금계산서 발급이 불가능한 간이과세자임) 2. 자료 2는 1월분 월세를 국민은행 보통예금 계좌에서 이체한 내역이다.
수행과제	1. 1월 25일의 거래자료를 일반전표에 입력하시오. 2. 부동산 임대차계약서를 참조하여 경비등송금명세서를 작성하시오.(단, 영수증수취명세서 작성은 생략할 것)

② **약속어음의 만기결제, 할인 및 배서양도**

전 자 어 음

(주)네팔산업 귀하   00420230110123456789

금 일천만원정   **10,000,000원**

위의 금액을 귀하 또는 귀하의 지시인에게 지급하겠습니다.

지급기일 2023년 4월 10일	**발행일** 2023년 1월 10일
지 급 지 국민은행	**발행지** 서울특별시 강남구 강남대로
지급장소 역삼지점	**주 소** 262-12
	발행인 (주)버팔로

자료설명	[2월 10일] (주)버팔로로부터 받아 보관 중이던 전자어음을 2월 10일에 국민은행에서 할인하고, 할인료를 차감한 잔액은 국민은행 보통예금계좌에 입금하였다.(단, 할인율은 연 12%, 월할계산, 매각거래로 처리할 것)
수행과제	1. 어음의 할인과 관련된 거래자료를 입력하시오. 2. 자금관련정보를 입력하여 받을어음현황에 반영하시오.

③ 기타 일반거래

자료 1. 건강보험료 영수증

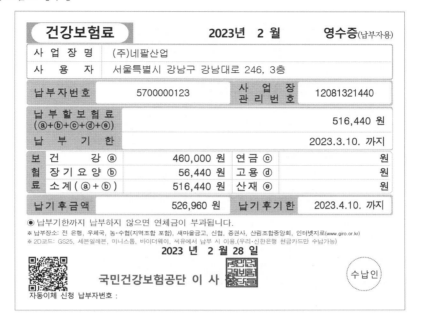

건강보험료	2023년 2월	영수증(납부자용)

사 업 장 명	(주)네팔산업
사 용 자	서울특별시 강남구 강남대로 246, 3층

납부자번호	5700000123	사 업 장 관 리 번 호	12081321440

납 부 할 보 험 료 (ⓐ+ⓑ+ⓒ+ⓓ+ⓔ)	516,440 원
납 부 기 한	2023.3.10. 까지

보	건 강 ⓐ	460,000 원	연금 ⓒ	원
험	장 기 요 양 ⓑ	56,440 원	고 용 ⓓ	원
료	소 계 (ⓐ + ⓑ)	516,440 원	산 재 ⓔ	원

납 기 후 금 액	526,960 원	납 기 후 기 한	2023.4.10. 까지

◉ 납부기한까지 납부하지 않으면 연체금이 부과됩니다.
※ 납부장소: 전 은행, 우체국, 농·수협(지역조합 포함), 새마을금고, 신협, 증권사, 산림조합중앙회, 인터넷지로(www.giro.or.kr)
※ 2D코드: GS25, 세븐일레븐, 미니스톱, 바이더웨이, 씨유에서 납부 시 이용.(우리·신한은행 현금카드만 수납가능)

2023 년 2 월 28 일

국민건강보험공단 이 사

수납인

자동이체 신청 납부자번호 :

자료 2. 보통예금(국민은행) 거래내역

번 호	거래일	내 용	찾으신금액	맡기신금액	잔 액	거래점
		계좌번호 204456-02-344714 (주)네팔산업				
1	2023-4-10	건강보험료	526,960		***	***

자료설명	1. 자료 1은 2월 급여지급분에 대한 건강보험료와 장기요양보험료 영수증이다. 2. 자료 2는 납부기한일에 건강보험료 등을 납부하지 못하여 연체가산금(10,520원)을 포함한 금액을 4월 10일 국민은행 보통예금 계좌에서 이체한 내역이다. 3. 해당 건강보험료(장기요양보험료 포함) 516,440원은 각각 회사 50%(258,220원)와 종업원이 50%(258,220원)씩 부담하고 있으며, 회사부담분 258,220원은 생산직 129,110원, 사무직 129,110원이다.
수행과제	건강보험료 및 장기요양보험료 납부일의 거래자료를 입력하시오. (단, 건강보험 및 장기요양보험료 회사부담금은 '복리후생비'로 회계처리하고, 연체가산금은 '잡손실' 계정과목을 사용할 것)

부가가치세 신고 관련 자료이다. [자료설명]을 참고하여 [수행과제]를 수행하시오.

① 전자세금계산서 발급

거래명세서	(공급자 보관용)							

공급자	등록번호	120-81-32144			공급받는자	등록번호	514-81-35782		
	상호	(주)네팔산업	성명	최종길		상호	(주)메아리	성명	김세창
	사업장주소	서울특별시 강남구 강남대로 246, 3층				사업장주소	서울특별시 구로구 가마산로 134-10		
	업태	제조업외	종사업장번호			업태	도소매업	종사업장번호	
	종목	등산용품외				종목	등산용품		

거래일자	미수금액	공급가액	세액	총 합계금액
2023.5.25.		6,000,000	영세율	6,000,000

NO	월	일	품목명	규격	수량	단가	공급가액	세액	합계
1	5	25	등산모자		100	60,000	6,000,000	영세율	6,000,000

자료설명	(주)메아리에 구매확인서(approval of purchase)에 의하여 제품을 공급하고 발급한 거래명세서이며, 물품대금은 전액 6월 30일에 받기로 하였다.
수행과제	1. 거래자료를 입력하시오. 2. 전자세금계산서 발행 및 내역관리 를 통하여 발급 · 전송하시오. 　(전자세금계산서 발급 시 결제내역 및 전송일자는 무시할 것)

② **수정전자세금계산서의 발급**

전자세금계산서				(공급자 보관용)		승인번호		

공급자	등록번호	120-81-32144			공급받는자	등록번호	120-81-51234	
	상호	(주)네팔산업	성명 (대표자)	최종길		상호	(주)설악산업	성명 (대표자)	설악산
	사업장 주소	서울특별시 강남구 강남대로 246, 3층				사업장 주소	서울특별시 구로구 구로중앙로 198	
	업태	제조업외	종사업장번호			업태	도소매업	종사업장번호
	종목	등산용품외				종목	등산용품	
	E-Mail	nepal@bill36524.com				E-Mail	mountain@bill36524.com	

작성일자	2023.6.10.	공급가액	5,000,000	세 액	500,000
비고					

월	일	품목명	규격	수량	단가	공급가액	세액	비고
6	10	계약금				5,000,000	500,000	

합계금액	현금	수표	어음	외상미수금	이 금액을	● 영수	함
5,500,000	5,500,000					○ 청구	

자료설명	1. 6월 10일 제품을 공급하기로 하고 계약금을 수령한 후 전자세금계산서를 발급하였다. 2. 본 거래에 대하여 노동조합파업으로 인한 공장가동 중단으로 납품계약을 이행할 수 없어 해제되었다. 　(계약해제일 : 2023.6.20.) 3. 계약금은 해제일에 전액 현금으로 지급하였다.
수행과제	수정사유를 선택하여 수정전자세금계산서를 발급 · 전송하시오. (전자세금계산서 발급 시 결제내역 및 전송일자는 고려하지 않는다)

③ 신용카드매출전표발행집계표 작성자의 부가가치세신고서 작성

자료 1.

– 영세율전자세금계산서

영세율전자세금계산서 (공급자 보관용)						승인번호			

공급자	등록번호	120-81-32144			공급받는자	등록번호	105-81-21518		
	상호	(주)네팔산업	성명(대표자)	최종길		상호	(주)승연무역	성명(대표자)	성승연
	사업장주소	서울특별시 강남구 강남대로 246, 3층				사업장주소	서울 서대문구 충정로7길 19-7 (충정로 3가)		
	업태	제조업외	종사업장번호			업태	무역업	종사업장번호	
	종목	등산용품외				종목	등산용품		
	E-Mail	nepal@bill36524.com				E-Mail	sung@bill36524.com		

작성일자	2023.7.9.	공급가액	4,000,000	세 액	영세율
비고					

월	일	품목명	규격	수량	단가	공급가액	세액	비고
7	9	등산복		10	400,000	4,000,000	0	

합계금액	현금	수표	어음	외상미수금	이 금액을	○ 영수 함
4,000,000				4,000,000		● 청구

– 신용카드매출전표

신용카드매출전표

카드종류: 비씨카드
회원번호: 1236-4875-****-1**6
회 원 명: (주)승연무역
거래일시: 2023.7.9. 10:01:23
거래유형: 신용승인
매　　출: 4,000,000원
부 가 세:
합　　계: 4,000,000원
결제방법: 일시불
승인번호: 45678912

가맹점번호: 690134722

가맹점명: (주)네팔산업

－ 이 하 생 략 －

자료 2.

매출전표

카드종류	거래일자
우리카드	2023.7.13.10:13:42

카드번호(CARD NO)
2112-3535-****-67**

승인번호	금액 AMOUNT	백			천				원	
20220713800023			3	0	0	0	0	0		
일반 할부	부가세 V.A.T				3	0	0	0	0	
일시불										
등산화	봉사료 CASHBACK									
거래유형	합계 TOTAL		3	3	0	0	0	0		

가맹점명	
(주)네팔산업	
대표자명	사업자번호
최종길	120-81-32144
전화번호	가맹점번호
02-569-4209	203469274
주소	
서울특별시 강남구 강남대로 246, 3층	

상기의 거래 내역을 확인합니다.   서명   (주)삼광산업

자료 3.

현금영수증
(지출증빙용)

- -

사업자등록번호: 120-81-32144
사업자명: (주)네팔산업
단말기ID: 53123563(tel:02-1234-1234)
가맹점주소: 서울특별시 강남구 강남대로
246, 3층

현금영수증 회원번호
123-51-12121   이주영
승인번호: 44556677
거래일시: 2023년 7월 21일 14시10분14초

공급금액: 190,000원
부 가 세: 19,000원
합   계: 209,000원

- -

- 이 하 생 략 -

자료설명	1. 자료 1은 (주)승연무역에 제품을 공급하면서 영세율전자세금계산서를 발급하고, 대금결제 시 발행한 신용카드매출전표이다. 2. 자료 2는 (주)삼광산업에 제품을 매출하고 발급한 신용카드매출전표이다. 3. 자료 3은 개인사업자 이주영에게 제품을 매출하고 발급한 현금영수증이다.
수행과제	1. 자료 1 ~ 자료 3의 거래를 매입매출전표에 입력하시오. (전자세금계산서와 관련된 거래는 '전자입력'으로 처리할 것) 2. 제2기 부가가치세 예정신고기간의 신용카드매출전표발행집계표를 작성하시오. 3. 제2기 부가가치세 예정신고서에 반영하시오.

④ 수출실적명세서 작성자의 부가가치세신고서 작성

자료 1. 수출신고필증(갑지)

수 출 신 고 필 증 (갑지)

※ 처리기간 : 즉시

제출번호 12345-04-0001230		⑤ 신고번호 071-12-18-0055857-4	⑥ 세관.과 130-82	⑦ 신고일자 2023/11/15	⑧ 신고구분 H	⑨ C/S구분
① 신 고 자 대한 관세법인 관세사 백용명						

② 수 출 대 행 자 (주)네팔산업 (통관고유부호) (주)자유-1-74-1-12-4 **수출자구분** A **수 출 화 주** (주)네팔산업 (통관고유부호) (주)자유-1-74-1-12-4 (주소) 서울특별시 강남구 강남대로 246, 3층 (대표자) 최종길 (소재지) 서울특별시 강남구 강남대로 246, 3층 (사업자등록번호) 120-81-32144	⑩ 거래구분 11	⑪ 종류 A	⑫ 결제방법 TT
	⑬ 목적국 US USA	⑭ 적재항 INC 인천항	⑮ 선박회사 (항공사) HJSC
	⑯ 선박명(항공편명) HANJIN SAVANNAH	⑰ 출항예정일자 2023/11/22	⑱ 적재예정보세구역 03012202
	⑲ 운송형태 10 BU		⑳ 검사희망일 2023/11/20
	㉑ 물품소재지 한진보세장치장 인천 중구 연안동 245-1		

③ 제 조 자 (주)네팔산업 (통관고유부호) (주)네팔산업-1-74-1-12-4 제조장소 214 산업단지부호	㉒ L/C번호 868EA-10-55554	㉓ 물품상태 N
	㉔ 사전임시개청통보여부 A	㉕ 반송 사유
④ 구 매 자 K2 Co., Ltd. (구매자부호) CNTOSHIN12347	㉖환급신청인 1 (1:수출대행자/수출화주, 2:제조자) 간이환급 NO	

· 품명 · 규격 (란번호/총란수: 999/999)

㉗ 품 명 등산용품 ㉘ 거래품명 등산용품	㉙ 상표명 NO			
㉚ 모델·규격 ABC-1 250	㉛ 성분	㉜ 수량 400(BOX)	㉝ 단가(US$) 30	㉞ 금액(US$) 12,000
㉟ 세번부호 1234.12-1234	㊱ 순중량 870KG	㊲ 수량 5,000(BOX)	㊳ 신고가격 (FOB)	$12,000 ₩13,440,000
㊴ 송품장번호 AC-2013-00620	㊵ 수입신고번호	㊶ 원산지 Y	㊷ 포장갯수(종류)	300C/T
㊸ 수출요건확인(발급서류명)				
㊹ 총중량 950KG	㊺ 총포장갯수 5,000C/T		㊻ 총신고가격 (FOB)	$12,000 ₩13,440,000
㊼ 운임(₩)	㊽ 보험료(₩)		㊾ 결제금액 FOB-$12,000	
㊿ 수입화물관리번호			⑤ 컨테이너번호 CKLU2005013	Y
※ 신고인기재란 수출자 : 제조/무역, 전자제품		⑤ 세관기재란		
⑤ 운송(신고)인 한라통운(주) 박운송 ⑤ 기간 2023/011/15 부터 2023/11/30 까지	⑤ 적재의무 기한 2023/ 11/20	⑤ 담당자 990101 (이지훈)	⑤ 신고수리 일자 2023/11/15	

자료 2. 기준환율 내역

11월 10일	11월 15일	11월 20일
1,100원/USD	1,120원/USD	1,120원/USD

자료설명	1. 자료 1은 미국의 K2 Co., Ltd.에 제품을 선적지인도조건으로 직수출하고 신고한 수출신고필증이다. 2. 수출계약일은 11월 10일이고, 수출대금은 11월 15일에 전액 원화로 환가하여 국민은행 보통예금 계좌로 입금되었다. 3. 수출물품은 11월 20일에 선적하였다.
수행과제	1. 자료 2와 11월 15일의 거래자료를 참고하여 선적일의 거래자료를 입력하시오. 2. 제2기 확정신고기간의 수출실적명세서를 작성하시오. 3. 제2기 부가가치세 확정신고서에 반영하시오.

입력자료 및 회계정보를 조회하여 [평가문제]의 답안을 입력하시오.

평가문제 답안입력 유의사항

❶ 답안은 지정된 단위의 숫자로만 입력해 주십시오.
   *한글 등 문자 금지

	정 답	오답(예)
(1) 금액은 원 단위로 숫자를 입력하되, 천 단위 콤마(,)는 생략 가능합니다.	1,245,000 1245000	1,245,000 1,245,000원 1,245,0000 12,45,000 1,245천원
(1-1) 답이 0원인 경우 반드시 "0" 입력 (1-2) 답이 음수(-)인 경우 숫자 앞에 "-" 입력 (1-3) 답이 소수인 경우 반드시 "." 입력		
(2) 질문에 대한 답안은 숫자로만 입력하세요.	4	04 4건/매/명 04건/매/명
(3) 거래처 코드번호는 5자리 숫자로 입력하세요.	00101	101 00101번

❷ 답안에 천원 단위(000) 입력 시 더존 프로그램 숫자 입력 방법과 다르게 숫자키패드 '+' 기능은 지원되지 않습니다.
❸ 더존 프로그램에서 조회되는 자료를 복사하여 붙여넣기가 가능합니다.
❹ 수행과제를 올바르게 입력하지 않고 작성한 답과 모범답안이 다른 경우 오답처리 됩니다.

[실무수행평가] – 부가가치세관리

번호	평가문제	배점
11	**평가문제 [환경설정 조회]** (주)네팔산업의 환경설정 정보이다. 다음 중 올바르지 않은 것은? ① 계정과목코드체계는 세목미사용(3자리)이다. ② 소수점관리는 '수량 1.버림, 단가 1.버림, 금액 3.반올림'으로 설정되어있다. ③ 카드입력방식은 '2.공급가액(부가세제외)'이다. ④ 카드채무에 대하여 '253.미지급금' 계정을 사용한다.	2
12	**평가문제 [매입매출전표입력 조회]** 6월 20일자 수정세금계산서의 수정사유를 코드로 입력하시오. ( )	2
13	**평가문제 [세금계산서합계표 조회]** 제1기 확정 신고기간의 거래처 '(주)메아리'에 전자발행된 세금계산서 공급가액은 얼마인가? ( )원	2
14	**평가문제 [세금계산서합계표 조회]** 제1기 확정 신고기간의 매출전자세금계산서 발급매수는 총 몇 매인가? ( )매	2
15	**평가문제 [신용카드매출전표발행집계표 조회]** 제2기 예정 신고기간의 신용카드매출전표발행집계표의 「과세매출분」 합계금액은 얼마인가? ( )원	2
16	**평가문제 [부가가치세신고서 조회]** 제2기 예정신고기간 부가가치세신고서의 영세_세금계산서발급분(5란) 금액은 얼마인가? ( )원	2
17	**평가문제 [부가가치세신고서 조회]** 제2기 예정 신고기간의 부가가치세 신고시에 작성되는 부가가치세 첨부서류에 해당하지 않는 것은? ① 세금계산서합계표 ② 신용카드매출전표발행집계표 ③ 영세율매출명세서 ④ 건물등감가상각자산취득명세서	2
18	**평가문제 [수출실적명세서 조회]** 제2기 확정 신고기간의 수출실적명세서 ⑩수출한재화 원화금액은 얼마인가? ( )원	3
19	**평가문제 [부가가치세신고서 조회]** 제2기 확정 신고기간의 부가가치세신고서에 반영되는 영세율 과세표준 총금액은 얼마인가? ( )원	2
20	**평가문제 [부가가치세신고서 조회]** 제2기 확정 신고기간의 부가가치세 그밖의공제매입세액(14란) 세액은 얼마인가? ( )원	3
부가가치세 소계		22

[결산자료]를 참고로 결산을 수행하시오.(단, 제시된 자료 이외의 자료는 없다고 가정함)

① 수동결산

매도가능증권 명세

종목명 : (주)삼성전자 보통주

년월일	내 역	수 량	주당 취득단가	주당 공정가치	비 고
2022.05.27.	취 득	100주	50,000원		
2022.12.31.	평 가	100주		60,000원	
2023.12.31.	평 가	100주		48,000원	

자료설명	자료는 당사가 보유하고 있는 매도가능증권 명세이며 전기 말 평가는 기업회계기준에 따라 적절하게 이루어졌다.
수행과제	결산정리분개를 입력하시오.

② 결산자료입력에 의한 자동결산

자료설명	1. 기말현재 퇴직급여추계액 전액을 퇴직급여충당부채로 설정하고자 한다. 기말 현재 퇴직급여추계액 및 당기 퇴직급여충당부채 설정 전의 퇴직급여충당부채 잔액은 다음과 같다.
	
	표1
	
	2. 기말재고자산 현황
	
	표2
	
	※ 기말원재료 평가액에는 도착지 인도조건의 운송 중인 재고 5,000,000원이 포함되어 있지 않다.
	
	3. 이익잉여금처분계산서 처분확정(예정)일
	  - 당기 : 2024년 3월 31일
	  - 전기 : 2023년 3월 31일

수행과제	결산을 완료하고 이익잉여금처분계산서에서 손익대체분개를 하시오. (단, 이익잉여금처분내역은 없는 것으로 하고 미처분이익잉여금 전액을 이월이익잉여금으로 이월하기로 할 것)

표1:

부 서	퇴직금추계액	퇴직급여충당부채잔액
생산부	32,000,000원	25,000,000원
관리부	26,000,000원	15,000,000원

표2:

(단위 : 원)

구 분	실사내역		
	단위당원가	수 량	평가액
원재료	50,000	500	25,000,000
제 품	100,000	350	35,000,000

[실무수행평가] – 재무회계

번 호	평가문제	배 점
21	**평가문제 [경비등송금명세서 조회]** 경비등송금명세서에 반영되는 기업은행의 은행코드번호(CD)를 입력하시오. <div align="right">( )</div>	1
22	**평가문제 [받을어음현황 조회]** 1/4분기(1월 ~ 3월)에 할인한 받을어음의 총액은 얼마인가? <div align="right">( )원</div>	1
23	**평가문제 [거래처원장 조회]** 5월 말 거래처별 외상매출금 잔액으로 옳지 않은 것은? ① 03350.(주)메아리 8,200,000원 ② 03360.샤크산업(주) 19,800,000원 ③ 03400.(주)설악산업 2,200,000원 ④ 04003.(주)볼핑블루 3,300,000원	2
24	**평가문제 [거래처원장 조회]** 9월 말 우리카드(코드 99602)의 외상매출금 잔액은 얼마인가? <div align="right">( )원</div>	2
25	**평가문제 [일/월계표 조회]** 1/4분기(1월 ~ 3월) 발생한 임차료(판매관리비)는 얼마인가? <div align="right">( )원</div>	2
26	**평가문제 [일/월계표 조회]** 1/4분기(1월 ~ 3월)에 발생한 영업외비용 총액은 얼마인가? <div align="right">( )원</div>	2
27	**평가문제 [일/월계표 조회]** 2/4분기(4월 ~ 6월) 발생한 복리후생비(제조)는 얼마인가? <div align="right">( )원</div>	1
28	**평가문제 [일/월계표 조회]** 4/4분기(10월 ~ 12월) 제품매출 발생액은 얼마인가? <div align="right">( )원</div>	1
29	**평가문제 [합계잔액시산표 조회]** 4월 말 예수금 잔액은 얼마인가? <div align="right">( )원</div>	2
30	**평가문제 [합계잔액시산표 조회]** 6월 말 선수금 잔액은 얼마인가? <div align="right">( )원</div>	1
31	**평가문제 [손익계산서 조회]** 전기대비 당기 수선비의 증감액은 얼마인가? <div align="right">( )원</div>	1
32	**평가문제 [재무상태표 조회]** 기말 원재료 금액은 얼마인가? <div align="right">( )원</div>	2
33	**평가문제 [재무상태표 조회]** 12월 말 퇴직급여충당부채 잔액은 얼마인가? <div align="right">( )원</div>	2

34	평가문제 [재무상태표 조회] 12월 말 매도가능증권평가손익은 얼마인가?(평가손실인 경우 음수(-)로 입력 할 것) <div align="right">( )원</div>	2
35	평가문제 [재무상태표 조회] 12월 말 이월이익잉여금(미처분이익잉여금) 잔액으로 옳은 것은? ① 242,510,873원 ② 352,489,970원 ③ 423,510,981원 ④ 589,510,632원	1
	재무회계 소계	23

실무수행 4   근로소득관리

인사급여 관련 자료이다. [자료설명]을 참고하여 [수행과제]를 수행하시오.

① **일용직사원의 원천징수**

자료 1. 이지원의 주민등록표

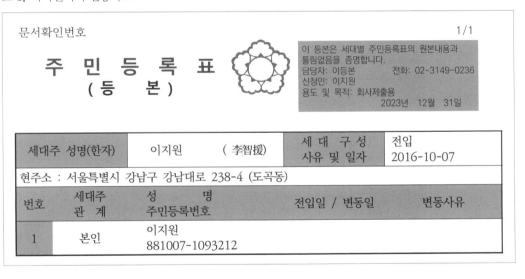

자료 2. 일용직급여내역

성 명	급 여	계산내역	12월의 근무일수
이지원	1,000,000원	1일 200,000원 × 총 5일	5, 6, 7, 8, 9일
합 계	1,000,000원		

자료설명	1. 자료 1은 본사 일용직 사원 이지원(2201)의 주민등록표이다.(입사연월일 : 2023.12.4) 2. 자료 2는 일용직 사원 이지원의 급여지급내역이다. 3. 일용직 급여는 매일 지급하는 방식으로 한다. 4. 사회보험 중 고용보험은 원천징수한다.(프로그램에서 자동 계산된 금액으로 공제할 것) 5. 제시된 사항 이외의 자료는 없는 것으로 한다.
수행과제	1. [일용직사원등록] 메뉴에 사원등록을 하시오.(단, 제시된 사항만 입력하기로 하고 우편번호는 생략할 것) 2. [일용직급여입력] 메뉴에 급여내역을 입력하시오. 3. 12월 귀속분 원천징수이행상황신고서를 작성하시오.

[실무수행평가] – 근로소득관리 1

번 호	평가문제	배 점
36	**평가문제 [이지원 12월 일용직급여입력 조회]** 12월 원천징수 대상 소득세 합계는 얼마인가? <div align="right">( )원</div>	2
37	**평가문제 [이지원 12월 일용직급여입력 조회]** 12월 일용직 급여 지급 시 공제총액 합계는 얼마인가? <div align="right">( )원</div>	2
38	**평가문제 [원천징수이행상황신고서 조회]** 12월분 근로소득 가감계(A10)의 총 인원은 몇 명인가? <div align="right">( )명</div>	2
39	**평가문제 [원천징수이행상황신고서 조회]** 12월분 근로소득 가감계(A10)의 '6.소득세 등' 금액은 얼마인가? <div align="right">( )원</div>	2

② 중도퇴사자의 원천징수

자료. 8월 급여자료

(단위 : 원)

기본급	공제항목					
	국민연금	건강보험	고용보험	장기요양보험	건강보험료정산	장기요양보험료정산
3,500,000	157,500	124,070	31,500	15,890	25,320	3,850

자료설명	김현준 사원(코드 102)의 급여자료이다. 1. 급여지급일은 매월 25일이다. 2. 생산부 김현준 사원은 2023년 8월 25일에 퇴직하였다. 중도퇴사자 정산 시 기 등록되어 있는 자료 이외의 공제는 없는 것으로 한다.
수행과제	1. [사원등록] 메뉴에서 김현준 사원의 퇴사일을 입력하시오. 2. 공제등록에 600.건강보험료정산, 601.장기요양보험료정산을 등록하시오. 3. 8월분 급여자료를 입력하고 [중도퇴사자정산] 버튼을 이용하여 중도퇴사자 정산내역을 급여자료에 반영하 시오.(단, 구분 1.급여로 선택할 것) 4. 8월 귀속분 [원천징수이행상황신고서]를 작성하시오.(조정대상 환급액은 다음 달로 이월하기로 한다)

[실무수행평가] – 근로소득관리 2

번 호	평가문제	배 점
40	**평가문제 [김현준 8월 급여자료 조회]** 8월 중도퇴사자 정산 시 김현준의 차인지급액은 얼마인가? ( )원	2
41	**평가문제 [김현준 연말정산 근로소득원천징수영수증 [중도]탭 조회]** '75.주(현) 근무지 기납부세액' 소득세는 얼마인가? ( )원	2
42	**평가문제 [김현준 연말정산 근로소득원천징수영수증 [중도]탭 조회]** '77.차감징수세액 계'(지방소득세 포함)는 얼마인가? ( )원	2
43	**평가문제 [김현준 연말정산 근로소득원천징수영수증 [중도]탭 조회]** '82.실효세율'은 몇 %인가? ① 1.3% ② 1.9% ③ 2.3% ④ 2.5%	1
44	**평가문제 [8월 원천징수이행상황신고서 조회]** 근로소득 가감계(A10)의 '6.소득세 등' 금액은 얼마인가? ( )원	1

③ 국세청연말정산간소화 및 이외의 자료를 기준으로 연말정산

자료설명	사무직 이무상(104)의 연말정산을 위한 자료이다. 1. 사원등록의 부양가족현황은 사전에 입력되어 있다. 2. 배우자 김세희의 의료비 지출내역에는 건강검진 비용 2,050,000원과 안경구입비 750,000원이 포함되어 있다. 3. 부양가족은 이무상과 생계를 같이 한다.
수행과제	[연말정산 근로소득원천징수영수증] 메뉴에서 연말정산을 완료하시오. 1. 의료비세액공제는 [의료비] 탭에서 입력하며, 국세청자료는 공제대상 합계금액을 1건으로 집계하여 입력한다. 2. 신용카드등소득공제는 [신용카드] 탭에서 입력한다. 3. 보험료세액공제는 [소득공제] 탭에서 입력한다. 4. 소득공제 및 세액공제는 최대한 세부담을 최소화하는 방향으로 선택한다.

자료 1. 이무상의 부양가족등록 현황

연말정산관계	기본공제	추가공제	성 명	주민등록번호
0.본인	본 인		이무상	760101-1774915
1.소득자의 직계존속	60세 이상	경로자공제	이영근	400202-1560211
3.배우자	부		김세희	841212-2772917
6.형제자매	부		이인웅	830207-1120325

자료 2. 이무상의 국세청 간소화 서비스 자료 및 기타자료

2023년 귀속 소득·세액공제증명서류 : 기본(지출처별)내역 [의료비]

■ 환자 인적사항

성 명	주 민 등 록 번 호
김세희	841212-2*******

■ 의료비 지출내역

(단위: 원)

사업자번호	상 호	종류	지출금액 계
1-15-16*	참빛병원	일반	2,050,000
2-23-21*	빛나안경점	안경 또는 콘텍트렌즈 구입비용	750,000
의료비 인별합계금액			2,050,000
안경구입비 인별합계금액			750,000
산후조리원 인별합계금액			
인별합계금액			2,800,000

국 세 청
National Tax Service

• 본 증명서류는 『소득세법』 제165조 제1항에 따라 영수증 발급기관으로부터 수집한 서류로 소득·세액공제 충족 여부는 근로자가 직접 확인하여야 합니다.
• 본 증명서류에서 조회되지 않는 내역은 영수증 발급기관에서 직접 발급받으시기 바랍니다.

2023년 귀속 소득·세액공제증명서류 [신용카드]

■ 사용자 인적사항

성 명	주 민 등 록 번 호
이인웅	830207-1******

■ 신용카드 등 사용금액 집계

일반	전통시장	대중교통	도서공연 등	합계금액
1,450,000	0	150,000	0	1,600,000

■ 신용카드 등 사용내역

(단위: 원)

구분	사업자번호	상호	종류	공제대상금액합계
신용카드	202-81-48***	신한카드 주식회사	대중교통	150,000
신용카드	214-81-37***	비씨카드(주)	일반	1,450,000
인별합계금액				1,600,000

국 세 청
National Tax Service

- 본 증명서류는 「소득세법」 제165조 제1항에 따라 영수증 발급기관으로부터 수집한 서류로 소득·세액공제 충족 여부는 근로자가 직접 확인하여야 합니다.
- 본 증명서류에서 조회되지 않는 내역은 영수증 발급기관에서 직접 발급받으시기 바랍니다.

2023년 귀속 소득·세액공제증명서류 [현금영수증]

■ 사용자 인적사항

성 명	주 민 등 록 번 호
이무상	760101-1******

■ 현금영수증 사용내역

일반	전통시장	대중교통	도서공연 등	합계금액
13,000,000	5,450,000	450,000	0	18,900,000

국 세 청
National Tax Service

- 본 증명서류는 「소득세법」 제165조 제1항에 따라 영수증 발급기관으로부터 수집한 서류로 소득·세액공제 충족 여부는 근로자가 직접 확인하여야 합니다.
- 본 증명서류에서 조회되지 않는 내역은 영수증 발급기관에서 직접 발급받으시기 바랍니다.

2023년 귀속 소득·세액공제증명서류 : 기본내역(지출처별)내역
[보장성 보험, 장애인전용보장성보험]

■ 계약자 인적사항

성 명	주 민 등 록 번 호
이무상	760101-1*******

■ 보장성보험(장애인전용보장성보험) 납입내역

(단위: 원)

종류	상 호	보험종류	주피보험자		납입금액 계
	사업자번호	증권번호	종피보험자		
보장성	LIG손해보험(주)	운전자	760101-1******	이무상	720,000
	126-81-41***	5478965**			
보장성	삼성생명보험(주)	백세시대보험	400202-1******	이영근	950,000
	108-81-32***	004545217**			
인별합계금액					1,670,000

 국 세 청
National Tax Service

- 본 증명서류는 「소득세법」 제165조 제1항에 따라 영수증 발급기관으로부터 수집한 서류로 소득·세액공제 충족 여부는 근로자가 직접 확인하여야 합니다.
- 본 증명서류에서 조회되지 않는 내역은 영수증 발급기관에서 직접 발급받으시기 바랍니다.

번 호	평가문제	배 점
45	**평가문제 [이무상 근로소득원천징수영수증 조회]** '42.신용카드 등' 소득공제 최종공제액은 얼마인가? ( )원	2
46	**평가문제 [이무상 근로소득원천징수영수증 조회]** '56.근로소득' 세액공제액은 얼마인가? ( )원	1
47	**평가문제 [이무상 근로소득원천징수영수증 조회]** '61.보장성보험' 세액공제액은 얼마인가? ( )원	2
48	**평가문제 [이무상 근로소득원천징수영수증 조회]** '62.의료비' 세액공제액은 얼마인가? ( )원	2
49	**평가문제 [이무상 근로소득원천징수영수증 조회]** '77.차감징수세액' 소득세 금액은 얼마인가? ( )원	1
50	**평가문제 [이무상 근로소득원천징수영수증 조회]** '82.실효세율'은 몇 %인가? ① 2.5% ② 2.7% ③ 3.1% ④ 3.8%	1
근로소득 소계		25

아래 문제에서 특별한 언급이 없으면 기업의 보고기간(회계기간)은 매년 1월 1일부터 12월 31일까지입니다. 또한 기업은 일반기업회계기준 및 관련 세법을 계속적으로 적용하고 있다고 가정하고 물음에 가장 합당한 답을 고르시기 바랍니다.

01 다음 중 내부회계관리제도에 대한 설명으로 옳지 않은 것은?

① 기업은 내부고발자를 보호하는 프로그램을 갖추어야 한다.

② 외부에 공시되는 재무제표의 신뢰성 확보를 주된 목적으로 한다.

③ 회계감사를 수행하는 외부감사인이 따라야 할 감사절차를 규정하고 있다.

④ 재고자산이 보관된 창고에 대한 물리적 접근을 통제하는 것도 내부회계관리제도 범위에 포함된다.

02 다음 중 매출원가 계산에 영향을 미치지 않는 것은?

① 재고자산평가손실

② 정상적으로 발생한 재고자산감모손실

③ 재고자산의 매출 시 운반비

④ 재고자산의 매입에누리와 환출

03 다음은 (주)한공의 2022년 대손 관련 자료이다. 2022년 손익계산서에 계상될 대손상각비는 얼마인가?

> • 1월 1일 : 매출채권에 대한 대손충당금 기초잔액은 400,000원이다.
> • 4월 20일 : 매출채권 300,000원이 회수불능으로 판명되어 대손처리하였다.
> • 10월 15일 : 2021년도에 대손처리했던 매출채권 중 100,000원을 현금으로 회수하였다.
> • 12월 31일 : 기말 매출채권 잔액 100,000,000원 중 1%를 회수불확실한 금액으로 추정한다.

① 800,000원
② 900,000원
③ 1,000,000원
④ 1,300,000원

04 (주)한공은 당기 중 유상증자를 2차례 실시하였다. 다음 자료를 토대로 재무상태표에 표시되는 주식발행초과금을 계산하면 얼마인가?(단, 전기 말 주식발행초과금과 주식할인발행차금 잔액은 없는 것으로 가정한다)

> • 3월 5일 : 발행주식수 1,000주, 1주당 발행금액 20,000(액면 : @10,000원), 주식발행 수수료는 없다.
> • 9월 20일 : 발행주식수 1,000주, 1주당 발행금액 8,000원(액면 : @10,000원), 주식발행 수수료 200,000원이 발생하였다.

① 7,800,000원
② 8,000,000원
③ 8,200,000원
④ 10,000,000원

05 다음은 (주)한공의 외화매출 관련 자료이다. 이를 토대로 계산한 외화외상매출금과 외화환산손익은 얼마인가?

> • 7월 1일 : 미국에 있는 거래처에 상품을 US$1,000에 외상으로 판매하였다. 판매시점 환율은 US$1 = 1,000원이다.
> • 12월 31일 : 결산시점의 환율은 US$1 = 1,100원이다.

	외화외상매출금	외화환산손익
①	1,000,000원	외화환산손실 100,000원
②	1,000,000원	외화환산이익 100,000원
③	1,100,000원	외화환산손실 100,000원
④	1,100,000원	외화환산이익 100,000원

06 다음은 (주)한공이 2022년 중 취득하여 보유중인 유가증권 내역이다. 2022년 말 결산 시 유가증권의 평가 결과로 옳은 것은?

구 분	종 류	액면단가	취득단가	단위당 공정가치
단기매매증권	A주식 1,000주	5,000원	6,000원	7,000원
단기매매증권	B주식 3,000주	5,000원	8,000원	5,000원
매도가능증권	C주식 2,000주	5,000원	7,000원	9,000원

① 당기순이익이 1,000,000원 증가한다.
② 당기순이익이 4,000,000원 감소한다.
③ 당기순이익이 8,000,000원 감소한다.
④ 당기순이익이 9,000,000원 감소한다.

07 다음 중 부가가치세 공급가액에 포함되는 것은?

> 가. 인도 전에 파손된 원재료 가액
> 나. 재화 또는 용역의 공급과 직접 관련이 되지 아니하는 국고보조금
> 다. 장기외상매출금의 할부이자 상당액
> 라. 제품의 외상판매가액에 포함된 운송비

① 가, 나
② 가, 다
③ 가, 라
④ 다, 라

08 다음은 컴퓨터 제조업을 영위하는 (주)한공의 2022년 제2기 부가가치세 확정신고기간(2022.10.1. ~ 2022.12.31.)의 자료이다. 이를 토대로 부가가치세 납부세액을 계산하면 얼마인가?(단, 모든 거래금액은 부가가치세가 포함되어 있지 않고 필요한 세금계산서는 적법하게 수취하였다)

- 국내 매출액 : 300,000,000원
- 직수출액 : 120,000,000원
- 컴퓨터 부품 매입액 : 110,000,000원
- 배달용 1톤 트럭 구입액 : 70,000,000원
- 거래처 증정용 선물구입액 : 8,000,000원

① 11,200,000원
② 12,000,000원
③ 23,200,000원
④ 24,000,000원

09 다음은 거주자 김회계 씨의 2022년 귀속 이자소득과 배당소득 내역이다. 김회계 씨의 종합과세대상 이자소득과 배당소득은 얼마인가?(단, 외국법인으로부터 받은 현금배당금을 제외하고는 모두 소득세법에 따라 적법하게 원천징수 되었다)

가. 내국법인으로부터 받은 현금배당금	4,000,000원
나. 직장공제회 초과반환금	9,000,000원
다. 외국법인으로부터 받은 현금배당금	3,000,000원
라. 비영업대금의 이익	12,000,000원

① 3,000,000원
② 13,000,000원
③ 16,000,000원
④ 19,000,000원

10 다음 중 2022년 귀속 소득세법상 기타소득에 대한 설명으로 옳은 것은?

① 복권 당첨소득 중 3억원 초과분은 20%의 세율로 원천징수한다.
② 연금계좌에서 연금외수령한 기타소득은 무조건 종합과세 대상 기타소득에 해당한다.
③ 법인세법에 의하여 처분된 기타소득의 수입시기는 그 법인의 해당 사업연도 결산확정일이다.
④ 뇌물, 알선수재 및 배임수재에 따라 받은 금품의 기타소득금액의 합계액이 300만원 이하인 경우 분리과세를 선택할 수 있다.

(주)반도산업(회사코드 2159)은 골프용품 제조업을 영위하는 법인기업으로 회계기간은 제6기(2022.1.1. ~ 2022.12.31.)이다. 제시된 자료와 자료설명을 참고하여, [수행과제]를 완료하고 [평가문제]의 물음에 답하시오.

실무수행 유의사항	1. 부가가치세 관련 거래는 [매입매출전표입력] 메뉴에 입력하고, 부가가치세 관련 없는 거래는 [일반전표입력] 메뉴에 입력한다. 2. 타계정 대체와 관련된 적요는 반드시 코드를 입력하여야 한다. 3. 채권 · 채무, 예금거래 등 관리대상 거래자료에 대하여는 반드시 거래처코드를 입력한다. 4. 자금관리 등 추가 작업이 필요한 경우 문제의 요구에 따라 추가 작업하여야 한다. 5. 제조경비는 500번대 계정코드를 사용한다. 6. 판매비와관리비는 800번대 계정코드를 사용한다. 7. 등록된 계정과목 중 가장 적절한 계정과목을 선택한다.

실무수행 1   거래자료 입력

실무프로세스 자료이다. [자료설명]을 참고하여 [수행과제]를 수행하시오.

① 3만원 초과 거래 자료에 대한 영수증수취명세서 작성

NO.	영 수 증 (공급받는자용)			
		(주)반도산업		귀하
공급자	사 업 자 등록번호	119-15-50400		
	상 호	비둘기마트	성명	이문회
	사 업 장 소 재 지	강원도 춘천시 명동길 22		
	업 태	도,소매업	종목	생활용품
작성일자		공급대가총액		비고
2022.2.15.		₩ 100,000		
공 급 내 역				
월/일	품명	수량	단가	금액
2/15	간식			100,000
합 계			₩ 100,000	
위 금액을 (영수)청구)함				

자료설명	생산부 공장직원들을 위한 간식을 현금으로 구입하고 수취한 영수증이다. 회사는 이 거래가 지출증명서류 미수취 가산세 대상인지를 검토하려고 한다.
수행과제	1. 거래자료를 입력하시오. 2. 영수증수취명세서(2)와 (1)서식을 작성하시오.

② 기타일반거래

자료. 보통예금(국민은행) 거래내역

번 호	거래일	내 용	찾으신금액	맡기신금액	잔 액	거래점
		계좌번호 204456-02-344714 (주)반도산업				
1	2022-3-1	1회차 납입금 (교보생명보험)	600,000		***	***

자료설명	1. 영업부 직원들에 대한 보험료 1회분을 국민은행 보통예금 계좌에서 지급하였다. 2. 보험료 600,000원 중 저축성보험 540,000원은 자산(장기성예금)으로 처리하고 보장성보험 60,000원은 비용으로 처리하기로 하였다.
수행과제	거래자료를 입력하시오.

③ 기타일반거래

전자계산서			(공급받는자 보관용)			승인번호		

공급자	등록번호	101-90-21110			공급받는자	등록번호	120-81-32144	
	상호	대신환경	성명 (대표자)	유은종		상호	(주)반도산업	성명 (대표자) 김강남
	사업장 주소	서울시 강남구 강남대로 65				사업장 주소	강원도 춘천시 명동길 11(조양동)	
	업태	서비스업	종사업장번호			업태	제조업외	종사업장번호
	종목	하수처리시설관리외				종목	골프용품외	
	E-Mail	daesin@naver.com				E-Mail	bando@bill36524.com	

작성일자	2022.4.5	공급가액	2,150,000	비 고	

월	일	품목명	규격	수량	단가	공급가액	비고
4	5	정화조청소				2,150,000	

합계금액	현금	수표	어음	외상미수금	이 금액을	○ 영수 ● 청구 함
2,150,000				2,150,000		

자료설명	대신환경으로부터 공장 정화조 청소용역을 제공받고 발급받은 전자계산서이다.
수행과제	거래자료를 입력하시오. (전자계산서는 '전자입력'으로 처리하고, '수수료비용' 계정과목을 사용할 것)

부가가치세 신고 관련 자료이다. [자료설명]을 참고하여 [수행과제]를 수행하시오.

① 전자세금계산서 발급

자료 1. 거래명세서

거래명세서					(공급자 보관용)			

공급자	등록번호	120-81-32144			공급받는자	등록번호	514-81-32112	
	상호	(주)반도산업	성명	김강남		상호	(주)중고나라	성명	이상훈
	사업장주소	강원도 춘천시 명동길 11(조양동)				사업장주소	서울 강남구 강남대로112길 28	
	업태	제조업외	종사업장번호			업태	도소매업	종사업장번호
	종목	골프용품외				종목	중고가전	

거래일자	미수금액	공급가액	세액	총 합계금액
2022.4.10.		1,000,000	100,000	1,100,000

NO	월	일	품목명	규격	수량	단가	공급가액	세액	합계
1	4	10	복사기		1	1,000,000	1,000,000	100,000	1,100,000

자료 2. 보통예금(국민은행) 거래내역

		내용	찾으신금액	맡기신금액	잔 액	거래점
번호	거래일	계좌번호 204456-02-344714 (주)반도산업				
1	2022-4-10	복사기매각		1,100,000	***	***

자료설명	1. 자료 1은 사용하던 복사기 1대(취득원가 3,000,000원, 감가상각누계액 2,500,000원)를 매각하고 발급한 거래명세서이다. 2. 자료 2는 비품 매각대금(부가세 포함)이 입금된 국민은행 보통예금 거래내역이다. 3. 당기 양도일까지의 감가상각비는 계상하지 않기로 한다.
수행과제	1. 거래자료를 입력하시오. 2. **전자세금계산서 발행 및 내역관리** 를 통하여 발급·전송하시오. 　(전자세금계산서 발급 시 결제내역 및 전송일자는 무시할 것)

② 수정전자세금계산서의 발급

전자세금계산서			(공급자 보관용)			승인번호		

공급자	등록번호	120-81-32144			공급받는자	등록번호	120-81-32159	
	상호	(주)반도산업	성명 (대표자)	김강남		상호	(주)유정산업	성명 (대표자)	최유정
	사업장 주소	강원도 춘천시 명동길 11(조양동)				사업장 주소	인천 남동구 정각로 16 (구월동, 구월빌딩)	
	업태	제조업외	종사업장번호			업태	도소매업	종사업장번호
	종목	골프용품외				종목	골프용품	
	E-Mail	bando@bill36524.com				E-Mail	yoojung@bill36524.com	

작성일자	2022.5.10	공급가액	30,000,000	세 액	3,000,000
비고					

월	일	품목명	규격	수량	단가	공급가액	세액	비고
5	10	골프화		500	60,000	30,000,000	3,000,000	

합계금액	현금	수표	어음	외상미수금	이 금액을	○ 영수 ● 청구	함
33,000,000				33,000,000			

자료설명	5월 10일 (주)유정산업에 제품을 공급하고 전자세금계산서를 발급하였다. 본 건에 대하여 다음과 같이 내국신용장을 발급받아 영세율을 적용하려고 한다. – 내국신용장 발급일자 : 2022년 7월 15일 – 개설은행 : 국민은행 춘천지점
수행과제	수정사유를 선택하여 수정전자세금계산서를 발급 · 전송하시오. ※ 전자세금계산서는 전자세금계산서 발행 및 내역관리 메뉴에서 발급 · 전송한다. 　　(전자세금계산서 발급 시 결제내역 입력과 전송일자는 무시할 것)

③ 매입세액불공제내역 작성자의 부가가치세 신고서 작성

자료 1. 공급가액(제품)내역(7월 1일 ~ 9월 30일)

구 분	금 액	비 고
과세분(전자세금계산서)	196,800,000원	
면세분(전자계산서)	49,200,000원	
합 계	246,000,000원	

자료 2. 기계장치 매입내역

전자세금계산서 (공급받는자 보관용)				승인번호			

공급자

등록번호	101-81-83017		
상호	(주)대영기계	성명(대표자)	김대수
사업장주소	서울 동대문구 망우로 70		
업태	제조업	종사업장번호	
종목	기계외		
E-Mail	daeyoung@bill36524.com		

공급받는자

등록번호	120-81-32144		
상호	(주)반도산업	성명(대표자)	김강남
사업장주소	강원도 춘천시 명동길 11(조양동)		
업태	제조업외	종사업장번호	
종목	골프용품외		
E-Mail	bando@bill36524.com		

작성일자	2022.7.4.	공급가액	25,000,000	세 액	2,500,000
비고					

월	일	품목명	규격	수량	단가	공급가액	세액	비고
7	4	기계장치				25,000,000	2,500,000	

합계금액	현금	수표	어음	외상미수금	이 금액을	
27,500,000				27,500,000	○ 영수 / ● 청구	함

자료설명	본 문제에 한하여 (주)반도산업은 과세사업과 면세사업을 겸영하고 있다고 가정한다. 1. 자료 1은 제2기 부가가치세 예정신고기간의 공급가액 내역이다. 2. 자료 2는 제2기 부가가치세 예정신고기간의 과세사업과 면세사업에 공통으로 사용할 기계장치 매입자료이다.
수행과제	1. 자료 2의 거래자료를 입력하시오.(유형에서 '51.과세매입'으로 선택하고, '전자입력'으로 처리할 것) 2. 제2기 부가가치세 예정신고기간의 매입세액불공제내역(공통매입세액 안분계산 내역)을 작성하시오. (단, 자료 1과 자료 2에서 주어진 공급가액으로 계산하기로 함) 3. 제2기 부가가치세 예정신고서에 반영하시오. 4. 공통매입세액 안분계산에 대한 회계처리를 9월 30일자로 입력하시오.

④ 건물등감가상각자산취득명세서 작성자의 부가가치세신고서 작성

자료 1. 소프트웨어 구입관련 자료

전자세금계산서				(공급받는자 보관용)		승인번호		

공급자	등록번호	106-81-57571			공급받는자	등록번호	120-81-32144	
	상호	(주)스마트산업	성명(대표자)	이성희		상호	(주)반도산업	성명(대표자) 김강남
	사업장주소	서울 마포구 마포대로 8				사업장주소	강원도 춘천시 명동길 11(조양동)	
	업태	제조업	종사업장번호			업태	제조업외	종사업장번호
	종목	기계				종목	골프용품외	
	E-Mail	smart@bill36524.com				E-Mail	bando@bill36524.com	

작성일자	2022.10.15.	공급가액	30,000,000	세 액	3,000,000
비고					

월	일	품목명	규격	수량	단가	공급가액	세액	비고
10	15	스마트팩토리솔루션				30,000,000	3,000,000	

합계금액	현금	수표	어음	외상미수금	이 금액을	○ 영수 ● 청구	함
33,000,000				33,000,000			

자료 2. 건물증축공사 기성청구 자료

전자세금계산서				(공급받는자 보관용)		승인번호		

공급자	등록번호	108-81-21220			공급받는자	등록번호	120-81-32144	
	상호	(주)인우건설	성명(대표자)	이인우		상호	(주)반도산업	성명(대표자) 김강남
	사업장주소	서울 강남구 양재대로 340				사업장주소	강원도 춘천시 명동길 11(조양동)	
	업태	건설업	종사업장번호			업태	제조업외	종사업장번호
	종목	건축공사				종목	골프용품외	
	E-Mail	inwoo@bill36524.com				E-Mail	bando@bill36524.com	

작성일자	2022.11.14.	공급가액	50,000,000	세 액	5,000,000
비고					

월	일	품목명	규격	수량	단가	공급가액	세액	비고
11	14	건물증축공사				50,000,000	5,000,000	

합계금액	현금	수표	어음	외상미수금	이 금액을	○ 영수 ● 청구	함
55,000,000				55,000,000			

자료 3. 비품 구입관련 자료

```
         ** 현금영수증 **
          (지출증빙용)

사업자등록번호    : 342-81-00349
사업자명        : (주)애플전자
단말기ID        : 53453259(tel:02-349-5545)
가맹점주소       : 서울 서대문구 충정로7길 19-7
                 (충정로 3가)

현금영수증 회원번호
120-81-32144 (주)반도산업
승인번호             : 73738585     (PK)
거래일시             : 2022년 12월 7일
- - - - - - - - - - - - - - - - - - - - - - - -
공급금액                         1,500,000원
부가세금액                        150,000원
총합계                          1,650,000원
- - - - - - - - - - - - - - - - - - - - - - - -
휴대전화, 카드번호 등록
http://현금영수증.kr
국세청문의(126)
38036925-GCA10106-3870-U490
    <<<<<이용해 주셔서 감사합니다.>>>>>
```

자료설명	1. 자료 1은 스마트공장 구축의 일환으로 생산부에서 사용할 소프트웨어를 외상으로 구입하고 발급받은 전자세금계산서이다. 2. 자료 2는 공장건물 증축공사에 따른 전자세금계산서이며 대금은 11월 30일에 지급하기로 하였다. 　(자본적 지출로 처리할 것) 3. 자료 3은 경영지원팀 사무실에서 사용할 복사기를 구입하고 받은 현금영수증이다. 　(자산으로 처리할 것)
수행과제	1. 자료 1 ~ 자료 3의 거래를 매입매출전표에 입력하시오. 　(전자세금계산서와 관련된 거래는 '전자입력'으로 처리할 것) 2. 제2기 확정신고기간의 건물등감가상각자산취득명세서를 작성하시오. 3. 아래 전자신고세액공제를 반영하여 제2기 부가가치세 확정신고서를 작성하시오. 　– 제2기 부가가치세 확정신고서를 홈택스에서 전자신고하여 전자신고세액공제 10,000원을 공제받기로 한다.

입력자료 및 회계정보를 조회하여 [평가문제]의 답안을 입력하시오.

	평가문제 답안입력 유의사항		
❶ 답안은 지정된 단위의 숫자로만 입력해 주십시오. *한글 등 문자 금지		정 답	오답(예)
	(1) 금액은 원 단위로 숫자를 입력하되, 천 단위 콤마(,)는 생략 가능합니다.	1,245,000 1245000	1,245.000 1,245,000원 1,245,0000 12,45,000 1,245천원
	(1-1) 답이 0원인 경우 반드시 "0" 입력 (1-2) 답이 음수(-)인 경우 숫자 앞에 "-" 입력 (1-3) 답이 소수인 경우 반드시 "." 입력		
	(2) 질문에 대한 답안은 숫자로만 입력하세요.	4	04 4건/매/명 04건/매/명
	(3) 거래처 코드번호는 5자리 숫자로 입력하세요.	00101	101 00101번
❷ 답안에 천원 단위(000) 입력 시 더존 프로그램 숫자 입력 방법과 다르게 숫자키패드 '+' 기능은 지원되지 않습니다. ❸ 더존 프로그램에서 조회되는 자료를 복사하여 붙여넣기가 가능합니다. ❹ 수행과제를 올바르게 입력하지 않고 작성한 답과 모범답안이 다른 경우 오답처리 됩니다.			

[실무수행평가] – 부가가치세관리

번 호	평가문제	배 점
11	**평가문제 [계산서합계표 조회]** 제1기 확정 신고기간의 면세계산서 수취금액은 얼마인가? <div align="right">( )원</div>	2
12	**평가문제 [매입매출전표입력 조회]** 5월 10일자 수정세금계산서의 수정입력사유 코드번호를 입력하시오. <div align="right">( )</div>	2
13	**평가문제 [세금계산서합계표 조회]** 제1기 확정 신고기간의 매출전자세금계산서 발급매수는 총 몇 매인가? <div align="right">( )매</div>	2
14	**평가문제 [부가가치세신고서 조회]** 제1기 확정 신고기간의 부가가치세신고서에 반영되는 영세율 과세표준 금액은 얼마인가? <div align="right">( )원</div>	2
15	**평가문제 [부가가치세신고서 조회]** 제1기 확정 신고기간 부가가치세신고서의 과세표준에 반영되는 수입금액제외 총액은 얼마인가? <div align="right">( )원</div>	2
16	**평가문제 [매입세액불공제내역 조회]** 제2기 예정 신고기간 매입세액불공제내역 '3.공통매입세액 안분계산 내역'의 불공제매입세액은 얼마인가? <div align="right">( )원</div>	2
17	**평가문제 [부가가치세신고서 조회]** 제2기 예정 신고기간 부가가치세신고서의 차가감납부할세액(27란) 세액은 얼마인가? <div align="right">( )원</div>	2
18	**평가문제 [부가가치세신고서 조회]** 제2기 예정 신고기간의 부가가치세 신고시에 작성되는 부가가치세 첨부서류에 해당하지 않는 것은? ① 계산서합계표 ② 건물등감가상각자산취득명세서 ③ 신용카드매출전표등수령금액합계표 ④ 공제받지못할매입세액명세서	3
19	**평가문제 [부가가치세신고서 조회]** 제2기 확정 신고기간의 부가가치세신고서의 세금계산서수취부분_고정자산매입(11란) 금액은 얼마인가? <div align="right">( )원</div>	3
20	**평가문제 [부가가치세신고서 조회]** 제2기 확정 신고기간의 부가가치세 차가감납부할세액(27번란)은 얼마인가? <div align="right">( )원</div>	2
부가가치세 소계		22

[결산자료]를 참고로 결산을 수행하시오.(단, 제시된 자료 이외의 자료는 없다고 가정함)

① 수동결산

자료설명	1. 전기이월 된 선수수익(이자수익)에는 당기 도래분 250,000원이 있다. 2. 9월 1일에 보험료를 지급하고 전액 보험료(판) 계정으로 회계처리하였다.

가입대상	보험회사	보험금납입액	보험적용기간
자동차	(주)삼성화재	816,000원	2022년 09월 01일 ~ 2023년 08월 31일

수행과제	1. 전기 선수수익 중 당기 도래분에 대하여 1월 1일자로 회계처리하시오. 2. 당기 발생분 보험료(판)에 대하여 12월 31일자로 결산정리분개를 하시오.(월할 계산할 것)

② 결산자료입력에 의한 자동결산

자료설명	1. 기말재고 실사내역

(단위 : 원)

구 분	실사내역		
	단위당 원가	수 량	평가액
원재료	40,000	250	10,000,000
제 품	80,000	500	40,000,000

※ 기말제품에는 시용판매에 따른 시송품 중 구입의사 미표시분 5,000,000원이 포함되어 있지 않다.

2. 이익잉여금처분계산서 처분확정(예정)일
　– 당기 : 2023년 3월 31일
　– 전기 : 2022년 3월 31일

수행과제	결산을 완료하고 이익잉여금처분계산서에서 손익대체분개를 하시오. (단, 이익잉여금처분내역은 없는 것으로 하고 미처분이익잉여금 전액을 이월이익잉여금으로 이월하기로 한다)

[실무수행평가] – 재무회계

번 호	평가문제	배 점
21	**평가문제 [영수증수취명세서 조회]** 영수증수취명세서(1)에 반영되는 '12.명세서제출 대상' 금액은 얼마인가? <div align="right">( )원</div>	1
22	**평가문제 [일/월계표 조회]** 1/4분기(1월 ~ 3월) 발생한 복리후생비(제조)는 얼마인가? <div align="right">( )원</div>	2
23	**평가문제 [일/월계표 조회]** 1/4분기(1월 ~ 3월) 발생한 보험료(판매관리비)는 얼마인가? <div align="right">( )원</div>	2
24	**평가문제 [일/월계표 조회]** 2/4분기(4월 ~ 6월) 발생한 제조경비 총액은 얼마인가? <div align="right">( )원</div>	2
25	**평가문제 [일/월계표 조회]** 2/4분기(4월 ~ 6월) 발생한 영업외수익은 얼마인가? <div align="right">( )원</div>	2
26	**평가문제 [거래처원장 조회]** 12월 말 현재 국민은행의 보통예금 잔액은 얼마인가? <div align="right">( )원</div>	1
27	**평가문제 [합계잔액시산표 조회]** 4월 말 투자자산 금액은 얼마인가? <div align="right">( )원</div>	1
28	**평가문제 [합계잔액시산표 조회]** 4월 말 미지급금 잔액은 얼마인가? <div align="right">( )원</div>	1
29	**평가문제 [손익계산서 조회]** 당기에 발생한 이자수익은 얼마인가? <div align="right">( )원</div>	2
30	**평가문제 [재무상태표 조회]** 9월 말 기계장치 장부금액은 얼마인가? <div align="right">( )원</div>	2
31	**평가문제 [재무상태표 조회]** 12월 말 선급비용 잔액은 얼마인가? <div align="right">( )원</div>	2
32	**평가문제 [재무상태표 조회]** 기말 제품 잔액은 얼마인가? <div align="right">( )원</div>	1
33	**평가문제 [재무상태표]** 12월 말 유형자산 계정 장부금액으로 옳지 않은 것은? ① 토지 512,000,000원 ② 건물 850,000,000원 ③ 차량운반구 35,000,000원 ④ 비품 24,300,000원	1

34	**평가문제 [재무상태표 조회]** 12월 말 무형자산 금액은 얼마인가? <div align="right">( )원</div>		2
35	**평가문제 [재무상태표 조회]** 12월 말 이월이익잉여금(미처분이익잉여금) 잔액으로 옳은 것은? ① 125,410,123원 ② 219,118,431원 ③ 385,120,691원 ④ 435,720,156원		1
	재무회계 소계		23

실무수행 4   근로소득관리

인사급여 관련 자료이다. [자료설명]을 참고하여 [수행과제]를 수행하시오.

① 가족관계증명서에 의한 사원등록

[별지 제1호서식] <개정 2010.6.3>

가 족 관 계 증 명 서

등록기준지	서울시 서대문구 충정로9길 15 (충정로2가)

구분	성 명	출생연월일	주민등록번호	성별	본
본인	서윤종	1977년 12월 19일	771219-1021517	남	利川

가족사항

구분	성명	출생연월일	주민등록번호	성별	본
부	서경석 **(사망)**	1943년 05월 02일	430502-1205211	남	利川
배우자	이지숙	1978년 06월 14일	780614-2021054	여	密陽
자녀	서영수	2001년 07월 22일	010722-3023451	남	利川
자녀	서영희	2008년 09월 01일	080901-4689553	여	利川

자료설명	재경팀에서 근무 중인 관리직 서윤종(2001)의 가족관계증명서이다. 1. 부 서경석은 장애인복지법에 따른 장애인으로 당해 1월 15일 사망하였고, 별도의 소득은 없다. 2. 배우자 이지숙은 사적연금소득 13,000,000원이 있다. 3. 자녀 서영수는 현재 퇴사 후 구직활동 중이다. 재직 중 총급여 4,800,000원을 받았고, 구직활동 중 실업급여 3,000,000원을 수령하였다. 4. 자녀 서영희는 타지역 학교의 기숙사에서 생활하고 있으며, 별도의 소득은 없다. 5. 세부담을 최소화하는 방법을 선택한다.
수행과제	사원등록에서 부양가족명세를 작성하시오.

[실무수행평가] – 근로소득관리 1

번 호	평가문제	배 점
36	**평가문제 [서윤종 근로소득원천징수영수증 조회]** '25.배우자' 공제대상액은 얼마인가? ( )원	2
37	**평가문제 [서윤종 근로소득원천징수영수증 조회]** '26.부양가족' 공제대상액은 얼마인가? ( )원	2
38	**평가문제 [서윤종 근로소득원천징수영수증 조회]** '27.경로우대' 공제대상액은 얼마인가? ( )원	1
39	**평가문제 [서윤종 근로소득원천징수영수증 조회]** '28.장애인' 공제대상액은 얼마인가? ( )원	2
40	**평가문제 [서윤종 근로소득원천징수영수증 조회]** '57.자녀세액공제' 세액공제액은 얼마인가? ( )원	1

② 일용직사원의 원천징수

자료 1. 김삼식의 주민등록등본

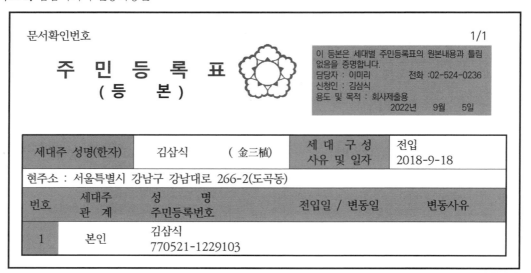

문서확인번호   1/1

주 민 등 록 표
(등   본)

이 등본은 세대별 주민등록표의 원본내용과 틀림
없음을 증명합니다.
담당자 : 이미리   전화 :02-524-0236
신청인 : 김삼식
용도 및 목적 : 회사제출용
                            2022년   9월   5일

세대주 성명(한자)	김삼식 (金三植)	세 대 구 성 사 유 및 일 자	전입 2018-9-18
현주소 : 서울특별시 강남구 강남대로 266-2(도곡동)			
번호 세대주 관 계	성 명 주민등록번호	전입일 / 변동일	변동사유
1 본인	김삼식 770521-1229103		

자료 2. 일용직급여내역

성 명	입사일	급 여	계산내역	9월의 근무일수
김삼식	2022.9.5.	1,000,000원	1일 250,000원 × 총 4일	5, 6, 7, 8일

자료설명	1. 자료 1, 2는 일용직 사원 관련 정보 및 급여지급내역이다. 2. 일용직 급여는 매일 지급하는 방식으로 한다. 3. 사회보험료 중 고용보험만 징수하기로 한다. 4. 제시된 사항 이외의 자료는 없는 것으로 한다.
수행과제	1. [일용직사원등록] 메뉴에 사원등록을 하시오. (사원코드 1000번으로 등록하고, 우편번호 입력은 생략할 것) 2. [일용직급여입력] 메뉴에 급여내역을 입력하시오. 3. 9월 귀속분 원천징수이행상황신고서를 작성하시오.

[실무수행평가] – 근로소득관리 2

번 호	평가문제	배 점
41	**평가문제 [일용직(김삼식) 9월 일용직급여입력 조회]** 공제항목 중 고용보험의 합계액은 얼마인가? <div align="right">(　　　　　)원</div>	2
42	**평가문제 [일용직(김삼식) 9월 일용직급여입력 조회]** 9월 급여의 차인지급액 합계는 얼마인가? <div align="right">(　　　　　)원</div>	2
43	**평가문제 [9월 원천징수이행상황신고서 조회]** 근로소득 지급인원은 모두 몇 명인가? <div align="right">(　　　　　)명</div>	2
44	**평가문제 [9월 원천징수이행상황신고서 조회]** 근로소득에 대한 '10.소득세 등'은 얼마인가? <div align="right">(　　　　　)원</div>	1

③ **국세청연말정산간소화 및 이외의 자료를 기준으로 연말정산**

자료설명	사무직 이승엽 대리(1004)의 연말정산을 위한 국세청 제공자료 및 기타자료이다. 1. 사원등록의 부양가족현황은 사전에 입력되어 있다. 2. 부양가족은 이승엽과 생계를 같이 한다. 3. 이승엽은 무주택 세대주로서 총급여액이 7,000만원 이하이다.
수행과제	[연말정산근로소득원천징수영수증] 메뉴를 이용하여 연말정산을 완료하시오. – 신용카드소득공제는 [신용카드] 탭에서 입력한다. 　(대중교통 사용분은 모두 상반기 사용분임) – 보험료세액공제는 [소득공제] 탭에서 입력한다. – 교육비세액공제는 [소득공제] 탭에서 입력한다. – 월세액세액공제는 [정산명세] 탭에서 입력한다. 　(임대차계약서상 주소지는 이승엽의 현 주소지와 동일함)

자료 1. 이승엽 대리의 부양가족내역

● **부 양 가 족 명 세**　　　　　　　　　　　　　　　(2022.12.31 기준)

	연말정산관계	기본	세대	부녀	장애	경로70세	출산입양	자녀	한부모	성명	주민(외국인)번호	가족관계
1	0.본인	본인	○							이승엽	내 690601-1985018	
2	3.배우자	배우자								김희애	내 781111-2222220	02.배우자
3	1.(소)직계존속	부								이춘희	내 380505-1111111	03.부
4	4.직계비속(자녀	20세 이하						○		이대한	내 070203-3023180	05.자녀
5												
	합　계							1				

자료 2. 이승엽의 국세청 간소화 서비스 자료 및 기타자료

2022년 귀속 소득·세액공제증명서류 [신용카드]

■ 사용자 인적사항

성 명	주 민 등 록 번 호
이승엽	690601-1******

■ 신용카드 사용내역

(단위: 원)

일반 인별합계금액	13,450,000
전통시장 인별합계금액	0
대중교통 인별합계금액	650,000
인별합계금액	14,100,000

- 본 증명서류는 『소득세법』 제165조 제1항에 따라 영수증 발급기관으로부터 수집한 서류로 소득·세액공제 충족 여부는 근로자가 직접 확인하여야 합니다.
- 본 증명서류에서 조회되지 않는 내역은 영수증 발급기관에서 직접 발급받으시기 바랍니다.

2022년 귀속 소득·세액공제증명서류 [현금영수증]

■ 사용자 인적사항

성 명	주 민 등 록 번 호
김희애	781111-2******

■ 현금영수증 사용내역

(단위: 원)

일반 인별합계금액	620,000
전통시장 인별합계금액	3,450,000
대중교통 인별합계금액	230,000
인별합계금액	4,300,000

- 본 증명서류는 『소득세법』 제165조 제1항에 따라 영수증 발급기관으로부터 수집한 서류로 소득·세액공제 충족 여부는 근로자가 직접 확인하여야 합니다.
- 본 증명서류에서 조회되지 않는 내역은 영수증 발급기관에서 직접 발급받으시기 바랍니다.

2022년 귀속 소득·세액공제증명서류 : 기본(지출처별)내역
[보장성 보험, 장애인전용보장성보험]

■ 계약자 인적사항

성 명	주 민 등 록 번 호
이승엽	690601-1******

■ 보장성보험(장애인전용보장성보험) 납입내역

(단위: 원)

종류	상 호	보험종류	주피보험자		납입금액 계
	사업자번호	증권번호			
	종피보험자1	종피보험자2	종피보험자3		
보장성	삼성생명보험(주)	**생명보험			2,100,000
	106-81-41***	100540651**	380505-1******	이춘희	
보장성	동부화재(주)	**어린이보험			550,000
	108-81-15***	5478965**	070203-3******	이대한	
인별합계금액					2,650,000

 국 세 청 National Tax Service
- 본 증명서류는 『소득세법』 제165조 제1항에 따라 영수증 발급기관으로부터 수집한 서류로 소득·세액공제 충족 여부는 근로자가 직접 확인하여야 합니다.
- 본 증명서류에서 조회되지 않는 내역은 영수증 발급기관에서 직접 발급받으시기 바랍니다.

2022년 귀속 소득·세액공제증명서류 : 기본(지출처별)내역 [교육비]

■ 학생 인적사항

성 명	주 민 등 록 번 호
김희애	781111-2******

■ 교육비 지출내역

(단위: 원)

교육비구분	학교명	사업자번호	납입금액 계
대학교등록금	**사이버 대학교	108-90-15***	5,000,000
인별합계금액			5,000,000

 국 세 청 National Tax Service
- 본 증명서류는 『소득세법』 제165조 제1항에 따라 영수증 발급기관으로부터 수집한 서류로 소득·세액공제 충족 여부는 근로자가 직접 확인하여야 합니다.
- 본 증명서류에서 조회되지 않는 내역은 영수증 발급기관에서 직접 발급받으시기 바랍니다.

월세 납입 내역서

가입자 (임차인)	성명	이승엽	주민등록번호	690601-1985018
	주소	서울특별시 관악구 신림로 45길 삼성아파트 101동 1402호		
출금계좌번호		우리은행 1002-33-246807		
(임대인)	성명	김영숙	주민등록번호	541201-2135218
	주소	경기도 파주시 송학3길 4 이산아트빌 201호		
입금계좌번호		국민은행 551-1232-5656		

세부내용

- 임대차 기간: 2022년 7월 1일 ~ 2024년 6월 30일
- 임대차계약서상 주소지: 서울특별시 관악구 신림로 45길 삼성아파트 101동 1402호
- 주택유형: 아파트, 계약면적 85㎡(국민주택 규모 이하)

조회 기간 : 2022.01.01. ~ 2022.12.31.

SEQ	일자	금액(원)	수취인명 (임대인)	은행명	수취인계좌
1	2022.07.01	750,000	김영숙	국민은행	551-1232-5656
2	2022.08.01	750,000	김영숙	국민은행	551-1232-5656
3	2022.09.01	750,000	김영숙	국민은행	551-1232-5656
4	2022.10.01	750,000	김영숙	국민은행	551-1232-5656
5	2022.11.01	750,000	김영숙	국민은행	551-1232-5656
6	2022.12.01	750,000	김영숙	국민은행	551-1232-5656
합계액		4,500,000	사용목적	소득공제신청	

월세를 위와 같이 납입하였음을 증명하여 주시기 바랍니다.

2022년 12월 31일

신청인　이승엽　　(서명 또는 인)

[실무수행평가] – 근로소득관리 3

번 호	평가문제	배 점
45	**평가문제 [이승엽 근로소득원천징수영수증 조회]** '42.신용카드등' 소득공제 최종공제액은 얼마인가? ( )원	2
46	**평가문제 [이승엽 근로소득원천징수영수증 조회]** '61.보장성보험' 공제대상금액은 얼마인가? ( )원	2
47	**평가문제 [이승엽 근로소득원천징수영수증 조회]** '63.교육비' 세액공제액은 얼마인가? ( )원	2
48	**평가문제 [이승엽 근로소득원천징수영수증 조회]** '70.월세액' 세액공제액은 얼마인가? ( )원	2
49	**평가문제 [이승엽 근로소득원천징수영수증 조회]** '75.주(현) 근무지 기납부세액(소득세)'은 얼마인가? ( )원	1
50	**평가문제 [이승엽 근로소득원천징수영수증 조회]** '82.실효세율(%)'은 몇 %인가? ① 0.8% ② 1.2% ③ 2.2% ④ 3.1%	1
근로소득 소계		25

실무이론평가

아래 문제에서 특별한 언급이 없으면 기업의 보고기간(회계기간)은 매년 1월 1일부터 12월 31일까지입니다. 또한 기업은 일반기업회계기준 및 관련 세법을 계속적으로 적용하고 있다고 가정하고 물음에 가장 합당한 답을 고르시기 바랍니다.

01 선생님의 질문에 대하여 바르게 대답한 학생은?

① 민 주
② 태 연
③ 도 형
④ 경 호

02 다음은 (주)한공의 매출채권 대손과 관련된 자료이다. 이를 토대로 매출채권 기말잔액을 계산하면 얼마인가?

- 8월 20일 : 거래처 파산으로 외상매출금 60,000원이 대손 확정되다
- 12월 31일 : 매출채권 잔액에 대하여 1%의 대손을 추정하다.

	대손충당금				
8/20	외상매출금	60,000	1/1	전기이월	100,000
			12/31	대손상각비	30,000

	대손상각비		
12/31	대손충당금	30,000	

① 3,000,000원

② 4,000,000원

③ 6,000,000원

④ 7,000,000원

03 다음은 (주)한공의 11월 상품 거래내역이다. 11월 매출원가와 월말 상품재고액은 얼마인가?(선입선출법 적용)

	수 량	단 가	금 액
• 11월 1일 기초	100개	150원	15,000원
• 11월 12일 매입	100개	170원	17,000원
• 11월 20일 매출	120개	400원	48,000원
• 11월 25일 매입	50개	160원	8,000원

	매출원가	상품재고액
①	21,600원	18,400원
②	18,400원	21,600원
③	19,200원	20,800원
④	20,800원	19,200원

04 다음 자료를 토대로 퇴직급여충당부채 기말잔액을 계산하면 얼마인가?

퇴직급여충당부채				
4/5	보통예금	2,000,000	1/1 전기이월	6,000,000

〈결산정리사항〉

12월 31일 (차) 퇴직급여 5,000,000 (대) 퇴직급여충당부채 5,000,000

① 1,000,000원
② 4,000,000원
③ 7,000,000원
④ 9,000,000원

05 다음은 (주)한공의 2022년 12월 31일 수정 전 잔액시산표 중 손익계산서 관련 계정 내역과 결산정리사항을 나타낸 자료이다. 결산정리사항을 반영한 2022년 법인세차감전순이익은 얼마인가?

자료 1.

잔액시산표(수정전)

(주)한공   2022년 12월 31일   (단위 : 원)

차 변	계정과목	대 변
	⋮	
	매 출	90,000,000
30,000,000	매출원가	
17,000,000	급 여	
10,000,000	임차료	
	유형자산처분이익	7,000,000
30,000,000	이자비용	

자료 2. 결산정리사항

가. 임차료는 2022년 1월 1일에 2년치를 선급한 것이다.
나. 2022년 12월 31일 현재 미수이자 5,000,000원이 반영되지 않았다.

① 5,000,000원
② 10,000,000원
③ 15,000,000원
④ 20,000,000원

06 다음은 (주)한공의 기계장치 처분 관련 자료이다. 이를 토대로 2022년도에 계상한 감가상각비를 계산하면 얼마인가?

> • 2022년 1월 1일 현재 장부금액 : 2,500,000원
> • 2022년 7월 1일 처분금액 : 2,000,000원(현금수령, 처분손실 200,000원 발생)

① 200,000원
② 300,000원
③ 500,000원
④ 700,000원

07 다음 중 부가가치세법상 주사업장 총괄납부와 사업자단위과세에 대한 설명으로 옳은 것은?

① 사업자단위과세는 사업자단위과세적용사업장에서 납부 뿐만 아니라 신고도 총괄하여 할 수 있다.
② 주사업장 총괄납부를 하는 경우에 세금계산서는 주사업장에서 총괄하여 발급해야 한다.
③ 주사업장 총괄납부 사업자가 주사업장 총괄납부를 포기할 때에는 납부하려는 과세기간 종료 20일 전에 포기신고서를 제출하여야 한다.
④ 법인이 주사업장 총괄납부를 하려는 경우 지점을 주된 사업장으로 할 수 없다.

08 다음은 전자제품 제조업을 영위하는 (주)한공의 2022년 제2기 확정신고기간(2022.10.1. ~ 2022.12.31.)의 자료이다. 이를 토대로 부가가치세 과세표준을 계산하면 얼마인가?(단, 주어진 자료의 금액은 부가가치세가 포함되어 있지 않은 금액이며, 세금계산서 등 필요한 증빙서류는 적법하게 발급하였거나 수령하였다)

가. 외상판매액(수출액 3,000,000원 포함)	13,000,000원
나. 비영업용 소형승용차의 매각액	5,000,000원
다. 토지매각액	6,000,000원
라. 재화 공급과 직접 관련되지 않는 국고보조금 수령액	2,500,000원

① 15,000,000원
② 18,000,000원
③ 20,500,000원
④ 26,500,000원

09 다음 중 소득세법상 연금소득과 관련한 내용을 잘못 설명하고 있는 사람은?

공적연금은 해당 과세기간의 다음 연도 1월분 공적연금소득을 지급할 때에 연말정산을 해 — 서준

사적연금소득이 연간 1,200만원 이하인 경우 분리과세를 선택할 수 있어 — 미애

연금소득은 실제 필요경비를 공제하지 아니하고 연금소득공제를 통해 일정한 금액을 공제해 — 강별

연금소득공제 한도액은 연 600만원이야 — 재현

① 서 준
② 미 애
③ 강 별
④ 재 현

10 다음 자료를 토대로 거주자 김한공 씨의 2022년도 종합소득과세표준을 계산하면 얼마인가?(단, 모든 소득은 세법에 따라 적법하게 원천징수가 되었다)

가. 비영업대금의 이익	5,000,000원
나. 내국법인으로부터 받는 이익의 배당	10,000,000원
다. 근로소득금액	30,000,000원
라. 종합소득공제액	20,000,000원

① 10,000,000원
② 15,000,000원
③ 20,000,000원
④ 25,000,000원

(주)뷰티플러스(회사코드 2158)는 화장품 제조업 및 부동산임대업을 영위하는 법인기업으로 회계기간은 제6기 (2022.1.1. ~ 2022.12.31.)이다. 제시된 자료와 자료설명을 참고하여, [수행과제]를 완료하고 [평가문제]의 물음에 답하시오.

실무수행 유의사항	1. 부가가치세 관련 거래는 [매입매출전표입력] 메뉴에 입력하고, 부가가치세 관련 없는 거래는 [일반전표입력] 메뉴에 입력한다. 2. 타계정 대체와 관련된 적요는 반드시 코드를 입력하여야 한다. 3. 채권·채무, 예금거래 등 관리대상 거래자료에 대하여는 반드시 거래처코드를 입력한다. 4. 자금관리 등 추가 작업이 필요한 경우 문제의 요구에 따라 추가 작업하여야 한다. 5. 제조경비는 500번대 계정코드를 사용한다. 6. 판매비와관리비는 800번대 계정코드를 사용한다. 7. 등록된 계정과목 중 가장 적절한 계정과목을 선택한다.

실무수행 1   거래자료 입력

실무프로세스 자료이다. [자료설명]을 참고하여 [수행과제]를 수행하시오.

1 3만원 초과 거래자료에 대한 경비등송금명세서 작성

자료 1. 공급자 정보

- 상   호 : 구로부동산중개
- 사업자등록번호 : 107-21-21510
- 대   표   자 : 이봉준
- 주   소 : 서울특별시 구로구 디지털로 306, 108호
- 은 행 정 보 : 우리은행 552-21-1153-800
- 예 금 주 : 이봉준

자료 2. 보통예금(국민은행) 거래내역

번호	거래일	내용	찾으신금액	맡기신금액	잔액	거래점
		\multicolumn{6}{c}{계좌번호 100-23-951241 (주)뷰티플러스}					
1	2022-1-10	구로부동산중개	1,200,000		***	***

자료설명	공장시설 확충을 위하여 토지를 취득하고 구로부동산중개에 중개수수료를 지급하였다. 1. 자료 1은 공급자정보이며 해당사업자는 경비등송금명세서 제출대상자에 해당한다. 2. 자료 2는 토지 중개수수료 계좌이체내역이다.
수행과제	1. 거래 자료를 입력하시오. 2. 경비등송금명세서를 작성하시오.(단, 영수증수취명세서 작성은 생략할 것)

② 약속어음 발행거래

전 자 어 음

(주)성수메이드 귀하 00420220210123456789

금 일천만원정 10,000,000원

위의 금액을 귀하 또는 귀하의 지시인에게 지급하겠습니다.

지급기일 2022년 5월 10일 발행일 2022년 2월 10일
지 급 지 국민은행 발행지 경기도 수원시 팔달구 매산로 10
지급장소 팔달지점 주 소 (매산로1가), 301호
 발행인 (주)뷰티플러스

자료설명	[2월 10일] 매입처 (주)성수메이드의 외상매입금 중 일부를 전자어음을 발행하여 지급하였다.
수행과제	1. 전자어음을 등록하시오. – 수령일 : 2022. 2. 10. – 금융기관 : 국민은행(98000) – 어음번호 : 00420220210123456789 2. 거래자료를 입력하시오. 3. 자금관련 정보를 입력하여 지급어음현황에 반영하시오.

③ 급여 지급

자료 1. 3월분 급여지급내역

(3월분) 급 여 명 세 서

(단위 : 원)

구 분	지급항목			급여총액	공제항목			공제계	차인 지급액
	기본급	직책수당	식 대		소득세	국민연금	고용보험		
	차량 보조금	가족수당	근속수당		지방 소득세	건강 및 장기요양 보험료	가불금		
영업팀 (이승철)	2,800,000	100,000	100,000	3,400,000	93,400	139,500	24,800	1,388,670	2,011,330
	200,000	100,000	100,000		9,340	121,630	1,000,000		

자료 2. 보통예금(국민은행) 거래내역

번 호	거래일	내 용	찾으신금액	맡기신금액	잔 액	거래점
		계좌번호 100-23-951241 (주)뷰티플러스				
1	2022-03-25	3월 급여	2,011,330		***	***

자료설명	1. 자료 1은 영업팀 이승철 사원의 3월 급여명세서이다. 　(가불금은 '주·임·종단기채권' 계정에 계상되어 있다) 2. 자료 2는 위 급여를 보통예금 계좌에서 종업원 급여 통장으로 이체한 내역이다.
수행과제	거래자료를 입력하시오.(지급항목은 '급여' 계정으로 통합하여 회계처리할 것)

부가가치세 신고 관련 자료이다. [자료설명]을 참고하여 [수행과제]를 수행하시오.

① 전자세금계산서 발급

자료 1. 보통예금(국민은행) 거래내역

번 호	거래일	내 용	찾으신금액	맡기신금액	잔 액	거래점
		계좌번호 100-23-951241 (주)뷰티플러스				
1	2022-04-10	(주)수려한		8,000,000	***	***

자료 2. 거래명세서

		거래명세서		(공급자 보관용)				

	등록번호	124-81-12344				등록번호	514-81-35782	
공급자	상호	(주)뷰티플러스	성명(대표자)	정지현	공급받는자	상호	(주)수려한	성명	김혜수
	사업장주소	경기도 수원시 팔달구 매산로 10 (매산로1가), 301호				사업장주소	서울특별시 광진구 광나루로 355	
	업태	제조업외	종사업장번호			업태	도소매업	종사업장번호
	종목	화장품외				종목	화장품	

거래일자	미수금액	공급가액	세액	총 합계금액
2022.4.17		20,000,000원	2,000,000	22,000,000

NO	월	일	품목명	규격	수량	단가	공급가액	세액	합계
1	4	17	주름개선 크림				20,000,000	2,000,000	22,000,000

자료설명	1. 자료 1은 제품공급 전 (주)수려한으로부터 계약금으로 입금된 국민은행 보통예금 거래내역이다. 2. 자료 2는 (주)수려한에 제품을 공급하고 발급한 거래명세서이다. 계약금을 제외한 잔액은 6월 말일에 받기로 하였다.
수행과제	1. 4월 17일의 거래자료를 입력하시오. 2. 전자세금계산서 발행 및 내역관리 를 통하여 발급·전송하시오. (전자세금계산서 발급 시 결제내역 및 전송일자는 무시할 것)

② 수정전자세금계산서의 발급

전자세금계산서				(공급자 보관용)				승인번호			
공급자	등록번호	124-81-12344				공급받는자	등록번호	123-81-95134			
	상호	(주)뷰티플러스	성명 (대표자)	정지현			상호	(주)오앤영	성명 (대표자)	이수지	
	사업장 주소	경기도 수원시 팔달구 매산로 10 (매산로1가), 301호					사업장 주소	서울 강남구 영동대로 521			
	업태	제조업외		종사업장번호			업태	도소매업		종사업장번호	
	종목	화장품외					종목	화장품			
	E-Mail	beauty@bill36524.com					E-Mail	olive@bill36524.com			

작성일자	2022.6.27.	공급가액	9,000,000	세 액	900,000
비고					

월	일	품목명	규격	수량	단가	공급가액	세액	비고
6	27	미백개선 크림		30	300,000	9,000,000	900,000	

합계금액	현금	수표	어음	외상미수금	이 금액을	○ 영수 함
9,900,000				9,900,000		● 청구

자료설명	1. 제품을 공급하고 발급한 전자세금계산서이다. 2. 담당자의 착오로 작성년월일 6월 30일이 6월 27일로 잘못 기재되었다.
수행과제	수정사유를 선택하여 수정전자세금계산서를 발급·전송하시오. ※ 전자세금계산서는 **전자세금계산서 발행 및 내역관리** 메뉴에서 발급·전송한다. 　(전자세금계산서 발급 시 결제내역 입력과 전송일자는 무시할 것)

③ **부동산임대사업자의 부가가치세신고서 작성**

자료 1. 부동산임대차계약서

		(사 무 실) 월 세 계 약 서			■ 임 대 인 용 □ 임 차 인 용 □ 사무소보관용		
부동산의 표시	소재지	경기도 수원시 팔달구 매산로 1-8, 13층 1302호					
	구 조	철근콘크리트조	용도	사무실		면적	95㎡
월 세 보 증 금	금	100,000,000원정		월세	3,000,000원정(VAT 별도)		

제 1 조 위 부동산의 임대인과 임차인 합의하에 아래와 같이 계약함.

제 2 조 위 부동산의 임대차에 있어 임차인은 보증금을 아래와 같이 지불키로 함.

계 약 금	10,000,000원정은 계약 시 지불하고		
중 도 금	원정은	년 월 일 지불하며	
잔 금	90,000,000원정은	2022년 9월	30일 중개업자 입회하에 지불함.

제 3 조 위 부동산의 명도는 2022년 9월 1일로 함.

제 4 조 임대차 기간은 2022년 9월 1일로부터 (24)개월로 함.

제 5 조 **월세금액은 매월 말일에 지불**키로 하되 만약 기일내에 지불치 못할 시에는 보증금액에서 공제키로 함.

제 6 조 임차인은 임대인의 승인하에 개축 또는 변조할 수 있으나 계약 대상물을 명도시에는 임차인이 일체 비용을 부담하여 원상복구 하여야 함.

제 7 조 임대인과 중개업자는 별첨 중개물건 확인설명서를 작성하여 서명 날인하고 임차인은 이를 확인 수령함. 다만, 임대인은 중개물건 확인설명에 필요한 자료를 중개업자에게 제공하거나 자료수집에 따른 법령에 규정한 실비를 지급하고 대행케 하여야 함.

제 8 조 본 계약을 임대인이 위약시는 계약금의 배액을 변상하며 임차인이 위약시는 계약금은 무효로 하고 반환을 청구 할 수 없음.

제 9 조 부동산 중개업법 제 20 조 규정에 의하여 중개료는 계약당시 쌍방에서 법정수수료를 중개인에게 지불하여야 함.

본 계약을 증명하기 위하여 계약 당사자가 이의 없음을 확인하고 각각 서명·날인 후 임대인, 임차인 및 중개업자는 매장마다 간인하여야 하며, 각 1통씩 보관한다.

2022년 9월 1일

임 대 인	주 소	경기도 수원시 팔달구 매산로 10				
	사업자등록번호	124-81-12344	전화번호	031-563-2121	성명	(주)뷰티플러스
임 차 인	주 소	경기도 수원시 팔달구 매산로 1-8				
	사업자등록번호	125-81-21453	전화번호	031-541-1110	성명	(주)대성산업
중개업자	주 소	서울 강남구 강남대로 252 대한빌딩 102호		허가번호	92240000-004	
	상 호	대한부동산	전화번호	02-225-3535	성명	백 용 명

자료 2. 9월분 임대료

전자세금계산서				(공급자 보관용)		승인번호		

공급자	등록번호	124-81-12344				공급받는자	등록번호	125-81-21453		
	상호	(주)뷰티플러스	성명(대표자)	정지현			상호	(주)대성산업	성명(대표자)	남영석
	사업장주소	경기도 수원시 팔달구 매산로 10 (매산로1가), 301호					사업장주소	경기도 수원시 팔달구 매산로 1-8		
	업태	제조업외		종사업장번호			업태	도소매업		종사업장번호
	종목	화장품외					종목	사무용기기		
	E-Mail	beauty@bill36524.com					E-Mail	daesung@daum.net		

작성일자	2022.9.30.	공급가액	3,000,000	세 액	300,000
비고					

월	일	품목명	규격	수량	단가	공급가액	세액	비고
9	30	임대료				3,000,000	300,000	

합계금액	현금	수표	어음	외상미수금	이 금액을	● 영수 / ○ 청구	함
3,300,000							

자료설명	1. 자료 1은 (주)대성산업과 체결한 부동산임대차계약서이다. 2. 자료 2는 9월분 임대료를 국민은행 보통예금계좌로 입금 받고 발급한 전자세금계산서이다. 3. 간주임대료에 대한 부가가치세는 임대인이 부담하기로 하였다.
수행과제	1. 9월 임대료를 매입매출전표에 입력하시오. 　(전자세금계산서와 관련된 거래는 '전자입력'으로 처리할 것) 2. 제2기 예정신고에 대한 부동산임대공급가액명세서를 작성하시오. 　(적용이자율 1.2%, 동 입력은 생략할 것) 3. 간주임대료에 대한 회계처리를 9월 30일자로 매입매출전표에 입력하시오. 4. 9월 임대료 및 간주임대료에 대한 내용을 제2기 부가가치세 예정신고서에 반영하시오.

④ 대손세액공제신고서 작성자의 부가가치세신고서 작성

전자세금계산서

(공급자 보관용)

승인번호

공급자	등록번호	124-81-12344			공급받는자	등록번호	109-81-25501		
	상호	(주)뷰티플러스	성명 (대표자)	정지현		상호	(주)산소화장품	성명 (대표자)	김수현
	사업장 주소	경기도 수원시 팔달구 매산로 10 (매산로1가), 301호				사업장 주소	서울 서대문구 충정로7길 115		
	업태	제조업외	종사업장번호			업태	제조업	종사업장번호	
	종목	화장품외				종목	화장품		
	E-Mail	beauty@bill36524.com				E-Mail	sanso@bill36524.com		

작성일자	2021.10.1	공급가액	2,000,000	세 액	200,000
비고					

월	일	품목명	규격	수량	단가	공급가액	세액	비고
10	1	제품		40	50,000	2,000,000	200,000	

합계금액	현금	수표	어음	외상미수금	이 금액을	○ 영수 ◉ 청구	함
2,200,000				2,200,000			

자료설명	1. 자료는 제품을 외상으로 판매하고 발급했던 전자세금계산서이다. 2. 2022년 12월 20일 (주)산소화장품의 파산으로 인하여 채권 전액이 대손으로 확정되었다.

수행과제	1. 자료에 대한 대손요건을 판단하여 제2기 부가가치세 확정 신고기간의 대손세액공제신고서를 작성하시오.
	2. 대손세액 및 전자신고세액공제를 반영하여 제2기 부가가치세 확정신고서를 작성하시오.
	   – 제2기 부가가치세 확정신고서를 홈택스에서 전자신고하여 전자신고세액공제 10,000원을 공제받기로
	     한다.
	3. 대손확정일(12월 20일)의 대손세액공제 및 대손채권(외상매출금)에 대한 회계처리를 입력하시오.

입력자료 및 회계정보를 조회하여 [평가문제]의 답안을 입력하시오.

평가문제 답안입력 유의사항

❶ 답안은 지정된 단위의 숫자로만 입력해 주십시오.

*한글 등 문자 금지

	정 답	오답(예)
(1) 금액은 원 단위로 숫자를 입력하되, 천 단위 콤마(,)는 생략 가능합니다. (1-1) 답이 0원인 경우 반드시 "0" 입력 (1-2) 답이 음수(-)인 경우 숫자 앞에 "-" 입력 (1-3) 답이 소수인 경우 반드시 "." 입력	1,245,000 1245000	1,245,000 1,245,000원 1,245,0000 12,45,000 1,245천원
(2) 질문에 대한 답안은 숫자로만 입력하세요.	4	04 4건/매/명 04건/매/명
(3) 거래처 코드번호는 5자리 숫자로 입력하세요.	00101	101 00101번

❷ 답안에 천원 단위(000) 입력 시 더존 프로그램 숫자 입력 방법과 다르게 숫자키패드 '+' 기능은 지원되지 않습니다.

❸ 더존 프로그램에서 조회되는 자료를 복사하여 붙여넣기가 가능합니다.

❹ 수행과제를 올바르게 입력하지 않고 작성한 답과 모범답안이 다른 경우 오답처리 됩니다.

[실무수행평가] – 부가가치세관리

번 호	평가문제	배 점
11	**평가문제 [매입매출전표입력 조회]** 6월 30일자 수정세금계산서의 수정입력사유 코드번호를 입력하시오. <div align="right">( )</div>	2
12	**평가문제 [세금계산서합계표 조회]** 제1기 확정 신고기간의 거래처 '(주)수려한'에 전자발행된 세금계산서 공급가액은 얼마인가? <div align="right">( )원</div>	2
13	**평가문제 [세금계산서합계표 조회]** 제1기 확정 신고기간의 매출전자세금계산서 발급매수는 총 몇 매인가? <div align="right">( )매</div>	2
14	**평가문제 [부동산임대공급가액명세서 조회]** 제2기 예정 신고기간의 부동산임대공급가액명세서의 보증금 이자(간주임대료)금액은 얼마인가? <div align="right">( )원</div>	2
15	**평가문제 [부가가치세신고서 조회]** 제2기 예정 신고기간 부가가치세신고서의 과세_세금계산서발급분(1란) 금액은 얼마인가? <div align="right">( )원</div>	2
16	**평가문제 [부가가치세신고서 조회]** 제2기 예정 신고기간 부가가치세신고서의 공제받지못할매입세액(16란) 세액은 얼마인가? <div align="right">( )원</div>	2
17	**평가문제 [부가가치세신고서 조회]** 제2기 예정 신고기간의 부가가치세 신고시에 작성되는 부가가치세 첨부서류에 해당하지 않는 것은? ① 계산서합계표 ② 부동산임대공급가액명세서 ③ 수출실적명세서 ④ 공제받지못할매입세액명세서	3
18	**평가문제 [대손세액공제신고서 조회]** 제2기 확정신고기간 대손세액공제신고서에 관한 설명으로 옳지 않은 것은? ① 당초공급일은 2021년 10월 1일이다. ② 대손기준일은 2기 확정 신고기한인 2023년 1월 25일이다. ③ 대손세액공제는 확정신고시만 적용가능하다. ④ 대손사유는 '1.파산'이다.	3
19	**평가문제 [부가가치세신고서 조회]** 제2기 확정신고기간 부가가치세신고서의 대손세액가감(8란) 금액은 얼마인가? <div align="right">( )원</div>	2
20	**평가문제 [부가가치세신고서 조회]** 제2기 확정 신고기간의 부가가치세 차가감납부할세액(27번란)은 얼마인가? <div align="right">( )원</div>	2
부가가치세 소계		22

[결산자료]를 참고로 결산을 수행하시오.(단, 제시된 자료 이외의 자료는 없다고 가정함)

① 수동결산

자료. 장기차입금 내역

거래처	금 액	차입시기	비 고
우리은행 (차입금)	20,000,000원	2018년 3월 1일	만기일은 2024년 4월 30일이며, 만기일에 원금을 일시상환한다.
국민은행 (차입금)	40,000,000원	2021년 7월 1일	2023년 6월 30일부터 5년간 원금을 균등분할상환한다.
신한은행 (차입금)	30,000,000원	2019년 2월 28일	만기일은 2023년 2월 28일이며, 만기일에 원금을 일시상환한다.
계	90,000,000원		

자료설명	2022년 기말 현재 장기차입금 은행별 잔액내역이다.
수행과제	장기차입금에 대한 결산정리분개를 일반전표에 입력하시오.

② 결산자료입력에 의한 자동결산

자료설명	1. 당기 법인세등 15,000,000원을 계상하려고 한다. (법인세 중간예납세액 및 원천징수세액이 선납세금계정에 계상되어 있다) 2. 기말재고자산 현황 | 구 분	금 액 | |---|---|
원재료	35,000,000원
제 품	52,000,000원 | 3. 이익잉여금처분계산서 처분확정(예정)일 – 당기 : 2023년 3월 31일 – 전기 : 2022년 3월 31일
수행과제	결산을 완료하고 이익잉여금처분계산서에서 손익대체분개를 하시오. (단, 이익잉여금처분내역은 없는 것으로 하고 미처분이익잉여금 전액을 이월이익잉여금으로 이월하기로 할 것)

[실무수행평가] - 재무회계

번호	평가문제	배점
21	**평가문제 [경비등송금명세서 조회]** 경비등송금명세서에 반영되는 우리은행의 은행코드번호(CD)를 입력하시오. ( )	1
22	**평가문제 [지급어음현황 조회]** 2/4분기(4월 ~ 6월)에 상환예정인 지급어음 총액은 얼마인가? ( )원	1
23	**평가문제 [일/월계표 조회]** 1/4분기(1월 ~ 3월) 발생한 급여(판매관리비)는 얼마인가? ( )원	2
24	**평가문제 [일/월계표 조회]** 1/4분기(1월 ~ 3월) 토지 계정의 증가액은 얼마인가? ( )원	2
25	**평가문제 [거래처원장 조회]** 6월 말 거래처별 외상매출금 잔액으로 옳지 않은 것은? ① 03170.(주)수려한 19,500,000원 ② 03180.(주)오앤영 19,800,000원 ③ 04200.(주)현대화장품 12,000,000원 ④ 05107.(주)필립뷰티플 15,950,000원	1
26	**평가문제 [거래처원장 조회]** 3/4분기(7월 ~ 9월)에 발생한 국민은행의 보통예금 입금액은 얼마인가? ( )원	1
27	**평가문제 [손익계산서 조회]** 당기 손익계산서의 세금과공과금(판매관리비)은 얼마인가? ( )원	2
28	**평가문제 [손익계산서 조회]** 당기 손익계산서의 대손상각비(판매관리비)는 얼마인가? ( )원	2
29	**평가문제 [재무상태표 조회]** 6월 말 주.임.종단기채권 잔액은 얼마인가? ( )원	1
30	**평가문제 [재무상태표 조회]** 6월 말 외상매입금 잔액은 얼마인가? ( )원	2
31	**평가문제 [재무상태표 조회]** 6월 말 선수금 잔액은 얼마인가? ( )원	2
32	**평가문제 [재무상태표 조회]** 12월 말 기말 원재료 잔액은 얼마인가? ( )원	1
33	**평가문제 [재무상태표 조회]** 12월 말 미지급세금 잔액은 얼마인가? ( )원	2

34	**평가문제 [재무상태표 조회]** 12월 말 장기차입금 잔액은 얼마인가? ( )원	2
35	**평가문제 [재무상태표 조회]** 12월 말 이월이익잉여금(미처분이익잉여금) 잔액으로 옳은 것은? ① 251,850,121원 ② 326,458,150원 ③ 461,218,104원 ④ 521,485,125원	1
	재무회계 소계	23

인사급여 관련 자료이다. [자료설명]을 참고하여 [수행과제]를 수행하시오.

① 주민등록등본에 의한 사원등록

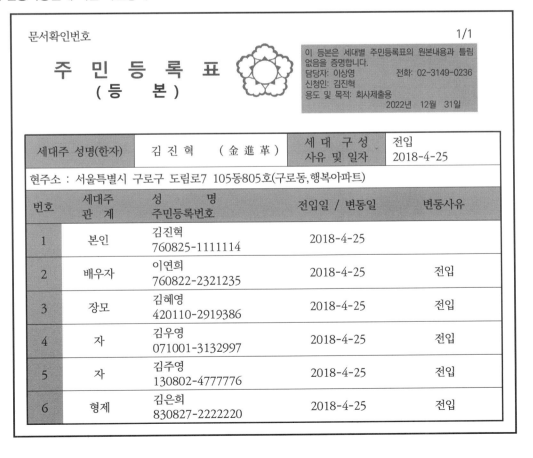

문서확인번호   1/1

주 민 등 록 표
(등 본)

이 등본은 세대별 주민등록표의 원본내용과 틀림
없음을 증명합니다.
담당자: 이상영   전화: 02-3149-0236
신청인: 김진혁
용도 및 목적: 회사제출용
2022년 12월 31일

세대주 성명(한자)	김 진 혁 (金 進 革)	세 대 구 성 사유 및 일자	전입 2018-4-25

현주소 : 서울특별시 구로구 도림로7 105동805호(구로동, 행복아파트)

번호	세대주 관 계	성 명 주민등록번호	전입일 / 변동일	변동사유
1	본인	김진혁 760825-1111114	2018-4-25	
2	배우자	이연희 760822-2321235	2018-4-25	전입
3	장모	김혜영 420110-2919386	2018-4-25	전입
4	자	김우영 071001-3132997	2018-4-25	전입
5	자	김주영 130802-4777776	2018-4-25	전입
6	형제	김은희 830827-2222220	2018-4-25	전입

자료설명	2022년 8월 1일에 입사한 사무직 사원 김진혁(1300)의 주민등록표이다. 1. 배우자 및 부양가족은 김진혁과 생계를 같이 한다. 2. 이연희는 총급여 7,000,000원이 있다. 3. 김혜영은 일용근로소득 7,800,000원이 있다. 4. 자녀는 모두 수입이 없다. 5. 김은희는 장애인 복지법에 의한 장애인으로, 지역 장애인복지관에서 강연을 하고 받은 기타소득 2,000,000원이 있다. 6. 세부담을 최소화 하는 방법으로 선택하여 입력한다.
수행과제	사원등록메뉴에서 김진혁의 부양가족명세를 작성하시오.

[실무수행평가] – 근로소득관리 1

번 호	평가문제	배 점
36	**평가문제 [김진혁 근로소득원천징수영수증 조회]** 기본공제 대상 인원수(본인포함)는 모두 몇 명인가? <div align="right">( )명</div>	2
37	**평가문제 [김진혁 근로소득원천징수영수증 조회]** '26.부양가족' 공제대상액은 얼마인가? <div align="right">( )원</div>	2
38	**평가문제 [김진혁 근로소득원천징수영수증 조회]** '27.경로우대' 공제대상액은 얼마인가? <div align="right">( )원</div>	2
39	**평가문제 [김진혁 근로소득원천징수영수증 조회]** '28.장애인' 공제대상액은 얼마인가? <div align="right">( )원</div>	1
40	**평가문제 [김진혁 근로소득원천징수영수증 조회]** '57.자녀세액공제' 금액은 얼마인가? <div align="right">( )원</div>	1

② 중도퇴사자의 원천징수

자료. 7월 중도퇴사자 급여자료

(단위 : 원)

기본급	공제항목					
	국민연금	건강보험	고용보험	장기요양보험	건강보험료정산	장기요양보험료정산
4,000,000	180,000	139,800	36,000	17,150	25,320	3,850

자료설명	생산부 강수용 사원(코드 1200)의 급여자료이다. 1. 급여지급일은 매월 25일이다. 2. 생산부 강수용 사원은 2022년 7월 25일에 퇴직하였다. 중도퇴사자 정산 시 등록되어 있는 자료 이외의 공제는 없는 것으로 한다.
수행과제	1. 강수용 사원의 퇴사일을 입력하시오. 2. 공제등록에 600.건강보험료정산, 601.장기요양보험료정산을 등록하시오. 3. 7월분 급여자료를 입력하고 [중도퇴사자정산] 버튼을 이용하여 중도퇴사자 정산 내역을 급여자료에 반영하시오.(단, 구분 '1.급여'로 선택할 것) 4. 7월 귀속분 [원천징수이행상황신고서]를 작성하시오. (조정대상 환급액은 당월 환급 신청할 것)

[실무수행평가] - 근로소득관리 2

번 호	평가문제	배 점
41	**평가문제 [수당및공제등록]** '600.건강보험료정산' 공제항목 공제소득유형 코드번호를 입력하시오. <div align="right">( )</div>	2
42	**평가문제 [강수용 7월 급여자료 조회]** 7월 급여의 차인지급액은 얼마인가? <div align="right">( )원</div>	2
43	**평가문제 [7월 원천징수이행상황신고서 조회]** 근로소득 '5.총지급액(가감계 A10)'은 얼마인가? <div align="right">( )원</div>	2
44	**평가문제 [7월 원천징수이행상황신고서 조회]** 근로소득에 대한 소득세 '21.환급신청액'은 얼마인가? <div align="right">( )원</div>	1

③ 국세청연말정산간소화 및 이외의 자료를 기준으로 연말정산

자료설명	영업부 최진영(1400)의 연말정산을 위한 자료이다. 1. 사원등록의 부양가족현황은 사전에 입력되어 있다. 2. 부양가족은 최진영과 생계를 같이 하고 있다. 3. 배우자 이미숙은 자녀 최미솔을 출산하였으며, 그에 대한 의료비 내역이 국세청 간소화 자료에 반영되어 있다. 4. 신용카드사용내역의 총지급액에는 회사경비로 지출한 금액이 포함되어 있으며, 회사로부터 [직원신용카드 경비사용명세서]를 발급받았다. 5. 자녀 최미라는 유치원에 다니고 있으며, 현장체험 학습비 납입증명서를 발급받았다. 6. 당해 최진영의 총급여액은 7,000만원 이하이다.
수행과제	[연말정산 근로소득원천징수영수증] 메뉴를 이용하여 연말정산을 완료하시오. 1. 의료비세액공제는 [의료비] 탭에서 입력하며, 국세청 자료는 공제대상 합계금액을 1건으로 집계하여 입력한다. 2. 신용카드소득공제는 [신용카드] 탭에서 입력한다. 3. 교육비세액공제는 [소득공제] 탭에서 입력한다. 4. 연금계좌세액공제는 [정산명세] 탭에서 입력한다.

자료 1. 최진영 사원의 부양가족등록 현황

연말정산관계	성 명	주민번호	기타사항
0.본인	최진영	761215-1111113	세대주
3.배우자	이미숙	790321-2222226	소득 없음
4.직계비속	최미라	160122-3122229	소득 없음
4.직계비속	최미솔	220103-3133330	소득 없음

자료 2. 국세청간소화서비스 및 기타증빙자료

2022년 귀속 소득·세액공제증명서류 : 기본(지출처별)내역 [의료비]

■ 환자 인적사항

성 명	주 민 등 록 번 호
이미숙	790321-2******

■ 의료비 지출내역

(단위: 원)

사업자번호	상 호	종류	납입금액 계
106-05-81***	***산후조리원	일반	2,000,000
의료비 인별합계금액			0
안경구입비 인별합계금액			0
산후조리원 인별합계금액			2,000,000
인별합계금액			2,000,000

국 세 청
National Tax Service

• 본 증명서류는 『소득세법』 제165조 제1항에 따라 영수증 발급기관으로부터 수집한 서류로 소득·세액공제 충족 여부는 근로자가 직접 확인하여야 합니다.
• 본 증명서류에서 조회되지 않는 내역은 영수증 발급기관에서 직접 발급받으시기 바랍니다.

2022년 귀속 소득·세액공제증명서류 [신용카드]

■ 사용자 인적사항

성 명	주 민 등 록 번 호
최진영	761215-1******

■ 신용카드등 사용금액 집계

일반	전통시장 사용분	대중교통 이용분	도서, 공연 등	합계금액
29,300,000	0	0	0	29,300,000

국 세 청
National Tax Service

• 본 증명서류는 『소득세법』 제165조 제1항에 따라 영수증 발급기관으로부터 수집한 서류로 소득·세액공제 충족 여부는 근로자가 직접 확인하여야 합니다.
• 본 증명서류에서 조회되지 않는 내역은 영수증 발급기관에서 직접 발급받으시기 바랍니다.

직원신용카드 경비사용명세서

회사명: (주)뷰티플러스   2022년 연말정산

성 명	주 민 등 록 번 호	카드사용금액	근무기간
최진영	761215-1******	2,300,000	2022.01.01.-2022.12.31.

교 육 비 납 입 증 명 서

① 상　호: 바른유치원	② 사업자등록번호: 106-90-20115
③ 대표자: 김민정	④ 전화번호: 02) 578-9515
⑤ 주　소: 서울특별시 강남구 강남대로 544	

신청인	⑥ 성명: 최진영	⑦ 주민등록번호: 761215-1111113
	⑧ 주소: 서울특별시 관악구 신림로 22길 15-22 대일아파트 302호	
대상자	⑨ 성명: 최미라	신청인과의 관계: 자

■ 교육비 부담내역

납부연월	구분	총 교육비	교육비 본인부담금액
3월	현장체험학습비	100,000원	100,000원
5월	현장체험학습비	122,000원	122,000원
8월	현장체험학습비	156,000원	156,000원
10월	현장체험학습비	112,000원	112,000원
계		490,000원	490,000원

2022년 귀속 소득·세액공제증명서류 : 기본(지출처별)내역 [연금저축]

■ 가입자 인적사항

성　명	주 민 등 록 번 호
최진영	761215-1******

■ 연금저축 납입내역

(단위: 원)

상　호	사업자번호	당해연도 납입금액	당해연도 납입액 중 인출금액	순납입금액
계좌번호				
신한금융투자(주)	124-81-10***	12,000,000	2,000,000	10,000,000
45875412				
순납입금액 합계				10,000,000

국 세 청
National Tax Service

- 본 증명서류는 『소득세법』 제165조 제1항에 따라 영수증 발급기관으로부터 수집한 서류로 소득·세액공제 충족 여부는 근로자가 직접 확인하여야 합니다.
- 본 증명서류에서 조회되지 않는 내역은 영수증 발급기관에서 직접 발급받으시기 바랍니다.

[실무수행평가] – 근로소득관리 3

번 호	평가문제	배 점
45	**평가문제 [최진영 근로소득원천징수영수증 조회]** '42.신용카드등' 소득공제 최종 공제액은 얼마인가? （)원	2
46	**평가문제 [최진영 근로소득원천징수영수증 조회]** '60.연금저축' 세액공제액은 얼마인가? （)원	2
47	**평가문제 [최진영 근로소득원천징수영수증 조회]** '62.의료비' 세액공제액은 얼마인가? （)원	2
48	**평가문제 [최진영 근로소득원천징수영수증 조회]** '63.교육비' 세액공제액은 얼마인가? （)원	2
49	**평가문제 [최진영 근로소득원천징수영수증 조회]** '77.차감징수세액(소득세)'은 얼마인가? （)원	1
50	**평가문제 [최진영 근로소득원천징수영수증 조회]** '82.실효세율(%)'은 몇 %인가? ① 0.6% ② 1.5% ③ 2.0% ④ 2.1%	1
근로소득 소계		25

실무이론평가

아래 문제에서 특별한 언급이 없으면 기업의 보고기간(회계기간)은 매년 1월 1일부터 12월 31일까지입니다. 또한 기업은 일반기업회계기준 및 관련 세법을 계속적으로 적용하고 있다고 가정하고 물음에 가장 합당한 답을 고르시기 바랍니다.

01 다음 대화 중 빈칸에 들어갈 내용으로 옳은 것은?

① 영업이익 100,000원 과대계상

② 당기순이익 100,000원 과대계상

③ 영업이익 100,000원 과소계상

④ 당기순이익 100,000원 과소계상

02 다음 중 무형자산으로 회계처리해야 하는 거래는?

① 다른 회사와 합병하면서 영업권을 취득하였다.
② 프로젝트 초기의 연구단계에서 연구비를 지출하였다.
③ 조직 개편으로 인한 부서별 명패 교환비용을 지출하였다.
④ 재경팀 직원에게 회계교육을 실시하고 강사료를 지급하였다.

03 다음은 (주)한공이 정부보조금을 수령하여 취득한 기계장치 관련 자료이다. 2022년 손익계산서에 계상될 감가상각비는 얼마인가?

> • 2022.1.1. 기계장치 취득
> • 취득원가 3,000,000원, 정부보조금 500,000원
> • 내용연수 5년, 잔존가치 없음, 정액법 상각

① 450,000원
② 500,000원
③ 540,000원
④ 600,000원

04 다음 중 사채 발행에 대한 설명으로 옳지 않은 것은?

① 사채의 기말 장부금액은 발행 시점의 유효이자율을 적용하여 평가한다.
② 사채할증발행차금은 사채 액면금액에서 차감하는 형식으로 재무상태표에 보고한다.
③ 유효이자율법을 적용하는 경우 사채할인발행차금상각액은 기간이 경과함에 따라 매년 증가한다.
④ 사채에 대한 액면이자 금액은 매년 일정하다.

05 다음은 (주)한공의 12월 상품 거래내역이다. 재고자산의 평가방법을 총평균법으로 적용할 경우 매출총이익은 얼마인가?

일 자	구 분	수 량	단 가
12월 1일	기초재고	100개	1,000원
12월 5일	외상매입	100개	1,200원
12월 9일	상품매출	150개	4,000원
12월 15일	외상매입	100개	1,400원

① 390,000원
② 420,000원
③ 440,000원
④ 450,000원

06 다음은 (주)한공의 합계잔액시산표의 일부이다. 2022년 10월 1일에 외상매출금 100,000원이 회수 불가능하게 된 경우를 회계처리할 때 차변에 표시되는 계정과목과 금액으로 옳은 것은?

합계잔액시산표(대손 반영 전)

(주)한공　　　　　　　　　　　　　2022.10.1.　　　　　　　　　　(단위 : 원)

차 변		계정과목	대 변	
잔 액	합 계		합 계	잔 액
500,000	1,500,000	외상매출금	1,000,000	
	30,000	대손충당금	50,000	20,000
		...		

① 대손상각비 100,000원
② 대손충당금 100,000원
③ 대손충당금 20,000원, 대손상각비 80,000원
④ 대손충당금 50,000원, 대손상각비 50,000원

07 다음 중 부가가치세 과세거래에 대한 설명으로 옳은 것은?

① 광업권의 양도는 재화의 공급에 해당하지 않는다.
② 화재로 인하여 재화가 멸실된 경우에는 재화의 공급에 해당한다.
③ 지체상금의 수령은 과세거래에 해당하지 않는다.
④ 현물출자에 의하여 재화를 인도하는 것은 과세거래에 해당하지 않는다.

08 다음은 일반과세자인 (주)한공(전자제품 제조업)의 2022년 제2기 부가가치세 확정신고기간의 내역이다. 이 중 매출세액에서 공제 가능한 매입세액은 얼마인가?(단, 세금계산서는 적법하게 수취하였고, 매입세액을 공제받기 위한 절차를 모두 이행하였다)

• 원재료 구입 관련 매입세액	2,500,000원
• 거래처 접대용품 구입 관련 매입세액	1,000,000원
• 대표이사 업무용 승용차(3,500cc) 구입 관련 매입세액	3,000,000원
• 제품 제조용 기계장치 구입 관련 매입세액	1,200,000원

① 2,500,000원

② 3,700,000원

③ 5,500,000원

④ 6,700,000원

09 다음은 (주)한공에 근무하는 거주자 김회계(남성, 45세) 씨의 2022년말 현재 부양가족 현황이다. 김회계 씨가 적용받을 수 있는 기본공제와 추가공제의 합계액은 얼마인가?

가. 김회계 씨의 종합소득금액 : 60,000,000원

나. 부양가족 현황(모두 생계를 같이 함)

구 분	나 이	소 득	비 고
배우자	40세	없 음	
자 녀	15세	없 음	장애인임
부 친	75세	사업소득금액 300만원	
모 친	73세	없 음	

① 6,000,000원

② 7,000,000원

③ 8,000,000원

④ 9,000,000원

10 다음 중 소득세법상 연말정산과 과세표준 확정신고에 대한 설명으로 옳지 않은 것은?

① 근로소득과 연말정산되는 사업소득이 있는 자는 과세표준 확정신고를 하여야 한다.

② 원천징수의무자는 매월 급여 지급 시 간이세액표에 따른 소득세를 원천징수하고 다음 연도 2월분 급여 지급 시 연말정산을 한다.

③ 소득세법에 따라 연말정산한 공적연금소득만이 있는 자가 다른 종합소득이 없는 경우에는 과세표준 확정신고를 하지 않아도 된다.

④ 일용근로자의 근로소득은 연말정산에 의해 납세의무가 종결된다.

(주)산들산업(회사코드 2157)은 공기청정기 제조업을 영위하는 법인기업으로 회계기간은 제7기(2022.1.1. ~ 2022.12.31.)이다. 제시된 자료와 자료설명을 참고하여, [수행과제]를 완료하고 [평가문제]의 물음에 답하시오.

실무수행 유의사항	1. 부가가치세 관련 거래는 [매입매출전표입력] 메뉴에 입력하고, 부가가치세 관련 없는 거래는 [일반전표입력] 　메뉴에 입력한다. 2. 타계정 대체와 관련된 적요는 반드시 코드를 입력하여야 한다. 3. 채권·채무, 예금거래 등 관리대상 거래자료에 대하여는 반드시 거래처코드를 입력한다. 4. 자금관리 등 추가 작업이 필요한 경우 문제의 요구에 따라 추가 작업하여야 한다. 5. 제조경비는 500번대 계정코드를 사용한다. 6. 판매비와관리비는 800번대 계정코드를 사용한다. 7. 등록된 계정과목 중 가장 적절한 계정과목을 선택한다.

실무수행 1　거래자료 입력

실무프로세스 자료이다. [자료설명]을 참고하여 [수행과제]를 수행하시오.

① **3만원 초과 거래자료에 대한 영수증수취명세서 작성**

자료 1. 자동차보험증권

자동차보험증권

증 권 번 호	202203011683	계 약 일	2022년 3월 1일
보 험 기 간	2022 년 3 월 1 일 00:00부터		2023 년 3 월 1 일 24:00까지
보 험 계 약 자	(주)산들산업	주민(사업자)번호	120-81-32144
피 보 험 자	(주)산들산업	주민(사업자)번호	120-81-32144

보험료 납입사항

총보험료	72 만원	납입보험료	72 만원	미납입 보험료	0 원

자료 2. 보통예금(국민은행) 거래내역

번 호	거래일	내 용	찾으신금액	맡기신금액	잔 액	거래점
		계좌번호 205-02-1111116 (주)산들산업				
1	2022-03-01	보험료	720,000		***	***

자료설명	3월 1일 생산부 차량에 대하여 (주)삼성화재 차량종합보험에 가입하고 1년분 보험료를 국민은행 보통예금 계좌에서 이체하여 납부하였다.
수행과제	1. 거래자료를 입력하시오.(비용으로 회계처리 할 것) 2. 지출증명서류 미수취에 따른 영수증수취명세서(2)와 (1)서식을 작성하시오. (공급자의 인적사항 입력은 생략하기로 할 것)

② **약속어음 수취거래**

전 자 어 음

(주)산들산업 귀하   00420220320123456789

금   일천만원정   **10,000,000원**

위의 금액을 귀하 또는 귀하의 지시인에게 지급하겠습니다.

지급기일 2022년 6월 20일   발행일 2022년 3월 20일
지 급 지 국민은행   발행지
지급장소 삼성지점   주 소   서울특별시 강남구 삼성로 317
                         발행인 (주)삼송물산

자료설명	[3월 20일] (주)삼송물산의 외상매출금 잔액과 제품매출에 대한 계약금을 전자어음으로 수취하였다.
수행과제	1. 거래처원장을 조회하여 거래자료를 입력하시오. 2. 자금관련정보를 입력하여 받을어음현황에 반영하시오.

③ 기타 일반거래

자료. 배당금 지급안내문

배정내역		주주번호		000050000020005*****				주주명		(주)산들산업	
주주 구분	주식 종류	배당 일수	소유 주식수	배당(정)률		배당금	배정 주식수	단수주	단주 기준가	단주 대금 지급액
				현금 배당율	주식 배정율					
실물 소유분 (명부)	보통주									
증권회사 위탁분 (실질)	보통주	365	5,000	0.220		2,500,000				

자료설명	1. 투자목적으로 보유하고 있는 제일산업(주) 주식에 대한 연차배당이 3월 28일 주주총회에서 결의되어 배당금 지급안내문을 받았다. 2. 제일산업(주) 주식은 매도가능증권으로 분류되어 있다.
수행과제	결의일자에 거래자료를 입력하시오.

부가가치세 신고 관련 자료이다. [자료설명]을 참고하여 [수행과제]를 수행하시오.

① **전자세금계산서 발급**

자료 1. 보통예금(국민은행) 거래내역

번호	거래일	내용	찾으신금액	맡기신금액	잔액	거래점
		계좌번호 205-02-1111116 (주)산들산업				
1	2022-05-10	(주)청정기업		5,000,000	***	***

자료 2.

거래명세서				(공급자 보관용)				

공급자	등록번호	120-81-32144			공급받는자	등록번호	102-81-17053		
	상호	(주)산들산업	성명	오세정		상호	(주)청정기업	성명	이용수
	사업장주소	서울 강남구 삼성로 530				사업장주소	서울 서대문구 간호대로 10		
	업태	제조업외	종사업장번호			업태	도소매업	종사업장번호	
	종목	공기청정기				종목	전자제품		

거래일자	미수금액	공급가액	세액	총 합계금액
2022.5.15		16,000,000	1,600,000	17,600,000

NO	월	일	품목명	규격	수량	단가	공급가액	세액	합계
1	5	15	차량용 공기청정기		20	800,000	16,000,000	1,600,000	17,600,000

비고	전미수액	당일거래총액	입금액	미수액	인수자
		17,600,000	5,000,000	12,600,000	

자료설명	1. 자료 1은 제품 공급전 (주)청정기업로부터 계약금으로 입금된 국민은행 보통예금 거래내역이며 계약금에 대해서는 세금계산서를 발급하지 않았다. 2. 자료 2는 (주)청정기업에 제품을 공급하고 발급한 거래명세서이다. 계약금을 제외한 잔액은 6월 15일에 받기로 하였다.
수행과제	1. 5월 15일의 거래자료를 입력하시오. 2. **전자세금계산서 발행 및 내역관리**를 통하여 발급·전송하시오. (전자세금계산서 발급 시 결제내역 및 전송일자는 고려하지 않을 것)

② 수정전자세금계산서의 발급

전자세금계산서 (공급자 보관용)					승인번호			

공급자	등록번호	120-81-32144			공급받는자	등록번호	220-87-12697		
	상호	(주)산들산업	성명 (대표자)	오세정		상호	예림산업(주)	성명 (대표자)	이예림
	사업장 주소	서울 강남구 삼성로 530				사업장 주소	서울 강남구 테헤란로114길 38		
	업태	제조업외	종사업장번호			업태	도매업	종사업장번호	
	종목	공기청정기				종목	전자제품		
	E-Mail	sandl@bill36524.com				E-Mail	yerim@bill36524.com		

작성일자	2022.6.11.	공급가액	6,000,000	세 액	600,000
비고					

월	일	품목명	규격	수량	단가	공급가액	세액	비고
6	11	공기청정기		20	300,000	6,000,000	600,000	

합계금액	현금	수표	어음	외상미수금	이 금액을	○ 영수 ⦿ 청구	함
6,600,000				6,600,000			

자료설명	1. 6월 11일 예림산업(주)에 제품을 공급하고 거래일에 전자세금계산서를 발급 및 전송하였다. 2. 6월 15일 예림산업(주)에 납품된 제품에 불량이 발견되어 전량 회수하고 수정전자세금계산서를 발급하기로 하였다.
수행과제	수정사유를 선택하여 환입에 따른 수정전자세금계산서를 발급·전송하시오.(환입된 금액에 대해서만 회계처리하며, 외상대금 및 제품매출에서 음수(−)로 처리하고 전자세금계산서 발급 시 결제내역 및 전송일자는 무시할 것)

③ 의제매입세액공제신고사업자의 부가가치세신고서 작성

자료 1. 미가공 닭 구입관련 자료

NO.	영 수 증 (공급자용)			
	(주)산득산업			귀하
공급자	사업자 등록번호	119-15-50400		
	상호	해우정육	성명	박장민
	사업장 소재지	경기도 용인시 처인구 양지면 양지리 42		
	업태	소매업	종목	닭
작성일자		공급대가총액		비고
2022. 7. 10.		₩ 240,000		
공 급 내 역				

월/일	품명	수량	단가	금액
7/10	닭	30	8,000	240,000
합 계				₩240,000
위 금액을 (영수)청구)함				

자료 2. 미가공 소고기 구입관련 자료

신용카드매출전표

카드종류: 삼성카드
회원번호: 5555-4444-****-****
거래일시: 2022.8.5. 14:06:22
거래유형: 신용승인
매   출: 1,600,000원
합   계: 1,600,000원
결제방법: 일시불
승인번호: 34569633

가맹점명: 장수농산 (101-90-39264)

- 이 하 생 략 -

자료 3. 미가공 돼지고기 구입자료

공 급 계 약 서

■ **공급자 인적사항**

성 명	주 민 등 록 번 호
이승우	740502-1245119

■ **계약내역**

농산물 품목	공급량	납품일자	금 액
미가공 돼지고기	10BOX	2022.9.10.	2,200,000원
합계금액			**2,200,000원**

■ **대금지급조건: 납품일에 당사 국민은행 보통예금 계좌에서 이체**

자료설명	본 문제에 한하여 (주)산들산업은 축산물을 구입하여 가공식품(과세제품)을 제조·판매한다고 가정한다. 1. 자료 1은 미가공 닭 30마리를 현금으로 구입하고 수취한 영수증이다. 2. 자료 2는 미가공 소고기 5BOX를 구입하고 수취한 신용카드매출전표이다. 3. 자료 3은 미가공 돼지고기 10BOX를 농민으로부터 직접 구입하고 받은 계약서이며 당사 국민은행 보통예금계좌에서 이체하였다. 4. (주)산들산업은 중소기업에 해당하며, 공제율은 4/104로 한다.
수행과제	1. 자료 1~3의 거래를 검토하여 의제매입세액공제 요건을 갖춘 거래는 매입매출전표에 입력하고, 그 외의 거래는 일반전표입력에 입력하시오.(의제매입세액공제신고서에 자동반영 되도록 적요를 선택할 것) 2. 제2기 부가가치세 예정신고기간의 의제매입세액공제신고서를 작성하시오. 3. 제2기 부가가치세 예정신고서에 반영하시오. 4. 의제매입세액과 관련된 회계처리를 일반전표입력에 9월 30일자로 입력하시오.

④ 신용카드매출전표등 수령금액합계표 작성자의 부가가치세신고서 작성

자료 1.

매출전표

카드종류		거래일자			
삼성카드		2022.10.20.10:25:11			
카드번호(CARD NO)					
5555-4444-****-1006					
승인번호		금액 AMOUNT	백	천 6 0 0 0 0	원
30010947					
일반	할부	부가세 V.AT		천 6 0 0 0	원
일시불					
	휘발유	봉사료 CASHBACK			
거래유형					
신용승인		합계 TOTAL		6 6 0 0 0	
가맹점명					
대영주유소					
대표자명		사업자번호			
김대수		125-81-28548			
전화번호		가맹점번호			
02-457-8004		312110073			
주소					
서울시 구로구 경인로 100(오류동)					

상기의 거래 내역을 확인합니다.   서명 (주)산들산업

자료 2.

신용카드매출전표

가 맹 점 명   진영주유소
사업자번호   105-90-55780
대 표 자 명   백진영
주   소   서울시 서대문구 연희로103
                   (연희동)

롯 데 카 드   신용승인
거 래 일 시   2022-10-24 오후 14:08:04
카 드 번 호   1233-1252-****-1110
유 효 기 간   **/**
가맹점번호   123460001
매 입 사 : 하나카드(전자서명전표)

상 품 명	금액
경 유	55,000
공 급 금 액	**50,000원**
부가세금액	**5,000원**
합 계	**55,000원**

자료 3.

```
            ** 현금영수증 **
              (지출증빙용)

사업자등록번호  : 220-81-12128  이수정
사업자명      : (주)신도리코
단말기ID      : 73453259(tel:02-257-1004)
가맹점주소     : 서울시 강남구 테헤란로51길

현금영수증 회원번호
 120-81-32144              (주)산들산업
승인번호        : 57231010
거래일시        : 2022년 10월 28일 10시10분10초

공 급 금 액                    3,000,000원
부가세금액                      300,000원
총  합  계                    3,300,000원

휴대전화, 카드번호 등록
http://현금영수증.kr
국세청문의(126)
38036925-GCA10106-3870-U490
   <<<<<<이용해 주셔서 감사합니다.>>>>>>
```

자료설명	1. 자료 1은 영업부 업무용 승용차(개별소비세 과세대상, 배기량 1,600cc)에 주유하고 결제한 법인 신용카드 매출전표이다. 2. 자료 2는 공장 화물차에 주유하고 결제한 법인 신용카드매출전표이다. 3. 자료 3은 관리부에서 사용할 복사기를 구입하고 수취한 현금영수증이다.(자산으로 처리할 것) 　단, 제시된 자료의 거래처는 모두 일반과세자이다.
수행과제	1. 자료 1 ~ 자료 3의 거래자료를 입력하시오. 2. 제2기 확정 신용카드매출전표등 수령금액 합계표를 작성하시오. 3. 신용카드매입 및 전자신고세액공제를 반영하여 제2기 부가가치세 확정신고서를 작성하시오. 　－ 제2기 부가가치세 확정신고서를 홈택스에서 전자신고하여 전자신고세액공제 10,000원을 공제받기로 한다.

입력자료 및 회계정보를 조회하여 [평가문제]의 답안을 입력하시오.

평가문제 답안입력 유의사항

❶ 답안은 **지정된 단위의 숫자로만 입력**해 주십시오.

*한글 등 문자 금지

	정 답	오답(예)
(1) 금액은 원 단위로 숫자를 입력하되, 천 단위 콤마(,)는 생략 가능합니다.	1,245,000 1245000	1.245.000 1,245,000원 1,245,0000 12,45,000 1,245천원
(1-1) 답이 0원인 경우 반드시 "0" 입력 (1-2) 답이 음수(-)인 경우 숫자 앞에 "-" 입력 (1-3) 답이 소수인 경우 반드시 "." 입력		
(2) 질문에 대한 **답안은 숫자로만 입력**하세요.	4	04 4건/매/명 04건/매/명
(3) **거래처 코드번호는 5자리 숫자로 입력**하세요.	00101	101 00101번

❷ 답안에 천원 단위(000) 입력 시 더존 프로그램 숫자 입력 방법과 다르게 숫자키패드 '+' 기능은 지원되지 않습니다.
❸ 더존 프로그램에서 조회되는 자료를 복사하여 붙여넣기가 가능합니다.
❹ 수행과제를 올바르게 입력하지 않고 작성한 답과 모범답안이 다른 경우 오답처리 됩니다.

[실무수행평가] – 부가가치세관리

번호	평가문제	배점
11	**평가문제 [세금계산서합계표 조회]** 제1기 확정 신고기간의 거래처 '(주)청정기업'에 전자발행된 세금계산서 공급가액은 얼마인가? ( )원	2
12	**평가문제 [세금계산서합계표 조회]** 제1기 확정 신고기간의 매출전자세금계산서 발급매수는 총 몇 매인가? ( )매	2
13	**평가문제 [매입매출전표입력 조회]** 6월 15일자 수정세금계산서의 수정입력사유 코드번호를 입력하시오. ( )	2
14	**평가문제 [의제매입세액공제신고서 조회]** 제2기 예정 신고기간의 의제매입세액공제신고서의 의제매입세액은 얼마인가? ( )원	2
15	**평가문제 [부가가치세신고서 조회]** 제2기 예정 신고기간 부가가치세신고서의 과세_세금계산서발급분(1란) 금액은 얼마인가? ( )원	2
16	**평가문제 [부가가치세신고서 조회]** 제2기 예정 신고기간 부가가치세신고서의 그밖의 공제매입세액(14란)의 세액은 얼마인가? ( )원	2
17	**평가문제 [부가가치세신고서 조회]** 제2기 예정 신고기간의 부가가치세 신고시에 작성되는 부가가치세 첨부서류에 해당하지 않는 것은? ① 세금계산서합계표 ② 신용카드매출전표등수령금액합계표 ③ 의제매입세액공제신고서 ④ 계산서합계표	2
18	**평가문제 [신용카드매출전표등 수령금액 합계표(갑) 조회]** 제2기 확정 신고기간의 신용카드매출전표등 수령금액 합계표(갑)에 반영되는 '신용카드 등 매입명세 합계'의 공급가액은 얼마인가? ( )원	3
19	**평가문제 [부가가치세신고서 조회]** 제2기 확정 신고기간 부가가치세신고서의 그밖의공제매입세액(14란)의 세액은 얼마인가? ( )원	2
20	**평가문제 [부가가치세신고서 조회]** 제2기 확정 신고기간의 부가가치세 차가감납부할세액(27란)의 세액은 얼마인가? ( )원	3
부가가치세 소계		22

[결산자료]를 참고로 결산을 수행하시오.(단, 제시된 자료 이외의 자료는 없다고 가정함)

① 수동결산

자료설명	장부상 2022년 말 현재 가수금은 (주)장원전자의 외상매출금 입금액 8,800,000원과 태평기기(주)의 단기대여금 회수금액 4,500,000원으로 밝혀졌다.
수행과제	가수금에 대한 결산정리분개를 일반전표에 입력하시오.

② 결산자료입력에 의한 자동결산

<table>
<tr><td rowspan="9">자료설명</td><td colspan="9">1. 무형자산내역</td></tr>
<tr><td>계정과목</td><td>자산
코드</td><td>자산명</td><td>취득일</td><td>취득가액</td><td>전기말
상각누계액</td><td>상각
방법</td><td>내용
연수</td><td>용도</td></tr>
<tr><td>소프트웨어</td><td>2000</td><td>ERP프로그램</td><td>2022.4.1</td><td>10,000,000원</td><td>–</td><td>정액법</td><td>5년</td><td>관리부</td></tr>
<tr><td colspan="9">[고정자산등록] 메뉴에서 소프트웨어에 대한 감가상각비를 계상하고, 결산에 반영하시오.</td></tr>
<tr><td colspan="9">2. 기말재고자산 현황</td></tr>
<tr><td colspan="3">구 분</td><td colspan="2">단위당 원가</td><td colspan="2">단위당 시가</td><td colspan="2">수 량</td></tr>
<tr><td colspan="3">제 품</td><td colspan="2">52,000원</td><td colspan="2">60,000원</td><td colspan="2">500개</td></tr>
<tr><td colspan="9">3. 이익잉여금처분계산서 처분확정(예정)일
– 당기 : 2023년 3월 31일
– 전기 : 2022년 3월 31일</td></tr>
</table>

수행과제	결산을 완료하고 이익잉여금처분계산서에서 손익대체분개를 하시오. (단, 이익잉여금처분내역은 없는 것으로 하고 미처분이익잉여금 전액을 이월이익잉여금으로 이월하기로 한다)

[실무수행평가] – 재무회계

번 호	평가문제	배 점
21	**평가문제 [영수증수취명세서 조회]** 영수증수취명세서(1)에 반영되는 '11.명세서제출 제외대상' 금액은 얼마인가? ( )원	2
22	**평가문제 [거래처원장 조회]** 5월 말 거래처별 외상매출금 잔액으로 옳지 않은 것은? ① 00200.(주)수창기기 7,425,000원 ② 02040.(주)청정기업 14,800,000원 ③ 03150.(주)비전통상 33,000,000원 ④ 04820.하남전자(주) 11,000,000원	1

23	평가문제 [받을어음현황 조회] 6월에 만기가 도래하는 받을어음 총액은 얼마인가? <div align="right">( )원</div>	1
24	평가문제 [일/월계표 조회] 1/4분기(1월 ~ 3월)에 발생한 제조경비 총금액은 얼마인가? <div align="right">( )원</div>	1
25	평가문제 [일/월계표 조회] 1/4분기(1월 ~ 3월)에 발생한 영업외수익은 얼마인가? <div align="right">( )원</div>	2
26	평가문제 [일/월계표 조회] 2/4분기(4월 ~ 6월)에 발생한 제품매출 총금액은 얼마인가? <div align="right">( )원</div>	1
27	평가문제 [일/월계표 조회] 4/4분기(10월 ~ 12월)에 발생한 차량유지비(판매관리비)는 얼마인가? <div align="right">( )원</div>	1
28	평가문제 [재무상태표 조회] 3월 말 미수금 잔액은 얼마인가? <div align="right">( )원</div>	2
29	평가문제 [재무상태표 조회] 3월 말 선수금 잔액은 얼마인가? <div align="right">( )원</div>	2
30	평가문제 [재무상태표 조회] 9월 말 원재료 잔액으로 옳은 것은? ① 501,740,099원 ② 501,824,265원 ③ 501,833,946원 ④ 501,980,099원	1
31	평가문제 [재무상태표 조회] 12월 말 단기대여금 잔액은 얼마인가? <div align="right">( )원</div>	2
32	평가문제 [재무상태표 조회] 기말 제품 잔액은 얼마인가? <div align="right">( )원</div>	2
33	평가문제 [재무상태표 조회] 12월 말 비품 장부금액은 얼마인가? <div align="right">( )원</div>	1
34	평가문제 [재무상태표 조회] 12월 말 소프트웨어 장부금액은 얼마인가? <div align="right">( )원</div>	3
35	평가문제 [재무상태표 조회] 12월 말 이월이익잉여금(미처분이익잉여금) 잔액으로 옳은 것은? ① 320,159,150원 ② 457,251,911원 ③ 517,185,315원 ④ 676,123,980원	1
재무회계 소계		23

인사급여 관련 자료이다. [자료설명]을 참고하여 [수행과제]를 수행하시오.

① 급여명세에 의한 급여자료

자료 1. 7월 급여자료

(단위 : 원)

사 원	기본급	직책 수당	자격 수당	식 대	자녀 수당	자가운전 보조금	국민 연금	건강 보험	고용 보험	장기요양 보험
이기중	2,500,000	50,000	100,000	150,000	100,000	200,000	프로그램에서 자동 계산된 금액으로 공제 한다.			

자료 2. 수당 및 공제요건

구 분	코 드	수당 및 공제명	내 용
수당등록	101	기본급	설정된 그대로 사용한다.
	102	상 여	
	200	직책수당	직책별로 매월 차등 지급하고 있다.
	201	자격수당	TAT 2급 자격증 취득자에게 매월 월정액으로 지급하고 있다.
	202	식 대	중식은 별도로 제공하고 있지 않으나 야근 시 저녁식사를 별도로 제공하고 있다.
	203	자녀수당	초 · 중 · 고 재학 중 자녀를 대상으로 1인당 100,000원씩 매월 월정액으로 지급하고 있다.
	204	자가운전보조금	전 직원에게 매월 월정액으로 지급하고 있으며, 시내출장시 별도의 여비를 지급하고 있다.

자료설명	본사 이기중(1020) 과장의 급여자료이다. 1. 급여지급일은 매월 25일이다. 2. 사회보험료는 자동 계산된 금액으로 공제한다.
수행과제	1. 급여자료입력 메뉴에 수당등록을 하시오. 2. 7월분 급여자료를 입력하시오.(구분 : '1급여'로 할 것) 3. 7월 귀속분 [원천징수이행상황신고서]를 작성하시오.

번 호	평가문제	배 점
36	**평가문제 [이기중 7월 급여자료 조회]** 급여항목 중 과세대상 금액은 얼마인가? <div align="right">( )원</div>	2
37	**평가문제 [이기중 7월 급여자료 조회]** 수당항목 중 과세대상 식대 금액은 얼마인가? <div align="right">( )원</div>	2
38	**평가문제 [이기중 7월 급여자료 조회]** 급여항목 중 비과세 금액은 총 얼마인가? <div align="right">( )원</div>	2
39	**평가문제 [이기중 7월 급여자료 조회]** 7월분 급여의 차인지급액은 얼마인가? <div align="right">( )원</div>	1
40	**평가문제 [이기중 7월 원천징수이행상황신고서 조회]** '10.소득세 등' 금액은 얼마인가? <div align="right">( )원</div>	1

② 주민등록등본에 의한 사원등록

자료 1. 정덕호의 주민등록등본

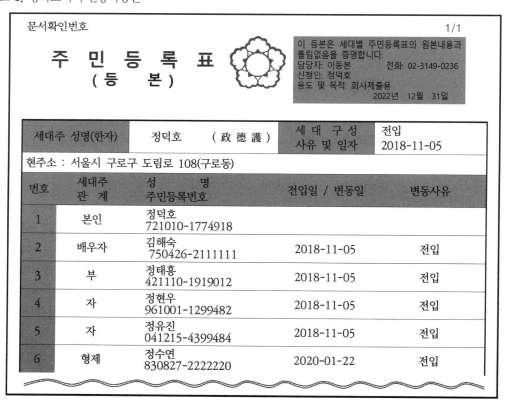

자료 2. 정태흥의 장애인증명서

장 애 인 증 명 서

1. 증명서 발급기관

① 상 호	한국병원	② 사업자등록번호	1	0	1	–	9	0	–	1	0	0	4	4

③ 대표자(성 명)	조영훈

④ 소 재 지	서울시 종로구 낙산1길 14-7(동숭동)

2. 소득자 (또는 증명서 발급 요구자)

⑤ 성 명	정덕호	⑥ 주민등록번호	7	2	1	0	1	0	–	1	7	7	4	9	1	8

⑦ 주 소	서울시 구로구 도림로 108(구로동)

3. 장애인

⑧ 성 명	정태흥	⑨ 주민등록번호	4	2	1	1	0	–	1	9	1	9	0	1	2

⑩ 소득자와의관계	부	⑪ 장 애 예 상 기 간	■영구 □비영구(． ． ．부터 ． ．까지)
⑫ 장 애 내 용	제 3 호	⑬ 용 도	소득공제 신청용

위 사람은 「소득세법」 제51조 제1항 제2호 및 동법 시행령 제107조 제1항에 따른 장애인에 해당하는 자임을 증명합니다.

자료설명	사무직 사원 정덕호(1010)의 사원등록을 위한 자료이다. 1. 부양가족은 정덕호와 생계를 같이 한다. 2. 배우자 김해숙과는 2022년 12월 31일 현재 이혼소송 중 별거상태이며, 주택입주 지체상금 2,000,000원이 있다. 3. 부 정태흥은 항시 치료를 요하는 중증환자에 해당하며, 소득세법에 따라 원천징수 된 이자소득 9,000,000원과 배당소득 8,000,000원이 있다. 4. 자녀 정현우는 대학생이며 일용근로소득 3,000,000원이 있다. 5. 자녀 정유진과 동생 정수연은 별도 소득이 없다. 6. 세부담을 최소화하는 방법으로 선택한다.
수행과제	[사원등록] 메뉴에서 부양가족명세를 작성하시오.

[실무수행평가] – 근로소득관리 2

번호	평가문제	배점
41	**평가문제 [정덕호 근로소득원천징수영수증 조회]** 기본공제 대상 인원수(본인포함)는 모두 몇 명인가? ( )명	2
42	**평가문제 [정덕호 근로소득원천징수영수증 조회]** '26.부양가족' 공제대상액은 얼마인가? ( )원	2
43	**평가문제 [정덕호 근로소득원천징수영수증 조회]** '27.경로우대' 공제대상액은 얼마인가? ( )원	2
44	**평가문제 [정덕호 근로소득원천징수영수증 조회]** '28.장애인' 공제대상액은 얼마인가? ( )원	1
45	**평가문제 [정덕호 근로소득원천징수영수증 조회]** '57.자녀세액공제' 금액은 얼마인가? ( )원	1

③ **국세청연말정산간소화 및 이외의 자료를 기준으로 연말정산**

자료설명	사무직 권민호(1030)의 연말정산을 위한 자료이다. 1. 사원등록의 부양가족현황은 사전에 입력되어 있다. 2. 부양가족은 권민호와 생계를 같이 하고 있다. 3. 직계존속 권혁재의 의료비 중 한의원의 지출내역은 전액 건강보조약품 구입관련 비용이다.
수행과제	[연말정산 근로소득원천징수영수증] 메뉴에서 연말정산을 완료하시오. 1. 의료비세액공제는 [의료비] 탭에서 입력하며, 국세청자료는 공제대상 합계금액을 1건으로 집계하여 입력한다. 2. 보험료세액공제와 교육비세액공제는 [소득공제] 탭에서 입력한다.

자료 1. 권민호 사원의 부양가족등록 현황

연말정산관계	성 명	주민번호	기타사항
0.본인	권민호	741011-1111113	세대주
3.배우자	이채민	790502-2222221	소득 없음
1.소득자 직계존속	권혁재	500102-1111116	소득 없음
4.직계비속	권진찬	091215-3094119	소득 없음

자료 2. 국세청간소화서비스 및 기타자료

2022년 귀속 소득·세액공제증명서류 : 기본(지출처별)내역 [의료비]

■ 환자 인적사항

성 명	주 민 등 록 번 호
권혁재	500102-1******

■ 의료비 지출내역

(단위: 원)

사업자번호	상 호	종류	납입금액 계
109-04-16***	대한**병원	일반	2,200,000
106-05-81***	***의원	일반	200,000
6-05-81*	***한의원	일반	800,000
인별합계금액			3,200,000

 국 세 청 National Tax Service

- 본 증명서류는 『소득세법』 제165조 제1항에 따라 영수증 발급기관으로부터 수집한 서류로 소득·세액공제 충족 여부는 근로자가 직접 확인하여야 합니다.
- 본 증명서류에서 조회되지 않는 내역은 영수증 발급기관에서 직접 발급받으시기 바랍니다.

2022년 귀속 소득·세액공제증명서류: 기본(지출처별)내역 [보험료]

■ 계약자 인적사항

성 명	주 민 등 록 번 호
권민호	741011-1******

■ 보장성보험 납입내역

(단위: 원)

종류	상 호	보험종류	주피보험자		납입금액 계
	사업자번호	증권번호	종피보험자		
보장성	교보생명보험(주)	**생명보험	741011-1******	권민호	1,000,000
	106-81-41***	100540651**			
저축성	KEB자녀사랑보험	**생명보험	091215-3******	권진찬	800,000
	108-81-15***	24451255**			
보장성	동부화재보험(주)	자동차보험	741011-1******	권민호	1,200,000
	108-81-15***	345225510**			
인별합계금액					3,000,000

 국 세 청 National Tax Service

- 본 증명서류는 『소득세법』 제165조 제1항에 따라 영수증 발급기관으로부터 수집한 서류로 소득·세액공제 충족 여부는 근로자가 직접 확인하여야 합니다.
- 본 증명서류에서 조회되지 않는 내역은 영수증 발급기관에서 직접 발급받으시기 바랍니다.

2022년 귀속 소득·세액공제증명서류 : 기본(지출처별)내역 [교육비]

■ 학생 인적사항

성 명	주 민 등 록 번 호
이채민	790502-2******

■ 교육비 지출내역

(단위: 원)

교육비구분	학교명	사업자번호	납입금액 계
대학원	**대학교	108-90-15***	12,000,000
인별합계금액			12,000,000

- 본 증명서류는 『소득세법』 제165조 제1항에 따라 영수증 발급기관으로부터 수집한 서류로 소득·세액공제 충족 여부는 근로자가 직접 확인하여야 합니다.
- 본 증명서류에서 조회되지 않는 내역은 영수증 발급기관에서 직접 발급받으시기 바랍니다.

2022년 귀속 소득·세액공제증명서류 : 기본(지출처별)내역 [교육비]

■ 학생 인적사항

성 명	주 민 등 록 번 호
권진찬	091215-3******

■ 교육비 지출내역

(단위: 원)

교육비구분	학교명	사업자번호	납입금액 계
중학교	**중학교	**3-83-21***	850,000
교복구입비	**교복	**1-15-40***	600,000
인별합계금액			1,450,000

- 본 증명서류는 『소득세법』 제165조 제1항에 따라 영수증 발급기관으로부터 수집한 서류로 소득·세액공제 충족 여부는 근로자가 직접 확인하여야 합니다.
- 본 증명서류에서 조회되지 않는 내역은 영수증 발급기관에서 직접 발급받으시기 바랍니다.

교육비납입증명서

① 상 호	엘리하이 영어학원	② 사업자등록번호		103-90-20115	
③ 대 표 자	홍 진 경		④ 전화번호	070-2165-7777	
⑤ 소 재 지	서울 강남구 대치동 255		전화번호	070-2165-7777	
신청인	⑥ 성 명: 권 민 호		⑦ 주민등록번호: 741011-1111113		
	⑧ 주 소: 서울특별시 강남구 압구정로 344				
대상자	⑨ 성 명: 권 진 찬		⑩ 신청인과의 관계: 자		

교 육 비 납 입 내 역 (2022년도)

납 부 연 월	구 분	총 교 육 비	교육비 부담금액
8월	학원 수업료	400,000원	400,000원
9월	학원 수업료	400,000원	400,000원
10월	학원 수업료	400,000원	400,000원
11월	학원 수업료	400,000원	400,000원
12월	학원 수업료	400,000원	400,000원
계		2,000,000원	2,000,000원

[실무수행평가] – 근로소득관리 3

번 호	평가문제	배 점
46	**평가문제 [권민호 근로소득원천징수영수증 조회]** '61.보장성보험'의 공제대상 지출액은 얼마인가? ( )원	2
47	**평가문제 [권민호 근로소득원천징수영수증 조회]** '62.의료비'의 세액공제액은 얼마인가? ( )원	2
48	**평가문제 [권민호 근로소득원천징수영수증 조회]** '63.교육비'의 공제대상 지출액은 얼마인가? ( )원	2
49	**평가문제 [권민호 득원천징수영수증 조회]** '77.차감징수세액(소득세)'은 얼마인가? ( )원	2
50	**평가문제 [권민호 근로소득원천징수영수증 조회]** '82.실효세율(%)'은 몇 %인가? ( )%	1
근로소득 소계		**25**

할 수 있다고 믿는 사람은 그렇게 되고,
할 수 없다고 믿는 사람도 역시 그렇게 된다.

– 샤를 드골 –

PART 3
정답 및 해설

제63회   정답 및 해설

제62회   정답 및 해설

제61회   정답 및 해설

제60회   정답 및 해설

제59회   정답 및 해설

제58회   정답 및 해설

제57회   정답 및 해설

실무이론평가

01	02	03	04	05	06	07	08	09	10
③	③	③	①	③	④	③	④	③	②

01 재고자산 평가방법의 변경은 회계정책의 변경에 해당하므로 그 변경효과를 소급하여 적용하여야 한다.

핵심이론 회계정책의 변경과 회계추정의 변경	
구 분	**내 용**
회계정책의 변경	• 재무제표의 작성과 보고에 적용하던 회계정책을 다른 회계정책으로 바꾸는 것 • 변경된 새로운 회계정책은 소급하여 적용 • 재고자산 평가방법의 변경, 유가증권의 취득단가 산정방법 변경 등
회계추정의 변경	• 기업환경의 변화, 새로운 정보의 획득 또는 경험의 축적에 따라 지금까지 사용해오던 회계적 추정치의 근거와 방법 등을 바꾸는 것 • 회계추정의 변경은 전진적으로 처리 • 대손의 추정, 재고자산 진부화 여부에 대한 판단·평가, 우발부채의 추정, 감가상각자산의 내용연수 또는 감가상각방법의 변경 및 잔존가액의 추정 등 • 회계추정 변경의 효과는 당해 회계연도 개시일부터 적용
회계변경의 의의	매기 동일한 회계정책·회계추정을 사용하면 비교가능성이 증대되어 재무제표의 유용성이 향상됨

02 • 장부금액 = 취득원가 200,000,000 − 감가상각누계액 40,000,000 = 160,000,000
• 회수가능액 = max(순공정가치 60,000,000, 계속사용가치 70,000,000) = 70,000,000
∴ 유형자산손상차손 = 장부금액 160,000,000 − 회수가능액 70,000,000 = 90,000,000

핵심이론 손상차손의 인식과 측정
유형자산의 손상징후가 있다고 판단되고, 당해 유형자산의 사용 및 처분으로부터 기대되는 미래의 현금흐름총액의 추정액이 장부금액에 미달하는 경우에는 장부금액을 회수가능액으로 조정하고 그 차액을 손상차손으로 처리한다. ※ 회수가능액 : 순공정가치와 계속사용가치 중 더 많은 금액

03
- 2022년 기말상품재고액 = min(취득원가 2,000,000, 순실현가능가치 1,500,000) = 1,500,000
- 2023년 기초상품재고액 = 2022년 기말상품재고액 = 1,500,000
- 2023년 기말상품재고액 = min(취득원가 3,000,000, 순실현가능가치 2,000,000) = 2,000,000
- ∴ 2023년 매출원가 = 기초상품재고액 1,500,000 + 당기매입액 7,000,000 − 기말상품재고액 2,000,000 = 6,500,000

04
- 매출원가 = 매출액 2,000,000 × (1 − 매출총이익률 20%) = 1,600,000
- 장부상 기말상품재고액 = 기초상품재고액 500,000 + 당기상품매입액 1,500,000 − 매출원가 1,600,000 = 400,000
- ∴ 유실금액 = 장부상 기말상품재고액 400,000 − 실사 기말상품재고액 300,000 = 100,000

05
- 누락된 회계처리

(차) 대손상각비(비용)	×××	(대) 매출채권(자산)	×××
→ 당기순이익, 이익잉여금 과대계상		→ 자산 과대계상	

06

• 2022.8.10	(차) 매도가능증권	8,000,000	(대) 현금 등		8,000,000
• 2022.12.31	(차) 매도가능증권	1,000,000	(대) 매도가능증권평가이익		1,000,000
			(기타포괄손익누계액)		
• 2023.7.1	(차) 현 금	7,000,000	(대) 매도가능증권		9,000,000
	매도가능증권평가이익	1,000,000			
	매도가능증권처분손실	1,000,000			
	(당기손익)				

> **핵심이론** 매도가능증권의 평가손익과 처분손익
> - 평가손익 : 기타포괄손익누계액으로 인식
> - 처분손익 : 당기손익으로 인식

07 보세구역에서 국내로 반입하는 것이 재화의 수입에 해당한다.

> **핵심이론** 재화의 수입
> 다음 어느 하나에 해당하는 물품을 국내에 반입하는 것(보세구역을 거치는 것은 보세구역에서 반입하는 것)
> 1. 외국으로부터 국내에 도착한 물품으로서 수입신고가 수리되기 전의 것
> 2. 수출신고가 수리된 물품(선적되지 아니한 물품을 보세구역에서 반입하는 경우는 제외)

08 • 접대비 및 이와 유사한 비용의 지출에 관련된 매입세액과 토지 관련 매입세액은 공제하지 않는다.

∴ 3,400,000 + 4,000,000 = 7,400,000

> **핵심이론** 공제하지 아니하는 매입세액
>
> 1. 매입처별 세금계산서합계표를 제출하지 아니한 경우의 매입세액 또는 제출한 매입처별 세금계산서합계표의 기재사항 중 거래처별 등록번호 또는 공급가액의 전부 또는 일부가 적히지 아니하였거나 사실과 다르게 적힌 경우 그 기재사항이 적히지 아니한 부분 또는 사실과 다르게 적힌 부분의 매입세액
> 2. 세금계산서 또는 수입세금계산서를 발급받지 아니한 경우 또는 발급받은 세금계산서 또는 수입세금계산서에 필요적 기재사항의 전부 또는 일부가 적히지 아니하였거나 사실과 다르게 적힌 경우의 매입세액
> 3. 사업과 직접 관련이 없는 지출에 대한 매입세액
> 4. 비영업용 승용자동차의 구입과 임차 및 유지에 관한 매입세액
> 5. 접대비 및 이와 유사한 비용의 지출에 관련된 매입세액
> 6. 면세사업등에 관련된 매입세액과 토지 관련 매입세액
> 7. 사업자등록을 신청하기 전의 매입세액. 다만, 공급시기가 속하는 과세기간이 끝난 후 20일 이내에 등록을 신청한 경우 등록신청일부터 공급시기가 속하는 과세기간 기산일까지 역산한 기간 내의 것은 제외

09 공적연금소득을 지급하는 원천징수의무자는 해당 과세기간의 다음 연도 1월분 공적연금소득을 지급할 때에 연말정산을 하여야 한다.

10 • 공제가능한 의료비 중 총급여액 3% 초과분에 15%를 곱한 금액을 공제한다.
  • 시력보정용 안경·콘택트렌즈를 위하여 지출한 비용은 50만원 이내의 금액만 공제가능한 의료비에 포함한다.
  • 외국에서 지급한 의료비와 미용을 위해 지급한 비용은 공제가능한 의료비에 포함하지 않는다.

∴ 의료비 세액공제액 = {(500,000 + 3,000,000) − 60,000,000 × 3%} × 15% = 255,000

실무수행 1 거래자료 입력

① **입력** [회계] – [전표입력/장부] – [일반전표입력] – 1월 10일

(차) 519.임차료　　　　　　　　　500,000　　(대) 103.보통예금　　　　　　　　500,000
　　　　　　　　　　　　　　　　　　　　　　　(98000.국민은행)

	일	번호	구분	코드	계정과목	코드	거래처	적요	차변	대변
☐	10	00001	차변	519	임차료				500,000	
☐	10	00001	대변	103	보통예금	98000	국민은행			500,000

※ 구분란에 출금항목은 1, 입금항목은 2, 차변항목은 3, 대변항목은 4를 입력

※ 계정과목코드, 거래처코드, 적요란은 F2를 이용하여 입력

입력 [회계] – [결산/재무제표 Ⅰ] – [경비등의송금명세서]

번호	⑥거래 일자	⑦법인명(상호)	⑧성 명	⑨사업자(주민) 등록번호	⑩거래내역	⑪거 래 금 액	⑫송금 일자	CD	⑬은 행 명	⑭계 좌 번 호	계정 코드
1	2023-01-10	현대개발	이종민	120-07-27772	임차료	500,000	2023-01-10	088	신한은행	011202-04-012368	

② **입력** [회계] – [전표입력/장부] – [매입매출전표입력] – 2월 5일

· 거래자료 입력

거래유형	품 명	공급가액	부가세	거래처	전자세금	분개유형
54.불공	제네시스G80	60,000,000	6,000,000	00118.현대자동차(주)	1.전자입력	3.혼합

※ 불공제사유 : 3.비영업용 소형승용차 구입 및 유지

	일	유형	품명	수량	단가	공급가액	부가세	합계	코드	거래처명	사업.주민번호	전자세금	분개
☐	05	불공	제네시스G80			60,000,000	6,000,000	66,000,000	00118	현대자동차(주)	101-81-09147	전자입력	혼합

· 하단 전표 입력

(차) 208.차량운반구　　　　　　66,000,000　　(대) 253.미지급금　　　　　　66,000,000

구분	코드	계정과목	차변	대변	코드	거래처	적요	관리
차변	208	차량운반구	66,000,000		00118	현대자동차(주)	제네시스G80	
대변	253	미지급금		66,000,000	00118	현대자동차(주)	제네시스G80	
	전표건별 소계		66,000,000	66,000,000				

입력 [회계] – [고정자산등록] – [고정자산등록] – 208.차량운반구

입력 [회계] – [기초정보관리] – [업무용승용차등록]

※ 고정자산코드는 F2를 이용하여 입력

③ **조회** [회계] – [전표입력/장부] – [합계잔액시산표] – 3월 30일

• 주식발행초과금, 주식할인발행차금 잔액이 있는지 조회하여 잔액이 있는 경우 우선 상계
• 해당 문제는 잔액 없음

입력 [회계] – [전표입력/장부] – [일반전표입력] – 3월 30일

(차) 103.보통예금   51,650,000   (대) 331.자본금   17,500,000
    (98500.기업은행)   341.주식발행초과금   34,150,000

	일	번호	구분	코드	계정과목	코드	거래처	적요	차변	대변
☐	30	00001	차변	103	보통예금	98500	기업은행		51,650,000	
☐	30	00001	대변	331	자본금					17,500,000
☐	30	00001	대변	341	주식발행초과금					34,150,000

※ 주식발행비용은 주식발행초과금에서 차감하거나 주식할인발행차금에 가산

① **입력** [회계] – [전표입력/장부] – [매입매출전표입력] – 4월 30일
- 거래유형 11.과세 입력 후 상단 **복수거래**를 클릭하여 거래자료 입력

품명	수량	단가	공급가액	부가세	비고
차량용 공기청정기	20	800,000	16,000,000	1,600,000	
차량용 공기청정기	-5	800,000	-4,000,000	-400,000	

- 거래처 : 02040. (주)클린기업, 분개유형 : 2.외상 입력

	일	유형	품명	수량	단가	공급가액	부가세	합계	코드	거래처명	사업.주민번호	전자세금	분개
	30	과세	차량용 공기청정			12,000,000	1,200,000	13,200,000	02040	(주)클린기업	102-81-17053		외상

※ 전자세금란은 [전자세금계산서 발행 및 내역관리]에서 발급 및 전송 후 자동 반영

- 하단 전표 입력

(차) 108.외상매출금   13,200,000   (대) 404.제품매출   12,000,000
                                             255.부가세예수금   1,200,000

구분	코드	계정과목	차변	대변	코드	거래처	적요	관리
차변	108	외상매출금	13,200,000		02040	(주)클린기업	차량용 공기청정기외	
대변	255	부가세예수금		1,200,000	02040	(주)클린기업	차량용 공기청정기외	
대변	404	제품매출		12,000,000	02040	(주)클린기업	차량용 공기청정기외	
		전표건별 소계	13,200,000	13,200,000				

입력 [회계] – [부가가치세 II] – [전자세금계산서 발행 및 내역관리] – 4월 30일
- 미전송된 내역을 체크한 후 **전자발행 ▼**을 클릭하여 표시되는 [로그인] 화면에서 **확인(TAB)** 클릭
- [전자(세금)계산서 발행] 화면이 조회되면 **발행(F3)**을 클릭한 다음 **확인** 클릭
- 국세청란에 '발행대상'으로 표시되면 **ACADEMY 전자세금계산서** 클릭
- [Bill36524 교육용 전자세금계산서] 화면에서 '로그인' 클릭
- [세금계산서 리스트]에서 '미전송' 체크 → '매출 조회' 클릭 → '발행' 클릭 → '확인' 클릭

입력 [회계] – [전표입력/장부] – [매입매출전표입력] – 4월 30일
- 전자세금란이 '전자발행'으로 반영되었는지 확인

	일	유형	품명	수량	단가	공급가액	부가세	합계	코드	거래처명	사업.주민번호	전자세금	분개
	30	과세	차량용 공기청정			12,000,000	1,200,000	13,200,000	02040	(주)클린기업	102-81-17053	전자발행	외상

② **입력** [회계] – [전표입력/장부] – [매입매출전표입력] – 6월 22일
- 해당 전표 선택 후 상단의 **수정세금계산서** 클릭

- 수정사유 : 2.공급가액 변동 선택 후 확인(Tab) 클릭

수정사유		✕
수정사유	2. 공급가액 변동 ▼	(발행매수 : 1 매 발행)
비 고	당초(세금)계산서작성일 2023 년 06 월 22 일	

- 수정 전표 작성일 : 6월 30일, 공급가액 : −300,000, 부가세 : −30,000 입력 후 확인(Tab) 클릭

수정세금계산서(매출)											✕
수정입력사유 2 공급가액 변동			당초(세금)계산서작성	2023-06-22							
구분	년 월 일	유형	품명	수량	단가	공급가액	부가세	합계	코드	거래처명	사업.주민번호
당초분	2023 06 22	과세	미니 공기청정2	100	100,000	10,000,000	1,000,000	11,000,000	02050	예림산업(주)	220-87-12697
수정분	2023 06 30	과세	미니 공기청정2			−300,000	−30,000	−330,000	02050	예림산업(주)	220-87-12697

입력 [회계] − [전표입력/장부] − [매입매출전표입력] − 6월 30일

수정 전표가 입력되었는지 확인

입력 [회계] − [부가가치세 Ⅱ] − [전자세금계산서 발행 및 내역관리] − 6월 30일

- 미전송된 내역을 체크한 후 전자발행 ▼ 을 클릭하여 표시되는 [로그인] 화면에서 확인(TAB) 클릭
- [전자(세금)계산서 발행] 화면이 조회되면 발행(F3) 을 클릭한 다음 확인 클릭
- 국세청란에 '발행대상'으로 표시되면 ACADEMY 전자세금계산서 클릭
- [Bill36524 교육용 전자세금계산서] 화면에서 '로그인' 클릭
- [세금계산서 리스트]에서 '미전송' 체크 → '매출 조회' 클릭 → '발행' 클릭 → '확인' 클릭

입력 [회계] − [전표입력/장부] − [매입매출전표입력] − 6월 30일

- 전자세금란이 '전자발행'으로 반영되었는지 확인

☐	일	유형	품명	수량	단가	공급가액	부가세	합계	코드	거래처명	사업.주민번호	전자세금	분개
☐	30	과세	미니 공기청정기			−300,000	−30,000	−330,000	02050	예림산업(주)	220-87-12697	전자발행	외상

③　**입력** [회계] − [전표입력/장부] − [매입매출전표입력] − 9월 30일

- 거래자료 입력

거래유형	품 명	공급가액	부가세	거래처	전자세금	분개유형
11.과세	임대료	5,000,000	500,000	00126.(주)해신전자	1.전자입력	3.혼합

☐	일	유형	품명	수량	단가	공급가액	부가세	합계	코드	거래처명	사업.주민번호	전자세금	분개
☐	30	과세	임대료			5,000,000	500,000	5,500,000	00126	(주)해신전자	314-81-38777	전자입력	혼합

- 하단 전표 입력

(차) 103.보통예금　　　　　5,500,000　　　(대) 411.임대료수입　　　　5,000,000
　　(98000.국민은행)　　　　　　　　　　　　　255.부가세예수금　　　　500,000

구분	코드	계정과목	차변	대변	코드	거래처	적요	관리
대변	255	부가세예수금		500,000	00126	(주)해신전자	임대료	
대변	411	임대료수입		5,000,000	00126	(주)해신전자	임대료	
차변	103	보통예금	5,500,000		98000	국민은행	임대료	
		전표건별 소계	5,500,000	5,500,000				

입력 [회계] – [부가가치세 Ⅰ] – [부동산임대공급가액명세서] – 7월 ~ 9월

		상호(성명)	층	호수	동
1		(주)해신전자	2	201	
2					

등록사항

사업자등록번호	314-81-38777	주민등록번호	------- -------
면 적	95 ㎡	용 도	사무실

계약내용

임 대 기 간	2023-09-01	~	2025-08-31	?

계약내용(월)	보 증 금	200,000,000
	월 세	5,000,000
	관 리 비	

임대수입금액 ※ 계(과세표준)금액은 부가세신고서[과세표준]에 입력요망
수입금액(제외)에 입력하면 안됨(국세청 검증사항)

임 대 수 입 금 액 (30일)	보증금이자(간주임대료)	476,712
	월 세	5,000,000
	관 리 비	0
	계 (과 세 표 준)	5,476,712

갱 신 일	----.--.--	?	비 고	

합계 2023.03.19 이전 폐업자 연 1.2%, 2023.03.20 이후 폐업자 및 계속사업자 연 2.9% 적용. 기간 이자를 확인후 상단의 이자율(F7)키로 정확한 이자율로 변경 바랍니다.

보증금이자	476,712	월세등	5,000,000	계(과세표준)	5,476,712

입력 [회계] – [전표입력/장부] – [매입매출전표입력] – 9월 30일

• 거래자료 입력

거래유형	품 명	공급가액	부가세	분개유형
14.건별	간주임대료	476,712	47,671	3.혼합

	일	유형	품명	수량	단가	공급가액	부가세	합계	코드	거래처명	사업.주민번호	전자세금	분개
	30	과세	임대료			5,000,000	500,000	5,500,000	00126	(주)해신전자	314-81-38777	전자입력	혼합
	30	건별	간주임대료			476,712	47,671	524,383					혼합

• 하단 전표 입력

(차) 103.보통예금   47,671   (대) 255.부가세예수금   47,671
    (98000.국민은행)

구분	코드	계정과목	차변	대변	코드	거래처	적요	관리
대변	255	부가세예수금		47,671			간주임대료	
차변	103	보통예금	47,671		98000	국민은행	간주임대료	
		전표건별 소계	47,671	47,671				

입력 [회계] – [부가가치세 Ⅰ] – [부가가치세신고서] – 7월 ~ 9월

• 4.기타란에 반영되었는지 확인

구 분				금액	세율	세액
과세표준및매출세액	과세	세금계산서발급분	1	255,000,000	10/100	25,500,000
		매입자발행세금계산서	2		10/100	
		신용카드·현금영수증	3		10/100	
		기타	4	476,712	10/100	47,671
	영세	세금계산서발급분	5		0/100	
		기타	6		0/100	
	예정신고누락분		7			
	대손세액가감		8			
	합계		9	255,476,712	㉮	25,547,671

④ **입력** [회계] – [부가가치세 Ⅰ] – [매입세액불공제내역] – 10월 ~ 12월

2.공제받지 못할 매입세액 내역	3.공통매입세액 안분계산 내역	4.공통매입세액의 정산내역	**5.납부세액 또는 환급세액 재계산 내역**

	계산식	구분	(20)해당재화의 매입세액	(21)경감률(%) (1- 체감률 x 과세기간수)			(22)증가또는감소된면세 공급가액(사용면적)비율(%)	(23)가산또는공제되는 매입세액(20 x 21 x 22)
				체감률	경과된 과세기간수	경감률		
1	1.건축·구축물	건물	20,000,000	5/100	5	75	29	4,350,000
2	2.기타 감가상각	기계장치	5,000,000	25/100	3	25	20	250,000

※ 토지는 면세대상이므로 제외

핵심이론 공통매입세액 재계산

1. 체감률
    (1) 건물 또는 구축물 : 5/100
    (2) 그 밖의 감가상각자산 : 25/100
2. 경과된 과세기간 수
    취득일이 속하는 과세기간은 포함하고 재계산 시점이 속하는 과세기간은 제외한다.

입력 [회계] – [부가가치세 Ⅰ] – [부가가치세신고서] – 10월 1일 ~ 12월 31일

• 16.공제받지못할매입세액 더블 클릭 – 51.공통매입세액면세사업란에 반영되었는지 확인

16 공제받지 못할매입 세액명세	구분		금액	세액
	공제받지못할매입세액	50		
	공통매입세액면세사업	51	32,500,000	3,250,000
	대손처분받은세액	52		
	합계	53	32,500,000	3,250,000

• 18.그밖의경감·공제세액 더블 클릭 – 54.전자신고및전자고지란에 전자신고세액공제 10,000 입력

18 그 밖의 경감공제 세액명세	구분		금액	세율	세액
	전자신고및전자고지	54			10,000
	전자세금발급세액	55			
	택시운송사업자경감세	56			
	대리납부 세액공제	57			
	현금영수증사업자세액	58			
	기타	59			
	합계	60			10,000

입력 [회계] – [전표입력/장부] – [일반전표입력] – 12월 31일

(차) 202.건물　　　　　　　　　　　3,000,000　　　(대) 135.부가세대급금　　　　　　　3,000,000
　　 206.기계장치　　　　　　　　　　250,000　　　　　 135.부가세대급금　　　　　　　　250,000

□	일	번호	구분	코드	계정과목	코드	거래처	적요	차변	대변
□	31	00001	차변	202	건물				3,000,000	
□	31	00001	대변	135	부가세대급금					3,000,000
□	31	00002	차변	206	기계장치				250,000	
□	31	00002	대변	135	부가세대급금					250,000

[실무수행평가] – 부가가치세 관리

11	12	13	14	15
16,000,000	32	2	476,712	255,000,000
16	**17**	**18**	**19**	**20**
12,000	③	20	3,250,000	21,783,200

11~12 `조회` [회계] – [부가가치세 Ⅰ] – [세금계산서합계표] – 4월 ~ 6월

13 `조회` [회계] – [전표입력/장부] – [매입매출전표입력] – 6월 30일

14 `조회` [회계] – [부가가치세 Ⅰ] – [부동산임대공급가액명세서] – 7월 ~ 9월

15 `조회` [회계] – [부가가치세 Ⅰ] – [부가가치세신고서] – 7월 1일 ~ 9월 30일

세금계산서발급분	1	255,000,000	10/100	25,500,000

16 조회 [회계] – [부가가치세 I] – [부가가치세신고서] – 7월 1일 ~ 9월 30일

그밖의공제매입세액	14	120,000	12,000

17 조회 [회계] – [부가가치세 I] – 7월 1일 ~ 9월 30일
- 거래내역 없는 것이 정답
  - ③ [건물등감가상각자산취득명세서] : 11번란에서 확인 불가
  - ① [계산서합계표] : 우측 상단의 과표(F7) 클릭 – 85번란 확인
  - ② [부동산임대공급가액명세서] : 4번란 확인
  - ④ [신용카드매출전표등수령금액 합계표] : 14번란 더블 클릭 – 41번란 확인

18 조회 [회계] – [부가가치세 I] – [매입세액불공제내역] – 10월 ~ 12월

	2.공제받지 못할 매입세액 내역		3.공통매입세액 안분계산 내역		4.공통매입세액의 정산내역		5.납부세액 또는 환급세액 재계산 내역	
	계산식	구분	(20)해당재화의 매입세액	(21)경감률(%) (1- 체감률 × 과세기간수)			(22)증가또는감소된면세 공급가액(사용면적)비율(%)	(23)가산또는공제되는 매입세액(20 × 21 × 22)
				체감률	경과된 과세기간수	경감률		
1	1.건축.구축물	건물	20,000,000	5/100	5	75	20	3,000,000
2	2.기타 감가상2	기계장치	5,000,000	25/100	3	25	20	250,000

19 조회 [회계] – [부가가치세 I] – [부가가치세신고서] – 10월 1일 ~ 12월 31일

공제받지못할매입세액	16	32,500,000	3,250,000

20 조회 [회계] – [부가가치세 I] – [부가가치세신고서] – 10월 1일 ~ 12월 31일

차가감납부할세액(환급받을세액) (⑮-㉖-㉟-㊻-㉚-㉙-㉘-㉚+⑳)	27	21,783,200

① **입력** [회계] – [전표입력/장부] – [일반전표입력] – 12월 31일

(차) 931.이자비용 　　　　　375,000　　(대) 262.미지급비용 　　　　　375,000

※ 30,000,000 × 5% × 3개월 / 12개월 = 375,000

| | 31 | 00003 | 차변 | 931 | 이자비용 | | | | 375,000 | |
| | 31 | 00003 | 대변 | 262 | 미지급비용 | | | | | 375,000 |

② **입력** [회계] – [고정자산등록] – [고정자산등록] – 232.특허권

입력 [회계] – [결산/재무제표 Ⅰ] – [결산자료입력] – 1월 ~ 12월

- 무형고정자산상각 – 특허권란에 550,000 입력

  - 기말재고자산은 저가법으로 평가한다.

  ∴ 500개 × min(62,000, 70,000) = 31,000,000

과	목	결산분개금액	결산입력사항금액	결산금액(합계)
6). 무형고정자산상각			550,000	550,000
특허권			550,000	

- 기말 제품 재고액란에 31,000,000 입력 후 [전표추가(F3)] 를 클릭하여 결산분개를 일반전표에 추가

과	목	결산분개금액	결산입력사항금액	결산금액(합계)
9)당기완성품제조원가			1,110,365,997	1,110,365,997
(1). 기초 제품 재고액			30,000,000	
(5). 제품평가손실				
(7). 기말 제품 재고액			31,000,000	

입력 [회계] – [결산/재무제표 Ⅰ] – [이익잉여금처분계산서]

- '저장된 데이터 불러오기' → '아니오' 선택

- 당기 처분 예정일, 전기 처분 확정일 입력 후 [전표추가(F3)] 를 클릭하여 손익대체분개를 일반전표에 추가

21	22	23	24	25
088	③	95,650,000	④	33,697,671
26	27	28	29	30
1,500,000	335,174,530	14,907,000	96,000,000	36,150,000
31	32	33	34	35
214,000,000	20,250,000	31,000,000	4,450,000	③

21　조회　[회계] – [결산/재무제표 Ⅰ] – [경비등의송금명세서]

번호	⑥ 거래 일자	⑦ 법인명(상호)	⑧ 성 명	⑨사업자(주민) 등록번호	⑩ 거래내역	⑪ 거 래 금 액	⑫ 송금 일자	CD	⑬ 은 행 명	⑭ 계 좌 번 호	계정 코드
1	2023-01-10	현대개발	이종민	120-07-27772	임차료	500,000	2023-01-10	088	신한은행	719-119-123123	

22　조회　[회계] – [기초정보관리] – [업무용승용차등록]

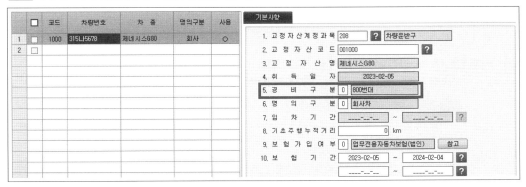

23　조회　[회계] – [전표입력/장부] – [거래처원장] – 3월 1일 ~ 3월 31일

- 계정과목 : 103.보통예금, 거래처 : 98500.기업은행 입력 후 조회

24 　조회　 [회계] – [전표입력/장부] – [거래처원장] – 5월 1일 ～ 5월 31일

• 계정과목 : 108.외상매출금, 거래처 : 처음 ～ 끝 입력 후 조회

	코드	거래처	전기(월)이월	차변	대변	잔액	사업자번호	코드	거래처분류명	은행명	계좌
	00103	(주)경승전자	1,925,000			1,925,000	515-81-19392				
	00104	(주)영일기기	15,400,000	33,000,000		48,400,000	213-81-20595				
	00105	(주)정밀전자	36,995,000	6,280,000		43,275,000	135-81-22099				
	00106	세일산업(주)	11,000,000			11,000,000	506-81-23679				
	00107	(주)명신전자	3,041,500			3,041,500	110-81-24986				
	00109	(주)GN전자	68,696,715	100,000,000		168,696,715	140-81-27043				
	00111	(주)서울시스템	107,040,000			107,040,000	506-81-28276				
	00114	새서울카센터(주)	2,200,000			2,200,000	314-81-29981				
	00129	(주)삼송물산	3,300,000			3,300,000	305-81-39563				
	00132	(주)장원전자		8,800,000		8,800,000	135-81-42173				
	00200	(주)수창기기	7,425,000			7,425,000	410-81-46987				
	00885	(주)동성전자		20,625,000		20,625,000	609-81-49963				
	01116	(주)우주산업	5,500,000			5,500,000	123-81-52149				
	02040	(주)클린기업	13,200,000	4,400,000		17,600,000	102-81-17053				
	03150	(주)비전통상	11,000,000			11,000,000	106-81-77349				
	04820	하남전자(주)	11,000,000			11,000,000	112-81-47044				

25 　조회　 [회계] – [전표입력/장부] – [거래처원장] – 7월 1일 ～ 9월 30일

• 계정과목 : 103.보통예금, 거래처 : 98000.국민은행 입력 후 조회

	코드	거래처	전기(월)이월	차변	대변	잔액	사업자번호	코드	거래처분류명	은행명	계좌번
■	98000	국민은행	161,522,354	33,697,671	15,900,000	179,320,025				국민은행	719-119-12

26 　조회　 [회계] – [전표입력/장부] – [일/월계표] – 1월 1일 ～ 3월 31일

조회기간 2023 년 01 ▼ 월 ～ 2023 년 03 ▼ 월

차		변	계 정 과 목	대		변
계	대 체	현 금		현 금	대 체	계
1,500,000	1,500,000		임 차 료			

27 　조회　 [회계] – [전표입력/장부] – [일/월계표] – 4월 1일 ～ 6월 30일

조회기간 2023 년 04 ▼ 월 ～ 2023 년 06 ▼ 월

차		변	계 정 과 목	대		변
계	대 체	현 금		현 금	대 체	계
			제 품 매 출	7,264,310	327,910,220	335,174,530

28 조회 [회계] – [결산/재무제표 Ⅰ] – [손익계산서] – 12월

과목별	제출용	표준(법인)용	포괄손익		

과목	제 7(당)기 [2023/01/01 ~ 2023/12/31] 금액		제 6(전)기 [2022/01/01 ~ 2022/12/31] 금액	
수 선 비	7,426,000		7,000,000	
보 험 료	9,476,000		0	
차 량 유 지 비	6,957,210		3,300,000	
운 반 비	670,000		9,000,000	
도 서 인 쇄 비	270,000		5,700,000	
사 무 용 품 비	120,000		0	
소 모 품 비	3,114,520		0	
수 수 료 비 용	950,000		3,000,000	
광 고 선 전 비	7,600,000		0	
잡 비	286,000		500,000	
Ⅴ. 영 업 이 익		1,373,002,081		34,885,910
Ⅵ. 영 업 외 수 익		2,920,000		5,500,000
이 자 수 익	2,920,000		5,500,000	
Ⅶ. 영 업 외 비 용		14,907,000		5,200,000

29 조회 [회계] – [결산/재무제표 Ⅰ] – [재무상태표] – 3월

과목별	제출용	표준(법인)용		

기 간 2023 년 03 ▼ 월 2023년

과목	제 7(당)기 [2023/01/01 ~ 2023/03/31] 금 액		제 6(전)기 [2022/01/01 ~ 2022/12/31] 금 액	
차 량 운 반 구	116,000,000		50,000,000	
감 가 상 각 누 계 액	20,000,000	96,000,000	20,000,000	30,000,000

※ 장부금액이므로 감가상각누계액을 차감한 잔액 확인

30 조회 [회계] – [결산/재무제표 Ⅰ] – [재무상태표] – 3월

과목	제 7(당)기 [2023/01/01 ~ 2023/03/31] 금 액		제 6(전)기 [2022/01/01 ~ 2022/12/31] 금 액	
퇴 직 급 여 충 당 부 채		50,000,000		50,000,000
외 화 장 기 차 입 금		52,500,000		52,500,000
부 채 총 계		1,061,092,139		427,417,000
자 본				
Ⅰ. 자 본 금		1,165,000,000		1,147,500,000
자 본 금		1,165,000,000		1,147,500,000
Ⅱ. 자 본 잉 여 금		36,150,000		2,000,000
주 식 발 행 초 과 금		36,150,000		2,000,000

31 조회 [회계] – [결산/재무제표 Ⅰ] – [재무상태표] – 12월

과목	제 7(당)기 [2023/01/01 ~ 2023/12/31] 금 액		제 6(전)기 [2022/01/01 ~ 2022/12/31] 금 액	
건 물	223,000,000		200,000,000	
감 가 상 각 누 계 액	9,000,000	214,000,000	9,000,000	191,000,000

32 `조회` [회계] − [결산/재무제표 Ⅰ] − [재무상태표] − 12월

과목	제 7(당)기 [2023/01/01 ~ 2023/12/31]		제 6(전)기 [2022/01/01 ~ 2022/12/31]	
	금	액	금	액
기 계 장 치	50,250,000		50,000,000	
감 가 상 각 누 계 액	30,000,000	20,250,000	30,000,000	20,000,000

33 `조회` [회계] − [결산/재무제표 Ⅰ] − [재무상태표] − 12월

과목	제 7(당)기 [2023/01/01 ~ 2023/12/31]		제 6(전)기 [2022/01/01 ~ 2022/12/31]	
	금	액	금	액
제 품		31,000,000		30,000,000

34 `조회` [회계] − [결산/재무제표 Ⅰ] − [재무상태표] − 12월

과목	제 7(당)기 [2023/01/01 ~ 2023/12/31]		제 6(전)기 [2022/01/01 ~ 2022/12/31]	
	금	액	금	액
특 허 권		4,450,000		0

35 `조회` [회계] − [결산/재무제표 Ⅰ] − [재무상태표] − 12월

과목	제 7(당)기 [2023/01/01 ~ 2023/12/31]		제 6(전)기 [2022/01/01 ~ 2022/12/31]	
	금	액	금	액
퇴 직 급 여 충 당 부 채		50,000,000		50,000,000
외 화 장 기 차 입 금		96,500,000		52,500,000
부 채 총 계		1,729,833,913		427,417,000
자 본				
Ⅰ. 자 본 금		1,165,000,000		1,147,500,000
자 본 금		1,165,000,000		1,147,500,000
Ⅱ. 자 본 잉 여 금		36,150,000		2,000,000
주 식 발 행 초 과 금		36,150,000		2,000,000
Ⅲ. 자 본 조 정		△800,000		△800,000
자 기 주 식		△800,000		△800,000
Ⅳ. 기 타 포 괄 손 익 누 계 액		10,000,000		10,000,000
매 도 가 능 증 권 평 가 익		10,000,000		10,000,000
Ⅴ. 이 익 잉 여 금		398,152,104		167,053,020
이 익 준 비 금		15,100,000		15,100,000
미 처 분 이 익 잉 여 금		383,052,104		151,953,020

실무수행 4   근로소득관리

① `입력` [인사급여] − [기초/인사관리] − [사원등록] − 1002.마동석

20.퇴사년월일 : 2023년 5월 30일 입력

20. 퇴 사 년 월 일	2023 년 05 월 30 일 ?	20. 이 월 여 부	1	부

입력 [인사급여] - [근로소득관리] - [급여자료입력]

- 수당/공제등록 을 클릭하여 수당/공제항목 등록

	코드	수당명	과세구분	근로소득유형		구분	월정	급여	상여	추급	추상
1	101	기본급	과세	1.급여		매월	○	○		○	
2	102	상여	과세	2.상여		부정기			○		○
3	200	퇴직위로금	과세	1.급여		매월	○	○		○	
4	201	특별수당	과세	1.급여		매월	○	○		○	

	코드	공제항목명	공제소득유형	급여	상여	추급	추상
1	501	국민연금	0.무구분	○		○	
2	502	건강보험	0.무구분	○		○	
3	503	고용보험	0.무구분	○	○	○	
4	504	장기요양보험료	0.무구분	○		○	
5	505	학자금상환액	0.무구분	○		○	
6	903	농특세	0.사용	○	○	○	○
7	600	건강보험료정산	2.건강보험료정산	○			
8	601	장기요양보험료정산	4.장기요양보험료정산	○			

- 1002.마동석의 급여자료 입력 후 중도퇴사자정산 클릭하여 반영

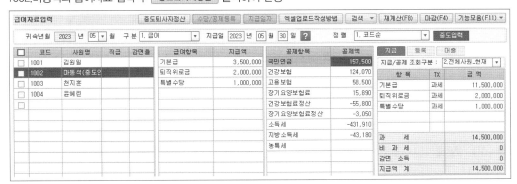

입력 [인사급여] - [근로소득관리] - [원천징수이행상황신고서]

- 입력한 내역이 반영되지 않았다면 불러오기(F3) 클릭
- 하단에 12.전월미환급 150,000, 21.환급신청액 387,020 입력

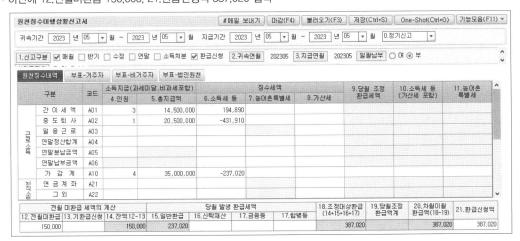

36	37	38	39	40
6,500,000	−431,910	−177,980	−237,020	387,020

36~38 조회 [인사급여] – [근로소득관리] – [급여자료입력] – 1002.마동석

39~40 조회 [인사급여] – [근로소득관리] – [원천징수이행상황신고서] – 1002.마동석

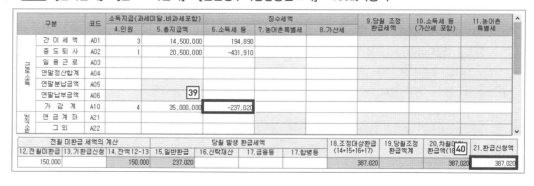

② **입력** [인사급여] – [기초/인사관리] – [사원등록] – 1004.윤혜린

	연말정산관계	기본	세대	부녀	장애	경로70세	출산입양	자녀	한부모	성명	주민(외국인)번호	가족관계
	● 부 양 가 족 명 세										(2023.12.31기준)	
1	0.본인	본인	○							윤혜린	내 821111-2245111	
2	2.(배)직계존속	60세이상			3	○				박재용	내 510505-1678526	10.시부
3	2.(배)직계존속	부								김인희	내 530402-2022340	11.시모
4	3.배우자	부								박태수	내 790713-1351206	02.배우자
5	4.직계비속(자녀	20세이하						○		박은식	내 050203-3023185	05.자녀
	합 계				1	1		1				

• 박재용(연말정산관계 : 2.배우자 직계존속)
  – 항시 치료를 요하는 중증환자는 장애인에 해당하여 장애인공제 가능

> **핵심이론 1** 부양가족공제(직계존속)
>
> 거주자와 생계를 같이하는 60세 이상인 직계존속으로서 해당 과세기간의 소득금액 합계액이 100만원 이하인 사람
>
> **핵심이론 2** 장애인공제
>
> 기본공제대상자가 다음 어느 하나에 해당하는 경우에는 장애인공제 가능
> 1. 「장애인복지법」에 따른 장애인 및 「장애아동 복지지원법」에 따른 장애아동
> 2. 「국가유공자 등 예우 및 지원에 관한 법률」에 의한 상이자 및 이와 유사한 사람으로서 근로능력이 없는 사람
> 3. 항시 치료를 요하는 중증환자

  – 기본공제대상자면서 70세 이상이므로 경로우대자공제 가능

> **핵심이론** 경로우대자공제
>
> 기본공제대상자면서 70세 이상인 사람

• 김인희(연말정산관계 : 2.배우자 직계존속)
  – 60세 이상이지만 연간 소득금액 합계액이 100만원을 초과하므로 부양가족공제 불가능

> **핵심이론** 연간 소득금액 합계액 100만원 산정방법
>
> 1. 일시적으로 발생한 퇴직소득금액과 양도소득금액도 포함
> 2. 근로소득만 있는 경우 총급여액 500만원 이하
> 3. 비과세 · 분리과세 · 비열거 소득은 제외

• 박태수(연말정산관계 : 3.배우자)
  – 총급여액이 500만원을 초과하여 배우자공제 불가능

> **핵심이론** 배우자공제
>
> 해당 과세기간의 소득금액이 없거나 해당 과세기간의 소득금액 합계액이 100만원 이하인 사람

• 박은식(연말정산관계 : 4.직계비속(자녀,입양자))
  – 20세 이하면서 연간 소득금액 합계액이 100만원 이하이므로 부양가족공제 가능

> **핵심이론** 부양가족공제(직계비속)
>
> 거주자와 생계를 같이하는 20세 이하인 직계비속으로서 해당 과세기간의 소득금액 합계액이 100만원 이하인 사람

– 기본공제대상자면서 8세 이상이므로 자녀세액공제 가능

> **핵심이론** 자녀세액공제
>
> 1. 기본공제대상자에 해당하는 자녀(공제대상자녀)로서 8세 이상인 사람이 있는 경우
> 2. 해당 과세기간에 출산하거나 입양신고한 공제대상자녀가 있는 경우

[실무수행평가] – 근로소득관리 2

41	42	43	44	45
2	1,000,000	2,000,000	0	150,000

41~45 [조회] [인사급여] – [연말정산관리] – [연말정산 근로소득원천징수영수증] – 1004.윤혜린

• 사원코드는 F2를 이용해서 입력

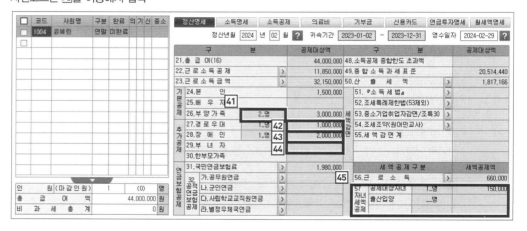

③ [입력] [인사급여] – [연말정산관리] – [연말정산 근로소득원천징수영수증] – 1003.천지훈

• 신용카드 소득공제 : [신용카드] 탭

- 보험료 소득공제 : [소득공제] 탭
  - 기본공제대상자를 위하여 지출한 보장성 보험료만 공제 가능
- 교육비 소득공제 : [소득공제] 탭

※ 지출한 교육비 전액을 입력하더라도 각각의 한도만큼 반영됨

- 월세 세액공제 : [정산명세] 탭 - 70.월세액

※ 해당 과세기간에 지출한 월세 총액을 입력

핵심이론 **월세세액공제 적용 요건**

1. 거주자 요건
   (1) 과세기간 종료일 현재 무주택 세대주
   (2) 해당 과세기간의 총급여액이 7천만원 이하인 근로소득자
2. 주택 요건
   (1) 국민주택규모($85m^2$)* 이하의 주택이거나 기준시가 4억원 이하인 주택
      *수도권을 제외한 도시지역이 아닌 읍·면 지역인 경우 $100m^2$
   (2) 주택에 딸린 토지가 다음 구분에 따른 배율을 초과하지 아니할 것
      ① 도시지역의 토지 : 5배
      ② 그 밖의 토지 : 10배
   (3) 임대차계약증서의 주소지와 주민등록표 등본의 주소지가 같을 것
   (4) 해당 거주자 또는 거주자의 기본공제대상자가 임대차계약을 체결하였을 것

- [정산명세] 탭을 눌러 입력한 내역이 반영되었는지 확인

46	47	48	49	50
2,125,000	0	120,000	720,000	−413,600

46~50 조회 [인사급여] – [연말정산관리] – [연말정산 근로소득원천징수영수증] – 1003.천지훈

| 탭 | 정산명세 | 소득명세 | 소득공제 | 의료비 | 기부금 | 신용카드 | 연금투자명세 | 월세액명세 |

특별소득공제	34.주택	11년이전 차입분	15년미만	>		세액공제	특별세액공제	61.보장성보험		47	
			15~29년	>				62.의료비	0	>	
			30년이상	>				63.교육비	800,00	48	120,000
		나.장기주택저당차입금이자상환액	12년이후 차입분(15년이상)	고정or비거치	>			64기부금	정치	10만원이하	>	
				기타대출	>				10만원초과	>	
			15년이후 차입분(15년이상)	고정&비거치	>				나.법정기부금	>	
				고정or비거치	>				다.우리사주기부금	>	
				기타대출	>				라.지정기부금(종교외)	>	
			15년이후 차입분(10~15년)	고정or비거치	>				마.지정기부금(종교)	>	
	35.기부금(이월분)			>				65.계			120,000
	36.계				2,228,840			66.표준세액공제		>	
37.차감소득금액					30,461,160		67.납세조합공제			>	
그 밖의 소득공제	38.개인연금저축			>			68.주택차입금			>	
	39.소기업·소상공인공제부금			>			69.외국납부			>	
	40.주택마련저축	가.청약저축		>			70.월세액		49	720,000
		나.주택청약종합저축		>					
		다.근로자주택마련저축		>					
	41.투자조합출자 등			>					
	42.신용카드등		24,500,00	46	2,125,000				
	43.우리사주조합 출연금			>					
	44.고용유지중소기업근로자			>					
	45.장기집합투자증권저축			>			71.세액공제 계			1,650,000
	46.청년형장기집합투자증권저축			>			72.결정세액(50-55-71)			1,340,424
47.그 밖의 소득공제 계				2,125,000		82.실효세율(%) (72/21)×100%			2.3%

		소득세	지방소득세	농어촌특별세	계
73.결정세액		1,340,424	134,042	0	1,474,466
기납부 세액	74.종(전) 근무지	0	0	0	0
	75.주(현) 근무지	1,716,480	171,600	0	1,888,080
76. 납부특례세액		0	0	0	0
77. 차감징수세액(73-74-75-76)		−376,050	−37,550	50 0	−413,600

제62회 정답 및 해설

실무이론평가

01	02	03	04	05	06	07	08	09	10
③	①	④	④	③	④	③	②	②	④

01 ・재고자산평가손실 = (장부상 단가 100 − 단위당 순실현가능가치 80*) × 1,000개 = 20,000

*단위당 예상 판매가격 110 − 단위당 예상 판매비용 30 = 80

> **핵심이론** 재고자산의 평가
>
> 재고자산은 취득원가를 장부금액으로 한다. 단, 시가가 취득원가보다 낮은 경우에는 시가를 장부금액으로 하며 시가는 예상 판매가격에서 추가 원가와 예상 판매비용을 차감한 금액으로 한다.

02 ・당기순이익 = 기말자본 7,000,000 − 기초자본 4,000,000 − 유상증자 3,000,000 + 현금배당 1,000,000 = 1,000,000

※ 주식배당은 자본의 변동이 없으므로 고려하지 않는다.

> **핵심이론** 배당 시 자본의 변동
>
> 1. 현금배당 : 배당액을 이익잉여금에서 차감
>
> (1) 결의일　(차) 이익잉여금(자본 감소)　　xxx　　(대) 미지급배당금　　xxx
>
> (2) 지급 시　(차) 미지급배당금　　xxx　　(대) 현 금　　xxx
>
> 2. 주식배당 : 액면금액을 배당액으로 하여 자본금의 증가와 이익잉여금의 감소로 회계처리
>
> (1) 결의일　(차) 이익잉여금(자본 감소)　　xxx　　(대) 미교부주식배당금　　xxx
>
> (2) 지급 시　(차) 미교부주식배당금　　xxx　　(대) 자본금(자본 증가)　　xxx

03 ・A주식 평가 = (단위당 공정가치 7,000 − 취득단가 6,000) × 1,000주 = 단기매매증권평가이익 1,000,000

・B주식 평가 = (단위당 공정가치 5,000 − 취득단가 8,000) × 3,000주 = 단기매매증권평가손실 9,000,000

∴ 당기순이익 8,000,000 감소

※ 매도가능증권의 평가손익은 기타포괄손익누계액이므로 당기순이익에 영향을 미치지 않는다.

04
- 동종자산의 교환으로 받은 자산의 취득원가는 제공한 자산의 장부금액으로 한다.

(차) 감가상각누계액(A)	24,000,000	(대) 기계장치(A)	30,000,000
기계장치(B)	6,000,000		

핵심이론 유형자산의 교환에 의한 취득

1. 이종자산의 교환
   (1) 교환으로 받은 자산의 취득원가는 제공한 자산의 공정가치로 측정
   (2) 제공한 자산의 공정가치가 불확실한 경우 취득한 자산의 공정가치로 측정
   ※ 현금지급액이 있는 경우 공정가치에 가산하며, 현금수취액이 있는 경우 공정가치에서 차감
2. 동종자산의 교환
   (1) 교환으로 받은 자산의 취득원가는 제공한 자산의 장부금액으로 측정
   (2) 교환에 포함된 현금 등의 금액이 유의적이라면 이종자산의 교환으로 봄

05
- 이동평균법
  - 단위당 매출원가 = (1,000개 × 100 + 1,000개 × 110) ÷ 2,000개 = 105

    12/1 월초재고   12/8 외상매입

  - 기말상품재고액 = (500개 × 105) + (1,000개 × 120) = 172,500

    12/12 매출 후 재고   12/16 외상매입

- 총평균법
  - 단위당 매출원가 = 1,000개 × (100 + 110 + 120) ÷ 3,000개 = 110
  - 기말상품재고액 = 1,500개 × 110 = 165,000

06
- 7.1

(차) 외화외상매출금*	110,000,000	(대) 매 출*	110,000,000

   *US$100,000 × 1,100

- 12.31

(차) 외화외상매출금*	10,000,000	(대) 외화환산이익*	10,000,000

   *US$100,000 × (1,200 − 1,100)

07 가. 담보목적으로 동산, 부동산 및 부동산상의 권리를 제공하는 경우는 재화의 공급으로 보지 않는다.

나. 매입세액을 공제받지 않은 재화를 거래처에 증정하는 경우는 재화의 공급으로 보지 않는다.

※ 매입세액을 공제받은 재화를 거래처에 증정하는 경우는 재화의 공급으로 본다.

다. 무상으로 타인에게 용역을 공급하는 것은 용역의 공급으로 보지 않지만, 특수관계인에게 사업용 부동산을 무상으로 임대하는 경우는 용역의 공급으로 본다.

라. 재화의 인도 대가로 다른 재화를 인도 받는 교환은 재화의 공급으로 본다.

08 • 과세표준은 해당 과세기간에 공급한 재화 또는 용역의 공급가액을 합한 금액으로 하며 부가가치세는 포함하지 않는다. 매출세액은 부가가치세의 과세표준에 10%의 세율을 곱하여 계산한 금액으로 한다.

가. 부가가치세가 포함되어 있으므로 10/110을 곱하여 매출세액을 구한다.

나. 연체이자는 공급가액에 포함하지 아니한다.

다. 매출채권이 파산·강제집행 등의 사유로 대손되어 회수 불가능한 경우 대손세액을 매출세액에서 차감한다.

※ 대손세액 = 대손금액 × 10/110
       부가가치세를 포함한 금액

∴ 매출세액 = (66,000,000 × 10/110) − (5,500,000 × 10/110) = 5,500,000

핵심이론 **공급가액에 포함하지 않는 금액**

1. 품질, 수량, 인도조건, 결제방법, 그 밖의 공급조건에 따라 통상의 대가에서 일정액을 직접 깎아 주는 금액
2. 환입된 재화의 가액
3. 공급받는 자에게 도달하기 전에 파손·훼손·멸실한 재화의 가액
4. 재화 또는 용역의 공급과 직접 관련되지 않는 국고보조금과 공공보조금
5. 공급에 대한 대가의 지급이 지체되었음을 이유로 받는 연체이자
6. 공급에 대한 대가를 약정기일 전에 받았다는 이유로 사업자가 당초의 공급가액에서 할인해 준 금액

09　• 기타소득금액은 총수입금액에서 필요경비를 공제한 금액으로 한다.

　　가. 유실물의 습득으로 인한 보상금은 의제필요경비가 적용되지 않는다.

　　나. 주택입주 지체상금은 받은 금액의 80%를 필요경비로 인정한다.

　　다. 고용관계 없이 다수인에게 강연을 하고 받은 대가는 60%를 필요경비로 인정한다.

∴ 2,000,000 + 1,000,000 × (1 − 80%) + 5,000,000 × (1 − 60%) = 4,200,000

핵심이론　의제필요경비

구 분	필요경비
• 공익법인이 주무관청의 승인을 받아 시상하는 상금 및 부상 • 다수가 순위 경쟁하는 대회에서 입상자가 받는 상금 및 부상 • 주택입주 지체상금	80%
• 광업권 등 이와 유사한 자산이나 권리를 양도하거나 대여하고 그 대가로 받는 금품 • 통신판매중개를 하는 자를 통하여 물품 · 장소를 대여하고 사용료[*1]로서 받은 금품 • 공익사업과 관련하여 지역권 · 지상권을 설정하거나 대여함으로써 발생하는 소득 • 문예 · 학술 · 미술 · 음악 · 사진에 속하는 창작품에 대한 원작자로서 받는 다음 어느 하나의 소득 　− 원고료 　− 인 세 　− 미술 · 음악 · 사진에 속하는 창작품에 대하여 받는 대가 • 다음 어느 하나에 해당하는 인적용역을 일시적으로 제공하고 받는 대가 　− 고용관계 없이 다수인에게 강연을 하고 강연료 등 대가를 받는 용역 　− 라디오 · 텔레비전방송 등을 통하여 해설 · 계몽 또는 연기의 심사 등을 하고 보수 또는 이와 유사한 성질의 대가를 받는 용역 　− 변호사 등 전문적 지식 또는 특별한 기능을 가진 자가 그 지식 또는 기능을 활용하여 보수 또는 그 밖의 대가를 받고 제공하는 용역 　− 그 밖에 고용관계 없이 수당 또는 이와 유사한 성질의 대가를 받고 제공하는 용역	60%
서화 · 골동품의 양도로 발생하는 소득	90%[*2]

*1 연간 수입금액 500만원 이하

*2 받은 금액이 1억원을 초과하는 경우에는 9천만원 + (1억원 초과분 × 80%), 보유기간이 10년 이상인 경우 90%

10 신용카드로 지급한 의료비의 경우 의료비세액공제와 신용카드 등 사용금액에 대한 소득공제를 중복 적용할 수 있다.

핵심이론 신용카드 등 사용금액에 대한 소득공제

1. 신용카드 등 사용금액에 대한 소득공제 배제대상

구 분	내 용
사업 관련 비용	사업소득과 관련된 비용 또는 법인의 비용
비정상적 사용액	가공거래 또는 위장거래와 관련된 사용액
자동차 구입 비용	자동차를 구입하는 경우(단, 중고자동차인 경우 구입금액의 10%는 사용금액에 포함 가능)
자동차 리스료	법에 의한 자동차 대여 사업의 자동차 대여료를 포함한 리스료
보험료 · 공제료	법에 따라 부담하는 보험료 · 연금보험료 및 각종 보험계약의 보험료 · 공제료
교육비	법에 의한 학교 및 어린이집에 납부하는 수업료 · 입학금 · 보육비용, 공납금
공과금	국세 · 지방세, 전기료 · 수도료 · 가스료 · 전화료* · 아파트관리비 · 텔레비전시청료 · 도로통행료
유가증권 구입	상품권 등 유가증권 구입비
자산의 구입비용	취득세 또는 등록면허세가 부과되는 재산의 구입비용
금융용역 관련 수수료	금융 · 보험용역과 관련한 지급액, 수수료, 보증료 및 이와 비슷한 대가
정치자금기부금	정치자금법에 따라 정당에 기부하는 정치자금으로 세액공제를 적용받은 경우
월세액 세액공제	세액공제를 적용받은 월세액
기 타	국가 · 지자체에 지급하는 수수료 등, 일반기부금단체에 기부하는 경우

*정보사용료, 인터넷이용료 등을 포함

2. 신용카드 등 사용금액에 대한 소득공제와 세액공제의 중복적용

구 분		특별세액공제	신용카드 등 사용금액에 대한 소득공제
신용카드로 결제한 의료비		공제 가능	공제 가능
신용카드로 결제한 보장성보험료		공제 가능	공제 불가능
신용카드로 결제한 학원비	취학 전 아동	공제 가능	공제 가능
	그 외	공제 불가능	
신용카드로 결제한 교복구입비		공제 가능	공제 가능
신용카드로 결제한 기부금		공제 가능	공제 불가능

실무수행 1 거래자료 입력

① **입력** [회계] – [전표입력/장부] – [일반전표입력] – 1월 5일

(차) 153.원재료 250,000 (대) 103.보통예금 250,000
(98000.하나은행)

□	일	번호	구분	코드	계정과목	코드	거래처	적요	차변	대변
□	05	00001	차변	153	원재료				250,000	
□	05	00001	대변	103	보통예금	98000	하나은행			250,000

※ 구분란에 출금항목은 1, 입금항목은 2, 차변항목은 3, 대변항목은 4를 입력

※ 계정과목코드, 거래처코드, 적요란은 F2를 이용하여 입력

입력 [회계] – [결산/재무제표 Ⅰ] – [경비등의송금명세서]

번호	⑥거래일자	⑦법인명(상호)	⑧성명	⑨사업자(주민)등록번호	⑩거래내역	⑪거래금액	⑫송금일자	CD	⑬은행명	⑭계좌번호	계정코드
1	2023-01-05	번개화물	이재훈	315-25-00910	운송료	250,000	2023-01-05	020	우리은행	123-124567-800	

② **입력** [회계] – [전표입력/장부] – [일반전표입력] – 2월 21일

(차) 103.보통예금 198,000,000 (대) 201.토지 190,000,000
(98001.국민은행) 914.유형자산처분이익 8,000,000

□	일	번호	구분	코드	계정과목	코드	거래처	적요	차변	대변
□	21	00001	차변	103	보통예금	98001	국민은행		198,000,000	
□	21	00001	대변	201	토지					190,000,000
□	21	00001	대변	914	유형자산처분이익					8,000,000

③ **입력** [회계] – [전표입력/장부] – [일반전표입력] – 3월 31일

(차) 295.퇴직급여충당부채 20,000,000 (대) 198.퇴직연금운용자산 20,000,000

□	일	번호	구분	코드	계정과목	코드	거래처	적요	차변	대변
□	31	00001	차변	295	퇴직급여충당부채				20,000,000	
□	31	00001	대변	198	퇴직연금운용자산					20,000,000

① 입력 [회계] − [전표입력/장부] − [매입매출전표입력] − 4월 18일
• 거래자료 입력

거래유형	품 명	수 량	단 가	거래처	분개유형
11.과세	전기압력밥솥	30	400,000	01116.(주)중앙물산	3.혼합

□	일	유형	품명	수량	단가	공급가액	부가세	합계	코드	거래처명	사업.주민번호	전자세금	분개
□	18	과세	전기압력밥솥	30	400,000	12,000,000	1,200,000	13,200,000	01116	(주)중앙물산	123-81-52149		혼합

※ 전자세금란은 [전자세금계산서 발행 및 내역관리]에서 발급 및 전송 후 자동 반영

• 하단 전표 입력

(차) 108.외상매출금   12,000,000   (대) 404.제품매출   12,000,000
     101.현금   1,200,000   255.부가세예수금   1,200,000

구분	코드	계정과목	차변	대변	코드	거래처	적요	관리
대변	255	부가세예수금		1,200,000	01116	(주)중앙물산	전기압력밥솥 30 X 400,000	
대변	404	제품매출		12,000,000	01116	(주)중앙물산	전기압력밥솥 30 X 400,000	
차변	108	외상매출금	12,000,000		01116	(주)중앙물산	전기압력밥솥 30 X 400,000	
차변	101	현금	1,200,000		01116	(주)중앙물산	전기압력밥솥 30 X 400,000	
		전표건별 소계	13,200,000	13,200,000				

입력 [회계] − [부가가치세 II] − [전자세금계산서 발행 및 내역관리] − 4월 18일
• 미전송된 내역을 체크한 후 전자발행 ▼ 을 클릭하여 표시되는 [로그인] 화면에서 확인(TAB) 클릭
• [전자(세금)계산서 발행] 화면이 조회되면 발행(F3) 을 클릭한 다음 확인 클릭
• 국세청란에 '발행대상'으로 표시되면 ACADEMY 전자세금계산서 클릭
• [Bill36524 교육용 전자세금계산서] 화면에서 '로그인' 클릭
• [세금계산서 리스트]에서 '미전송' 체크 → '매출 조회' 클릭 → '발행' 클릭 → '확인' 클릭

입력 [회계] − [전표입력/장부] − [매입매출전표입력] − 4월 18일
• 전자세금란이 '전자발행'으로 반영되었는지 확인

□	일	유형	품명	수량	단가	공급가액	부가세	합계	코드	거래처명	사업.주민번호	전자세금	분개
□	18	과세	전기압력밥솥	30	400,000	12,000,000	1,200,000	13,200,000	01116	(주)중앙물산	123-81-52149	전자발행	혼합

② 입력 [회계] − [전표입력/장부] − [매입매출전표입력] − 6월 1일
• 해당 전표 선택 후 상단의 수정세금계산서 클릭

매입매출전표입력 221-81-55552				복수거래	수정세금계산서	머음등록	검색 ▼	복사(F4)	이동(Ctrl+F4)	기능모음(F11) ▼

일자 2023 년 06 ▼ 월 01 일 현금잔액 370,333,471원   매출   50001

□	일	유형	품명	수량	단가	공급가액	부가세	합계	코드	거래처명	사업.주민번호	전자세금	분개
□	01	과세	전기밥솥	100	200,000	20,000,000	2,000,000	22,000,000	04004	(주)가남전자	506-81-45111	전자발행	외상

- 수정사유 : 2.공급가액 변동 선택 후 확인(Tab) 클릭

수정사유		✕
수정사유	2. 공급가액 변동 ▼	(발행매수 : 1 매 발행)
비 고	당초(세금)계산서작성일 2023 년 06 월 01 일	

- 수정 전표 작성일 : 6월 10일, 공급가액 : -400,000, 부가세 : -40,000 입력 후 확인(Tab) 클릭

수정세금계산서(매출)											✕
수정입력사유	2 공급가액 변동			당초(세금)계산서작성		2023-06-01					
구분	년	월	일	유형	품명	수량	단가	공급가액	부가세	합계	코드	거래처명	사업.주민번호

구분	년	월	일	유형	품명	수량	단가	공급가액	부가세	합계	코드	거래처명	사업.주민번호
당초분	2023	06	01	과세	전기밥솥	100	200,000	20,000,000	2,000,000	22,000,000	04004	(주)기남전자	506-81-45111
수정분	2023	06	10	과세	매출할인			-400,000	-40,000	-440,000	04004	(주)기남전자	506-81-45111

입력 [회계] − [부가가치세 II] − [전자세금계산서 발행 및 내역관리] − 6월 10일

- 미전송된 내역을 체크한 후 전자발행 ▼을 클릭하여 표시되는 [로그인] 화면에서 확인(TAB) 클릭
- [전자(세금)계산서 발행] 화면이 조회되면 발행(F3)을 클릭한 다음 확인 클릭
- 국세청란에 '발행대상'으로 표시되면 ACADEMY 전자세금계산서 클릭
- [Bill36524 교육용 전자세금계산서] 화면에서 '로그인' 클릭
- [세금계산서 리스트]에서 '미전송' 체크 → '매출 조회' 클릭 → '발행' 클릭 → '확인' 클릭

입력 [회계] − [전표입력/장부] − [매입매출전표입력] − 6월 10일

- 전자세금란이 '전자발행'으로 반영되었는지 확인

	일	유형	품명	수량	단가	공급가액	부가세	합계	코드	거래처명	사업.주민번호	전자세금	분개
☐	10	과세	매출할인			-400,000	-40,000	-440,000	04004	(주)기남전자	506-81-45111	전자발행	외상

③ **입력** [회계] − [전표입력/장부] − [매입매출전표입력] − 7월 10일

- 거래자료 입력

거래유형	품 명	공급가액	부가세	거래처	전자세금	분개유형
51.과세	프레스기계	20,000,000	2,000,000	00113.(주)용인기계	1.전자입력	3.혼합

	일	유형	품명	수량	단가	공급가액	부가세	합계	코드	거래처명	사업.주민번호	전자세금	분개
☐	10	과세	프레스기계			20,000,000	2,000,000	22,000,000	00113	(주)용인기계	869-88-01648	전자입력	혼합

- 하단 전표 입력

(차) 206.기계장치   20,000,000   (대) 253.미지급금   22,000,000
       135.부가세대급금   2,000,000

구분	코드	계정과목	차변	대변	코드	거래처	적요	관리
차변	135	부가세대급금	2,000,000		00113	(주)용인기계	프레스기계	
차변	206	기계장치	20,000,000		00113	(주)용인기계	프레스기계	
대변	253	미지급금		22,000,000	00113	(주)용인기계	프레스기계	
		전표건별 소계	22,000,000	22,000,000				

입력 [회계] – [전표입력/장부] – [매입매출전표입력] – 8월 15일

• 거래자료 입력

거래유형	품 명	공급가액	부가세	거래처	전자세금	분개유형
51.과세	1.5트럭	16,000,000	1,600,000	00118.드림모터스	1.전자입력	3.혼합

□	일	유형	품명	수량	단가	공급가액	부가세	합계	코드	거래처명	사업.주민번호	전자세금	분개
□	15	과세	1.5트럭			16,000,000	1,600,000	17,600,000	00118	드림모터스	750-35-00091	전자입력	혼합

• 하단 전표 입력

  (차) 208.차량운반구   16,000,000   (대) 253.미지급금   17,600,000

      135.부가세대급금   1,600,000

구분	코드	계정과목	차변	대변	코드	거래처	적요	관리
차변	135	부가세대급금	1,600,000		00118	드림모터스	1.5트럭	
차변	208	차량운반구	16,000,000		00118	드림모터스	1.5트럭	
대변	253	미지급금		17,600,000	00118	드림모터스	1.5트럭	
		전표건별 소계	17,600,000	17,600,000				

입력 [회계] – [전표입력/장부] – [일반전표입력] – 9월 10일

(차) 208.차량운반구   1,100,000   (대) 253.미지급금   1,100,000
                                            (99601.롯데카드)

□	일	번호	구분	코드	계정과목	코드	거래처	적요	차변	대변
□	10	00001	차변	208	차량운반구				1,100,000	
□	10	00001	대변	253	미지급금	99601	롯데카드			1,100,000

입력 [회계] – [부가가치세 I] – [건물등감가상각자산취득명세서] – 7월 ~ 9월

• 우측 상단 [불러오기(F3)] 클릭 후 [전표불러오기] 메뉴에서 [확인[Tab]] 클릭

건물등감가상각자산취득명세서   [불러오기(F3)] [구분별보기(F4)] [기능모음(F11) ▼]

기간: 2023 년 07 ▼ 월 ~ 2023 년 09 ▼ 월

	감가상각자산 종류	건 수	공 급 가 액	세 액	비 고
취득내역	합 계	2	36,000,000	3,600,000	
	(1) 건 물 · 구 축 물				
	(2) 기 계 장 치	1	20,000,000	2,000,000	
	(3) 차 량 운 반 구	1	16,000,000	1,600,000	
	(4) 기타감가상각자산				

일련번호	취득일자 월	취득일자 일	상 호	사업자등록번호	자 산 구 분	공 급 가 액	세 액	건 수	유 형
1	07	10	(주)용인기계	869-88-01648	2 기 계 장 치	20,000,000	2,000,000	1	세금계산서
2	08	15	드림모터스	750-35-00091	3 차 량 운 반 구	16,000,000	1,600,000	1	세금계산서

입력 [회계] – [부가가치세 I] – [부가가치세신고서] – 7월 1일 ~ 9월 30일

- 11.고정자산매입란에 반영되었는지 확인

매입세액	세금계산 수취부분	일반매입	10	256,500,004		25,650,000
		수출기업수입분납부유예	10-1			
		고정자산매입	11	36,000,000		3,600,000
	예정신고누락분		12			
	매입자발행세금계산서		13			
	그밖의공제매입세액		14			
	합계 (10-(10-1)+11+12+13+14)		15	292,500,004		29,250,000
	공제받지못할매입세액		16	1,250,000		125,000
	차감계 (15-16)		17	291,250,004	ⓒ	29,125,000

④ 입력 [회계] – [부가가치세 I] – [매입세액불공제내역] – 10월 ~ 12월

- 우측 상단 불러오기(F3) 클릭 → 확인(Tab) 클릭
- [4.공통매입세액의 정산내역] 탭
  - (15)총 공통매입세액란에 500,000, (18)기 불공제 매입세액란에 125,000 입력

입력 [회계] – [부가가치세 I] – [부가가치세신고서] – 10월 ~ 12월

- 16.공제받지못할매입세액란에 반영되었는지 확인

매입세액	세금계산 수취부분	일반매입	10	30,568,000		3,056,800
		수출기업수입분납부유예	10-1			
		고정자산매입	11			
	예정신고누락분		12			
	매입자발행세금계산서		13			
	그밖의공제매입세액		14			
	합계 (10-(10-1)+11+12+13+14)		15	30,568,000		3,056,800
	공제받지못할매입세액		16	400,000		40,000
	차감계 (15-16)		17	30,168,000	ⓒ	3,016,800

- 18.그밖의경감 · 공제세액란을 더블 클릭 – 54.전자신고및전자고지란에 10,000 입력

	구분		금액	세율	세액
18 그 밖의 경감공제 세액명세	전자신고및전자고지	54			10,000
	전자세금발급세액	55			
	택시운송사업자경감세	56			
	대리납부 세액공제	57			
	현금영수증사업자세액	58			
	기타	59			
	합계	60			10,000

입력 [회계] – [전표입력/장부] – [일반전표입력] – 12월 31일

(차) 831.수수료비용 40,000 (대) 135.부가세대급금 40,000

	일	번호	구분	코드	계정과목	코드	거래처	적요	차변	대변
□	31	00001	차변	831	수수료비용				40,000	
□	31	00001	대변	135	부가세대급금					40,000

[실무수행평가] – 부가가치세관리

11	12	13	14	15
①	2	22,000,000	32	16,000,000
16	**17**	**18**	**19**	**20**
36,000,000	④	③	33%	32,373,200

11 **조회** [회계] – [기초정보관리] – [회사등록]

• [추가사항] 탭

12 **조회** [회계] – [전표입력/장부] – [매입매출전표입력] – 6월 10일

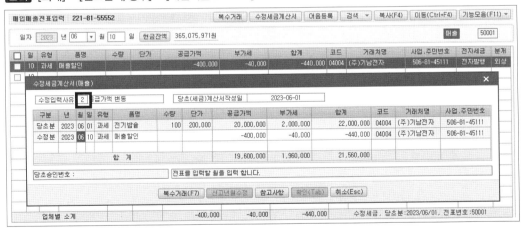

13~14 조회 [회계] − [부가가치세 Ⅰ] − [세금계산서합계표] − 4월 ~ 6월

15 조회 [회계] − [부가가치세 Ⅰ] − [건물등감가상각자산취득명세서]

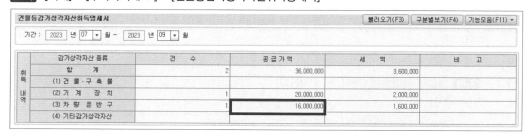

16 조회 [회계] − [부가가치세 Ⅰ] − [부가가치세신고서] − 7월 1일 ~ 9월 30일

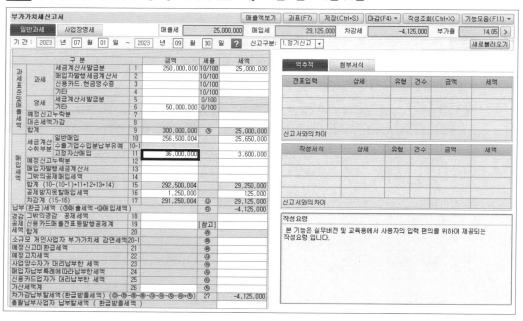

17 조회 [회계] – [부가가치세 Ⅰ] – 7월 1일 ～ 9월 30일

- 거래내역 없는 것이 정답

    ④ [신용카드매출전표등수령금액합계표] : 14번란 더블 클릭 – 41번란에서 내역 없음

    ① [세금계산서합계표] : 1번란 확인

    ② [수출실적명세서] : 6번란 확인

    ③ [건물등감가상각자산취득명세서] : 11번란 확인

18 조회 [회계] – [부가가치세 Ⅰ] – [부가가치세신고서] – 7월 1일 ～ 9월 30일

③ 사업자가 영세율을 적용받는 경우 예정신고에 대한 환급세액을 조기환급받을 수 있다.

① 9번란에서 확인할 수 있다.

②, ④ 우측 상단에서 과표(F7) 클릭 → [과세표준명세]에서 확인할 수 있다.

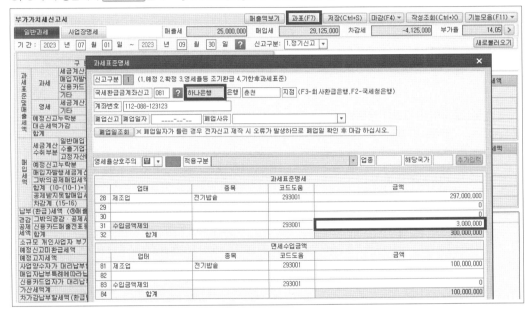

19 조회 [회계] – [부가가치세 Ⅰ] – [매입세액불공제내역] – 10월 ～ 12월

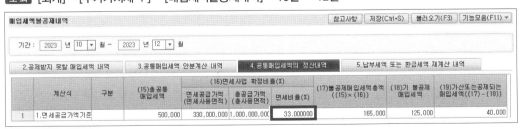

20 조회 [회계] – [부가가치세 Ⅰ] – [부가가치세신고서] – 10월 1일 ～ 12월 31일

차가감납부할세액(환급받을세액) (⑭-⑮-⑯-⑰-⑱-⑲-㉑-㉒+㉓)	27	32,373,200

① **입력** [회계] – [전표입력/장부] – [일반전표입력] – 12월 31일

(차) 530.소모품비	240,000	(대) 172.소모품	800,000
830.소모품비	560,000		

	31	00002	차변	530	소모품비				240,000	
☐	31	00002	차변	830	소모품비				560,000	
☐	31	00002	대변	172	소모품					800,000

② **입력** [회계] – [전표입력/장부] – [일반전표입력] – 12월 31일

(차) 939.재고자산감모손실	500,000	(대) 153.원재료	500,000
		(적요08.타계정으로 대체액)	

	31	00003	차변	939	재고자산감모손실				500,000	
☐	31	00003	대변	153	원재료		08	타계정으로 대체액		500,000

입력 [회계] – [결산/재무제표 Ⅰ] – [결산자료입력] – 1월 ~ 12월

• 기말 원재료 재고액 4,500,000 입력

1)원재료비			1,149,164,624
원재료비		1,149,164,624	1,149,164,624
(1). 기초 원재료 재고액		53,686,620	
(2). 당기 원재료 매입액		1,100,478,004	
(7). 타계정으로 대체액		500,000	
(10).기말 원재료 재고액		4,500,000	

• 기말 제품 재고액 30,000,000 입력

9)당기완성품제조원가		1,259,530,624	1,259,530,624
(1). 기초 제품 재고액		30,000,000	
(5). 제품평가손실			
(7). 기말 제품 재고액		30,000,000	

• 전표추가(F3) 를 클릭하여 결산분개를 일반전표에 추가

입력 [회계] – [결산/재무제표 Ⅰ] – [이익잉여금처분계산서] – 1월 ~ 12월

• '저장된 데이터 불러오기' → '아니오' 선택

• 당기 처분 예정일, 전기 처분 확정일 입력 후 전표추가(F3) 를 클릭하여 결산분개를 일반전표에 추가

[실무수행평가] – 재무회계

21	22	23	24	25
020	10,940,000	366,180,000	②	21,560,000
26	27	28	29	30
3,100,000	109,640,000	5,965,000	14,532,000	32,000,000
31	32	33	34	35
67,807,900	200,000	253,000,000	4,500,000	③

21 조회 [회계] – [결산/재무제표 Ⅰ] – [경비등의송금명세서]

번호	⑥ 거래일자	⑦ 법인명(상호)	⑧ 성 명	⑨사업자(주민)등록번호	⑩ 거래내역	⑪ 거래금액	⑫송금일자	CD	⑬ 은행명	⑭ 계좌번호	계정코드
1	2023-01-05	번개화물	이재훈	315-25-00910	운송료	250,000	2023-01-05	020	우리은행	123-124567-800	

22 조회 [회계] – [전표입력/장부] – [현금출납장] – 4월 1일 ~ 4월 30일

[일 계]			4,311,900
[월 계]		10,940,000	25,349,360
[누 계]		486,633,361	128,780,000

23 조회 [회계] – [전표입력/장부] – [거래처원장] – 3월 1일 ~ 3월 31일
- 계정과목 : 103.보통예금, 거래처 : 98001.국민은행 입력 후 조회

24 조회 [회계] – [전표입력/장부] – [거래처원장] – 4월 1일 ~ 4월 30일
- 계정과목 : 108.외상매출금, 거래처 : 처음 ~ 끝 입력 후 조회

25 조회 [회계] – [전표입력/장부] – [거래처원장] – 6월 1일 ~ 6월 30일

• 계정과목 : 108.외상매출금, 거래처 : 04004.기남전자 입력 후 조회

26 조회 [회계] – [전표입력/장부] – [거래처원장] – 9월 1일 ~ 9월 30일

• 계정과목 : 253.미지급금, 거래처 : 99601.롯데카드 입력 후 조회

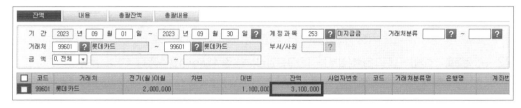

27 조회 [회계] – [전표입력/장부] – [일/월계표] – 1월 ~ 3월

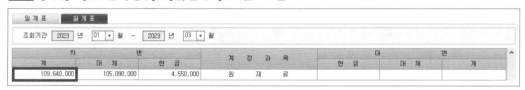

28~29 조회 [회계] – [결산/재무제표 Ⅰ] – [손익계산서] – 12월

과목	제 7(당)기 [2023/01/01 ~ 2023/12/31]		제 6(전)기 [2022/01/01 ~ 2022/12/31]	
	금액		금액	
수 선 비	7,426,000		7,000,000	
보 험 료	10,100,000		0	
차 량 유 지 비	6,908,400		3,300,000	
운 반 비	670,000		9,000,000	
도 서 인 쇄 비	270,000		5,700,000	
소 모 품 비 [28]	3,674,520		0	
수 수 료 비 용	5,965,000		3,000,000	
광 고 선 전 비	7,600,000		0	
잡 비	286,000		500,000	
Ⅴ. 영 업 이 익		249,997,917		34,885,910
Ⅵ. 영 업 외 수 익		11,920,000		5,500,000
이 자 수 익	2,920,000		5,500,000	
유 형 자 산 처 분 이 익	9,000 [29]		0	
Ⅶ. 영 업 외 비 용		14,532,000		5,200,000

30 조회 [회계] – [결산/재무제표 Ⅰ] – [합계잔액시산표] – 3월 31일

차 변		계 정 과 목	대 변	
잔 액	합 계		합 계	잔 액
	20,000,000	퇴 직 급 여 충 당 부 채	52,000,000	32,000,000

31 조회 [회계] – [결산/재무제표 Ⅰ] – [합계잔액시산표] – 9월 30일

차 변		계 정 과 목	대 변	
잔 액	합 계		합 계	잔 액
	43,266,200	미 지 급 금	111,074,100	67,807,900

32 조회 [회계] – [결산/재무제표 Ⅰ] – [재무상태표] – 12월

과목	제 7(당)기 [2023/01/01 ~ 2023/12/31]		제 6(전)기 [2022/01/01 ~ 2022/12/31]	
	금	액	금	액
소 모 품		200,000		0

33 조회 [회계] – [결산/재무제표 Ⅰ] – [재무상태표] – 12월

과목	제 7(당)기 [2023/01/01 ~ 2023/12/31]		제 6(전)기 [2022/01/01 ~ 2022/12/31]	
	금	액	금	액
토 지		253,000,000		253,000,000

34 조회 [회계] – [결산/재무제표 Ⅰ] – [재무상태표] – 12월

과목	제 7(당)기 [2023/01/01 ~ 2023/12/31]		제 6(전)기 [2022/01/01 ~ 2022/12/31]	
	금	액	금	액
원 재 료		4,500,000		53,686,620

35 조회 [회계] – [결산/재무제표 Ⅰ] – [재무상태표] – 12월

과목	제 7(당)기 [2023/01/01 ~ 2023/12/31]		제 6(전)기 [2022/01/01 ~ 2022/12/31]	
	금	액	금	액
Ⅴ. 이 익 잉 여 금		414,438,937		167,053,020
이 익 준 비 금		15,100,000		15,100,000
미 처 분 이 익 잉 여 금		399,338,937		151,953,020

① **입력** [인사급여] – [기초/인사관리] – [사원등록] – 1300.윤세리

	연말정산관계	기본	세대	부녀	장애	경로 70세	출산 입양	자녀	한부모	성명	주민(외국인)번호	가족관계
1	0.본인	본인		○						윤세리	내 850426-278541€	
2	3.배우자	배우자								이정혁	내 821010-177491€	02.배우자
3	2.(배)직계존속	60세이상								김윤희	내 550515-289973€	11.시모
4	4.직계비속(자녀)	20세이하						○		이치수	내 090701-301345€	05.자녀
5	6.형제자매	부								이무혁	내 800827-122222€	20.형
	합 계			1				1				

부양가족명세 (2023.12.31 기준)

- 윤세리(연말정산관계 : 0.본인)
  - 종합소득금액이 3천만원 이하이면서 배우자가 있으므로 부녀자공제 가능

> **핵심이론** **부녀자공제**
>
> 종합소득금액이 3천만원 이하인 거주자 중 다음 어느 하나에 해당하는 경우
> 1. 배우자가 없는 여성으로서 부양가족이 있는 세대주
> 2. 배우자가 있는 여성

- 이정혁(연말정산관계 : 3.배우자)
  - 연간 소득금액 합계액이 100만원 이하이므로 배우자공제 가능

> **핵심이론 1** **배우자공제**
>
> 해당 과세기간의 소득금액이 없거나 해당 과세기간의 소득금액 합계액이 100만원 이하인 사람
>
> **핵심이론 2** **결손금**
>
> 해당 과세기간의 사업소득금액을 계산할 때 발생한 결손금은 그 과세기간의 종합소득과세표준을 계산할 때 근로소득금액 · 연금소득금액 · 기타소득금액 · 이자소득금액 · 배당소득금액에서 순서대로 공제

- 김윤희(연말정산관계 : 2.배우자 직계존속)
  - 60세 이상이면서 연간 소득금액 합계액이 100만원 이하이므로 부양가족공제 가능

> **핵심이론 1** **부양가족공제(직계존속)**
>
> 거주자와 생계를 같이하는 60세 이상인 직계존속으로서 해당 과세기간의 소득금액 합계액이 100만원 이하인 사람
>
> **핵심이론 2** **연금소득공제**
>
> 연금소득이 있는 거주자에 대해서는 해당 과세기간에 받은 총연금액에서 다음 표에 규정된 금액을 공제한다.
>
> | 총연금액 | 공제액 |
> |---|---|
> | 350만원 이하 | 총연금액 |
> | 350만원 초과 700만원 이하 | 350만원 + (350만원 초과분 × 40%) |
> | 700만원 초과 1,400만원 이하 | 490만원 + (700만원 초과분 × 20%) |
> | 1,400만원 초과 | 630만원 + (1,400만원 초과분 × 10%) |

- 이치수(연말정산관계 : 4.직계비속(자녀, 입양자)
  - 20세 이하이면서 연간 소득금액 합계액이 100만원 이하이므로 부양가족공제 가능

> **핵심이론** **부양가족공제(직계비속)**
>
> 거주자와 생계를 같이하는 20세 이하인 직계비속으로서 해당 과세기간의 소득금액 합계액이 100만원 이하인 사람

- 이무혁(연말정산관계 : 6.형제자매)
  - 장애인은 나이 제한을 받지 않지만, 연간 소득금액 합계액이 100만원을 초과하므로 부양가족공제 불가능

> **핵심이론 1** **부양가족공제(형제자매)**
>
> 거주자와 생계를 같이하는 20세 이하 또는 60세 이상인 형제자매로서 해당 과세기간의 소득금액 합계액이 100만원 이하인 사람
>
> **핵심이론 2** **부양가족이 장애인인 경우**
>
> 부양가족이 법에 따른 장애인, 장애아동, 상이자 및 이와 유사한 사람으로서 근로능력이 없는 자, 항시 치료를 요하는 중증환자에 해당하는 경우 장애인에 해당하여 나이의 제한을 받지 않고 부양가족공제 가능

[실무수행평가] – 근로소득관리 1

36	37	38	39	40
1,500,000	3,000,000	0	500,000	1

36~40 [조회] [인사급여] – [연말정산관리] – [연말정산 근로소득원천징수영수증] – 1300.윤세리

- 사원코드는 F2를 이용해서 입력

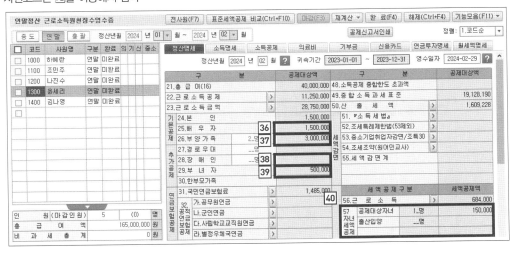

② 　　**입력** [인사급여] – [근로소득관리] – [일용직사원등록]

• [일용직사원등록] 탭

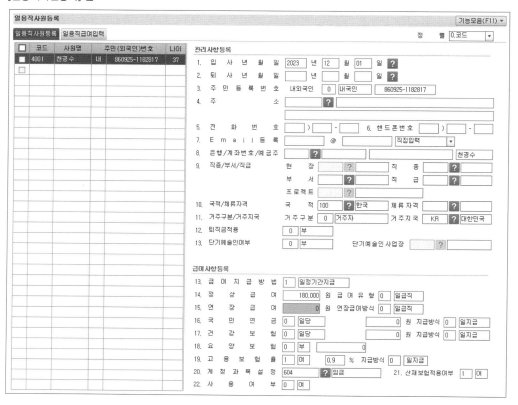

　　입력 [인사급여] – [근로소득관리] – [일용직사원등록]

• [일용직급여입력] 탭

입력 [인사급여] – [근로소득관리] – [원천징수이행상황신고서]

| | 귀속기간 | 2023 년 12 ▼ 월 ~ 2023 년 12 ▼ 월 | 지급기간 | 2023 년 12 ▼ 월 ~ 2023 년 12 ▼ 월 | 0.정기신고 ▼ |

1.신고구분 ☑매월 ☐반기 ☐수정 ☐연말 ☐소득처분 ☐환급신청   2.귀속연월 202312   3.지급연월 202312   일괄납부 ○여 ⦿부   사업자단위 ○여 ⦿부

원천징수내역 | 부표-거주자 | 부표-비거주자 | 부표-법인원천

구분		코드	소득지급(과세미달,비과세포함)		징수세액			9.당월 조정 환급세액	10.소득세 등 (가산세 포함)	11.농어촌 특별세
			4.인원	5.총지급액	6.소득세 등	7.농어촌특별세	8.가산세			
근로소득	간 이 세 액	A01	3	27,500,000	744,390					
	중 도 퇴 사	A02								
	일 용 근 로	A03	1	900,000	4,050					
	연말정산합계	A04								
	연말분납금액	A05								
	연말납부금액	A06								
	가 감 계	A10	4	28,400,000	748,440				748,440	

[실무수행평가] – 근로소득관리 2

41	42	43	44
8,100	887,450	4	4,050

41~42 **조회** [인사급여] – [근로소득관리] – [일용직급여자료입력] – 4001.천경수

☐	고용보험	국민연금	건강보험	요양보험	소득세	지방소득세	임금총액	공제총액	차인지급액
☐									
☐									
☐									
☐									
☐	1,620				810	80	180,000	2,510	177,490
☐									
☐	1,620				810	80	180,000	2,510	177,490
☐									
☐	1,620				810	80	180,000	2,510	177,490
☐									
☐									
☐	1,620				810	80	180,000	2,510	177,490
☐									
☐	1,620				810	80	180,000	2,510	177,490
41								**42**	
	8,100				4,050	400	900,000	12,550	887,450

43~44 조회 [인사급여] – [근로소득관리] – [원천징수이행상황신고서]

| 귀속기간 | 2023 | 년 | 12 ▼ | 월 ~ | 2023 | 년 | 12 ▼ | 월 | 지급기간 | 2023 | 년 | 12 ▼ | 월 ~ | 2023 | 년 | 12 ▼ | 월 | 0.정기신고 ▼ |

| 1.신고구분 | ☑ 매월 | □ 반기 | □ 수정 | □ 연말 | □ 소득처분 | □ 환급신청 | 2.귀속연월 | 202312 | 3.지급연월 | 202312 | 일괄납부 | ○ 여 ◉ 부 | 사업자단위 | ○ 여 ◉ 부 |

원천징수내역 | 부표-거주자 | 부표-비거주자 | 부표-법인원천

	구분	코드	소득지급(과세미달,비과세포함)		징수세액				9.당월 조정 환급세액	10.소득세 등 (가산세 포함)	11.농어촌 특별세
			4.인원	5.총지급액	6.소득세 등	7.농어촌특별세	8.가산세				
근로소득	간 이 세 액	A01	3	27,500,000	744,390						
	중 도 퇴 사	A02		**44**							
	일 용 근 로	A03	1	900,000	4,050						
	연말정산합계	A04									
	연말분납금액	A05									
	연말납부금액	**43**									
	가 감 계	A10	**4**	28,400,000	748,440					748,440	

③ 입력 [인사급여] – [연말정산관리] – [연말정산 근로소득원천징수영수증] – 1400.김나영

• 전근무지 정산내역 : [소득명세] 탭 – 종전근무지입력 클릭

구분/항목	계	11월	12월	연말	종전1
근무처명					(주)평화산업
사업자등록번호(숫자10자리입력)					305-86-11110
13.급여	42,000,000	3,500,000	3,500,000		28,000,000
14.상여	7,000,000				7,000,000
15.인정상여					
15-1.주식매수선택권행사이익					
15-2.우리사주조합인출금					
15-3.임원퇴직소득한도초과액					
15-4.직무발명보상금					
16.급여계	49,000,000	3,500,000	3,500,000		35,000,000
미제출비과세					
건강보험료	1,323,030	122,320	122,320		833,750
장기요양보험료	156,040	15,000	15,000		96,040
국민연금보험료	1,723,500	157,500	157,500		1,093,500
고용보험료	406,000	31,500	31,500		280,000
소득세	1,329,660	7,290	7,290		1,300,500
지방소득세	132,930	720	720		130,050
근무기간(시작일)					2023-01-01
근무기간(종료일)					2023-08-31

• 장기주택저당차입금 이자상환액 : [정산명세] 탭 – 34.주택 나란 클릭

내 역	불 입 / 상 환 액	공 제 대 상 금 액
주택자금		
㉮청약저축(연 납입 240만원 한도)		
㉯주택청약종합저축(무주택확인서 제출후 연 납입 240만원 한도)		
㉰근로자 주택마련 저축(월 납입 15만원 한도), 연 180만원 한도)		
40.주택마련저축(㉮~㉰) 연 400만원 한도		
주택임차 차입금 원리금상환액 ①대출기관		
②거주자 (총급여액 5천만원 이하)		
34㉮.주택임차차입금원리금상환액(①+②) 40+34㉮ <= 연 400만		
장기주택 저당차입금 이자상환액 / 2011년 이전 차입분 / 상환 15년미만(한도600)		
상환 15년~29년(한도1,000)		
상환 30년이상(한도1,500)		
2012년 이후(15년 이상상환) / 고정금리 or 비거치 (1,500)	1,200,000	1,200,000
기타상환(한도500)		
2015년 이후 차입분 / 15년 이상 상환 / 고정and비거치 (한도1,800)		
고정 or비거치 (한도1,500)		
기타상환 (한도500)		
10~15년미만 / 고정금리 or비거치(한도300)		
34㉯.장기주택저당차입금 이자 상환액계	1,200,000	1,200,000
합 계 (40+34㉮+34㉯)	1,200,000	1,200,000

• 의료비 세액공제 : [의료비] 탭

	공제대상자				지급처			지급명세	
	부양가족 관계코드	성명	내외	주민등록번호	본인등 해당여부	상호	사업자번호	의료증빙 코 드	건수	지급액
1	소득자의 직계존·	이정회	내	520411-2222220	○			국세청	1	2,200,000

－ 기본공제대상자를 위하여 지급한 의료비는 나이 및 소득 제한을 받지 않고 공제가 가능하며, 2천만원 이하의 금융 소득과 1,200만원 이하의 사적연금소득은 분리과세되므로 연간소득 합계액에 포함되지 않는다.

• 기부금 세액공제 : [기부금] 탭 – [해당연도 기부명세] 탭

NO	기부자				기부처			유형	코드	기부명세			구분	내용
	관계	성명	내.외	주민번호	사업자번호	상호				건수	합계금액	기부대상액	장려금신청		
1	1.본인	김나영	내	880103-2774918	106-82-99369	제일성결교	종교	41		1	600,000	600,000		기타	금전

－ 국세청자료가 아니므로 구분란에 0.기타로 입력

－ [기부금] 탭 – [기부금 조정명세] 탭 – `공제액계산 정산명세보내기` 클릭 후 '공제금액 + 정산명세 반영'

• [정산명세] 탭을 눌러 입력한 내역이 반영되었는지 확인

45	46	47	48	49	50
3,085,070	660,000	109,500	120,000	1,329,660	494,550

45~50 조회 [인사급여] – [연말정산관리] – [연말정산 근로소득원천징수영수증] – 1400.김나영

| 정산명세 | 소득명세 | 소득공제 | 의료비 | 기부금 | 신용카드 | 연금투자명세 | 월세액명세 |

연금보험공제	31.국민연금보험료	>	1,723,500	세액공제구분	46	세액공제액

연금보험공제	31.국민연금보험료		>		1,723,500
	32.공적연금보험료공제	가.공무원연금	>		
		나.군인연금	>		
		다.사립학교교직원연금	>		
		라.별정우체국연금	>		
특별소득공제	33.보험	가.건강	1,479,070	>	1,479,070
		나.고용	406,000	>	406,000
	34.주택 – 가.주택임차 차입금원리금상환액	대출기관	>		
		거주자	>		
	34.주택 나.장기주택저당차입금이자상환액	11년이전차입분	15년미만	>	
			15~29년	>	
			30년이상	>	
		12년이후차입분(15년이상)	고정or비거치	>	1,200,000
			기타대출	>	
		15년이후차입분(15년이상)	고정&비거치	>	
			고정or비거치	>	
			기타대출	>	
		15년이후차입분(10~15년)	고정or비거치	>	
	35.기부금(이월분)		45		
	36.계				3,085,070

37.차 감 소 득 금 액 26,491,430

그밖의소득공제	38.개인연금저축	>	
	39.소기업·소상공인공제부금	>	
	40.주택마련저축	가.청약저축	>	
		나.주택청약종합저축	>	
		다.근로자주택마련저축	>	
	41.투자조합출자 등	>	
	42.신용카드등	>	0
	43.우리사주조합 출연금	>	
	44.고용유지중소기업근로자	>	
	45.장기집합투자증권저축	>	
	46.청년형장기집합투자증권저축	>	
	47.그 밖의 소득 공제 계		

세액공제	56.근 로 소 득	>	660,000
	57.자녀세액공제	공제대상자녀 __명	
		출산입양 __명	
연금계좌	58.과학기술인공제	>	
	59.근로자퇴직급여보장법	>	
	60.연금저축	>	
	60-1.ISA만기시연금계좌	>	
특별세액공제	61.보장성보험	0 47	
	62.의 료 비	2,200,000 >	109,500
	63.교 육 비	0 >	
	64.기부금	정치	10만원이하	>	
			10만원초과	>	
		나.법정기부금	>	
		다.우리사주기부금	>	
		라.지정기부금(종교외) 48	>	
		마.지정기부금(종교)	>	120,000
	65.계		229,500
	66.표준세액공제	>	
	67.납 세 조 합 공 제	>	
	68.주 택 차 입 금	>	
	69.외 국 납 부	>	
	70.월세액	>	
	71.세 액 공 제 계		889,500
	72.결 정 세 액(50-55-71)		1,824,214
	82.실 효 세 율(%) (72/21)×100%		3.7%

		소득세	지방소득세	농어촌특별세	계
73.결정세액	49	1,824,214	182,421	0	2,006,635
기납부 세액	74.종(전) 근무지	1,300,500	130,050	0	1,430,550
	75.주(현) 근무지	29,160	2,880	0	32,040
76. 납부특례세액		0	0	0	0
77. 차감징수세액(73-74-75-76	50	494,550	49,490	0	544,040

실무이론평가

01	02	03	04	05	06	07	08	09	10
④	③	①	③	③	②	②	②	②	④

01 저가법을 적용함으로써 발생한 재고자산평가손실은 매출원가에 가산한다.

02

12/31	(차) 이자비용	5,844,000*1	(대) 현 금	5,000,000*2
			사채할인발행차금	844,000

*1 발행금액 97,400,000 × 유효이자율 6%
*2 액면금액 100,000,000 × 액면이자율 5%

03

• 3/5	(차) 현금 등	15,000,000	(대) 자본금	10,000,000
			주식발행초과금	5,000,000

• 9/20	(차) 현금 등	8,900,000	(대) 자본금	10,000,000
	주식발행초과금	1,100,000*		

*주식 발행 시 수수료는 주식발행초과금에서 차감하거나 주식할인발행차금에 가산한다.
*3/5 주식발행초과금 잔액 5,000,000원에서 상계 처리한다.
∴ 주식발행초과금 잔액 = 5,000,000 − 1,100,000 = 3,900,000

04
- 매기 상각액 = 취득원가 10,000,000 ÷ 내용연수 10년 = 1,000,000
- 2023년 1월 1일 장부금액 = 취득원가 10,000,000 − 상각누계액 4,000,000 + 자본적 지출 600,000 = 6,600,000
- ∴ 2023년 상각액 = 6,600,000 ÷ 잔여 내용연수 6년 = 1,100,000

05
- 기말 퇴직금추계액에서 결산 전 퇴직급여충당부채 잔액을 제외한 금액만큼 추가로 퇴직급여충당부채를 설정한다.
- ∴ 기말 퇴직금추계액 = 결산 전 퇴직급여충당부채 잔액 4,000,000 + 퇴직급여충당부채 추가 설정액 3,000,000
  = 7,000,000

06
   • 1/1   (차) 차량운반구   12,000,000   (대) 보통예금   12,000,000

                     정부보조금(보통예금 차감)   4,000,000   정부보조금(차량운반구 차감)   4,000,000

   • 12/31 (차) 감가상각비   1,600,000   (대) 감가상각누계액   2,400,000

                     정부보조금(차량운반구 차감)   800,000

∴ 2023년 말 차량운반구 장부금액 = 취득원가 12,000,000 − 감가상각누계액 2,400,000 − 정부보조금 잔액 3,200,000 = 6,400,000

07
전자세금계산서 발급명세는 전자세금계산서 발급일의 다음 날까지 국세청장에게 전송하여야 한다.

08
   • 부가가치세 과세표준은 해당 과세기간에 공급한 재화 또는 용역의 공급가액을 합한 금액으로 하며 부가가치세는 포함하지 않는다. 거래처에 무상 제공한 견본품은 재화의 공급으로 보지 않으며 매출할인과 공급받는 자에게 도달하기 전에 파손된 가액은 공급가액에 포함하지 않는다.

∴ 과세표준 = 상품국내매출액 4,000,000 − 매출할인 1,000,000 + 상품수출액 2,000,000 = 5,000,000

> **핵심이론** 과세표준
>
> 1. 재화의 공급의 특례
>   사업자가 자기생산·취득재화*를 자기의 고객이나 불특정 다수에게 증여하는 경우는 재화의 공급으로 보지만, 사업을 위하여 대가를 받지 아니하고 다른 사업자에게 인도·양도하는 견본품은 재화의 공급으로 보지 않는다.
>   *사업자가 자기의 과세사업과 관련하여 생산·취득한 재화로서 매입세액이 공제되거나 영세율을 적용받는 재화
> 2. 공급가액에 포함하지 않는 금액
>   (1) 품질, 수량, 인도조건, 결제방법, 그 밖의 공급조건에 따라 통상의 대가에서 일정액을 직접 깎아 주는 금액
>   (2) 환입된 재화의 가액
>   (3) 공급받는 자에게 도달하기 전에 파손·훼손·멸실한 재화의 가액
>   (4) 재화 또는 용역의 공급과 직접 관련되지 않는 국고보조금과 공공보조금
>   (5) 공급에 대한 대가의 지급이 지체되었음을 이유로 받는 연체이자
>   (6) 공급에 대한 대가를 약정기일 전에 받았다는 이유로 사업자가 당초의 공급가액에서 할인해 준 금액

09
   • 총급여액은 비과세소득을 제외한 근로소득의 합계액을 말한다. 식사를 제공받지 않으면서 받는 월 20만원 이하의 식대는 비과세소득이며, 6세 이하 자녀의 보육과 관련하여 받는 금액은 자녀 수와 상관없이 월 10만원 이내의 금액만 비과세소득에 해당한다.

∴ 총급여액 = 기본급 3,600,000 + 상여금 3,000,000 + 자녀보육수당 1,200,000 = 40,200,000

10 신용카드로 지급한 의료비의 경우 의료비세액공제와 신용카드 등 사용금액에 대한 소득공제를 중복 적용할 수 있다.

핵심이론 신용카드 등 사용금액에 대한 소득공제와 세액공제의 중복적용		
구 분	**특별세액공제**	**신용카드 등 사용금액에 대한 소득공제**
신용카드로 결제한 의료비	공제 가능	공제 가능
신용카드로 결제한 보장성보험료	공제 가능	공제 불가능
신용카드로 결제한 학원비 / 취학 전 아동	공제 가능	공제 가능
신용카드로 결제한 학원비 / 그 외	공제 불가능	공제 가능
신용카드로 결제한 교복구입비	공제 가능	공제 가능
신용카드로 결제한 기부금	공제 가능	공제 불가능

실무수행 1 　거래자료 입력

① **입력** [회계] – [전표입력/장부] – [일반전표입력] – 1월 4일

| (차) 826.도서인쇄비 | 50,000 | (대) 101.현금 | 50,000 |

또는 (출) 826.도서인쇄비　　　　　　　　　50,000

☐	일	번호	구분	코드	계정과목	코드	거래처	적요	차변	대변
☐	04	00001	차변	826	도서인쇄비				50,000	
☐	04	00001	대변	101	현금					50,000

※ 구분란에 출금항목은 1, 입금항목은 2, 차변항목은 3, 대변항목은 4를 입력

※ 계정과목코드, 거래처코드, 적요란은 F2를 이용하여 입력

입력 [회계] – [결산/재무제표 Ⅰ] – [영수증수취명세서]

• 영수증수취명세서(2) 탭에 거래자료 입력

										입력순
☐	거래일자	상　호	성　명	사업장	사업자등록번호	거래금액	구분	계정코드	계정과목	적요
☐	2023-01-02	오메가문구	박성규	서울특별시 강남구 강남다	229-81-27370	600,000		830	소모품비	
☐	2023-01-31	신한은행	이종호	서울특별시 서초구 헌릉로	514-81-35782	120,000	16	931	이자비용	
☐	2023-01-04	선우인쇄	이선우	서울특별시 중구 퇴계로51	122-56-12346	50,000		826	도서인쇄비	

• 영수증수취명세서(1) 탭에서 **명세서(2)불러오기(F4)** 를 클릭하여 (2) 탭에서 입력한 내역 반영

영수증수취명세서　　　　　　　　　　　　　　　　　　　　　　　　　명세서(2)불러오기(F4)　기능모음(F11) ▼

영수증수취명세서(2) | 영수증수취명세서(1) | 해당없음

1. 세금계산서, 계산서, 신용카드 등 미사용내역

9. 구분		3만원 초과 거래분		
		10. 총계	11. 명세서제출 제외대상	12. 명세서제출 대상(10-11)
13. 건수		3	1	2
14. 금액		770,000	120,000	650,000

※ 해당 메뉴 종료 시 작성한 내용 저장할 것

② **입력** [회계] – [전표입력/장부] – [일반전표입력] – 2월 14일

| (차) 107.단기매매증권 | 260,000 | (대) 103.보통예금 | 300,000 |
| 208.차량운반구 | 40,000* | (98200.기업은행(보통)) | |

*공채 매입금액 300,000 – 공채 공정가치 260,000 = 40,000

☐	일	번호	구분	코드	계정과목	코드	거래처	적요	차변	대변
☐	14	00001	차변	107	단기매매증권				260,000	
☐	14	00001	차변	208	차량운반구				40,000	
☐	14	00001	대변	103	보통예금	98200	기업은행(보통)			300,000

> **핵심이론** 유형자산의 취득원가
>
> 유형자산의 취득과 관련하여 국·공채 등을 불가피하게 매입하는 경우 당해 채권의 매입금액과 일반기업회계기준에 따라 평가한 현재가치와의 차액은 유형자산의 취득원가에 포함한다.

③ **입력** [회계] – [전표입력/장부] – [일반전표입력] – 4월 12일

(차) 198.퇴직연금운용자산   3,000,000   (대) 103.보통예금   6,000,000
   (98005.삼성생명)   (98200.기업은행(보통))
   806.퇴직급여   1,500,000
   508.퇴직급여   1,500,000

□	일	번호	구분	코드	계정과목	코드	거래처	적요	차변	대변
□	12	00001	차변	198	퇴직연금운용자산	98005	삼성생명		3,000,000	
□	12	00001	차변	806	퇴직급여				1,500,000	
□	12	00001	차변	508	퇴직급여				1,500,000	
□	12	00001	대변	103	보통예금	98200	기업은행(보통)			6,000,000

실무수행 2   부가가치세관리

① **입력** [회계] – [전표입력/장부] – [매입매출전표입력] – 5월 15일

• 거래자료 입력

거래유형	품 명	수 량	단 가	거래처	분개유형
11.과세	온수정수기	10	600,000	05100.(주)코웨이산업	3.혼합

□	일	유형	품명	수량	단가	공급가액	부가세	합계	코드	거래처명	사업.주민번호	전자세금	분개
□	15	과세	온수정수기	10	600,000	6,000,000	600,000	6,600,000	05100	(주)코웨이산업	102-81-17053		혼합

※ 전자세금란은 [전자세금계산서 발행 및 내역관리]에서 발급 및 전송 후 자동 반영

• 하단 전표 입력

(차) 259.선수금   2,000,000   (대) 404.제품매출   6,000,000
   103.보통예금   4,600,000   255.부가세예수금   600,000
   (98000.국민은행(보통))

구분	코드	계정과목	차변	대변	코드	거래처	적요	관리
대변	255	부가세예수금		600,000	05100	(주)코웨이산업	온수정수기 10 X 600,000	
대변	404	제품매출		6,000,000	05100	(주)코웨이산업	온수정수기 10 X 600,000	
차변	259	선수금	2,000,000		05100	(주)코웨이산업	온수정수기 10 X 600,000	
차변	103	보통예금	4,600,000		98000	국민은행(보통)	온수정수기 10 X 600,000	
		전표건별 소계	6,600,000	6,600,000				

입력 [회계] – [부가가치세 Ⅱ] – [전자세금계산서 발행 및 내역관리] – 5월 15일

• 미전송된 내역을 체크한 후 [전자발행 ▼]을 클릭하여 표시되는 [로그인] 화면에서 [확인(TAB)] 클릭
• [전자(세금)계산서 발행] 화면이 조회되면 [발행(F3)]을 클릭한 다음 [확인] 클릭
• 국세청란에 '발행대상'으로 표시되면 [ACADEMY 전자세금계산서] 클릭
• [Bill36524 교육용 전자세금계산서] 화면에서 '로그인' 클릭
• [세금계산서 리스트]에서 '미전송' 체크 → '매출 조회' 클릭 → '발행' 클릭 → '확인' 클릭

입력 [회계] – [전표입력/장부] – [매입매출전표입력] – 5월 15일

• 전자세금란이 '전자발행'으로 반영되었는지 확인

	일	유형	품명	수량	단가	공급가액	부가세	합계	코드	거래처명	사업.주민번호	전자세금	분개
☐	15	과세	온수정수기	10	600,000	6,000,000	600,000	6,600,000	05100	(주)코웨이산업	102-81-17053	전자발행	혼합

② **입력** [회계] – [전표입력/장부] – [매입매출전표입력] – 6월 15일

• 해당 전표 선택 후 상단의 [수정세금계산서] 클릭

	일	유형	품명	수량	단가	공급가액	부가세	합계	코드	거래처명	사업.주민번호	전자세금	분개
☐	15	과세	미니정수기	100	120,000	12,000,000	1,200,000	13,200,000	05200	(주)웰스산업	105-81-47288	전자발행	외상

• 수정사유 : 1.기재사항 착오 · 정정, 비고 : 1.공급가액 및 세액 선택 후 [확인(Tab)] 클릭

수정사유

수정사유 [1. 기재사항 착오·정정 ▼] (발행매수 : 2 매 발행)

비 고 [기재 사항착오항목] [1] [공급가액 및 세액]

• 수정 전표에 품명 : 미니정수기, 수량 : 100개, 단가 : 130,000원 입력 후 [확인(Tab)] 클릭

수정세금계산서(매출)

수정입력사유 [1] 기재사항 착오·정정   기재사항착오항목   1. 공급가액 및 세액

구분	년	월	일	유형	품명	수량	단가	공급가액	부가세	합계	코드	거래처명	사업.주민번호
당초분	2023	06	15	과세	미니정수기	100	120,000	12,000,000	1,200,000	13,200,000	05200	(주)웰스산업	105-81-47288
수정분	2023	06	15	과세	미니정수기	-100	120,000	-12,000,000	-1,200,000	-13,200,000	05200	(주)웰스산업	105-81-47288
수정분	2023	06	15	과세	미니정수기	100	130,000	13,000,000	1,300,000	14,300,000	05200	(주)웰스산업	105-81-47288
		합 계						13,000,000	1,300,000	14,300,000			

입력 [회계] – [부가가치세 II] – [전자세금계산서 발행 및 내역관리] – 6월 15일

• 미전송된 전표 2매에 대하여 전자세금계산서 발급 · 전송 실행

– 미전송된 내역을 체크한 후 [전자발행 ▼]을 클릭하여 표시되는 [로그인] 화면에서 [확인(TAB)] 클릭

– [전자(세금)계산서 발행] 화면이 조회되면 [발행(F3)]을 클릭한 다음 [확인] 클릭

– 국세청란에 '발행대상'으로 표시되면 [ACADEMY 전자세금계산서] 클릭

– [Bill36524 교육용 전자세금계산서] 화면에서 '로그인' 클릭

– [세금계산서 리스트]에서 '미전송' 체크 → '매출 조회' 클릭 → '발행' 클릭 → '확인' 클릭

※ 미전송된 2매 모두 발행하여야 함

입력 [회계] – [전표입력/장부] – [매입매출전표입력] – 6월 15일

• 전자세금란이 '전자발행'으로 반영되었는지 확인

	일	유형	품명	수량	단가	공급가액	부가세	합계	코드	거래처명	사업.주민번호	전자세금	분개
☐	15	과세	미니정수기	100	120,000	12,000,000	1,200,000	13,200,000	05200	(주)웰스산업	105-81-47288	전자발행	외상
☐	15	과세	미니정수기	-100	120,000	-12,000,000	-1,200,000	-13,200,000	05200	(주)웰스산업	105-81-47288	전자발행	외상
☐	15	과세	미니정수기	100	130,000	13,000,000	1,300,000	14,300,000	05200	(주)웰스산업	105-81-47288	전자발행	외상

③ **입력** [회계] − [전표입력/장부] − [매입매출전표입력] − 7월 10일

• 거래자료 입력

거래유형	품 명	공급가액	거래처	분개유형
53.면세	돼지고기	10,000,000	05400.온누리농산	1.현금

□	일	유형	품명	수량	단가	공급가액	부가세	합계	코드	거래처명	사업.주민번호	전자세금	분개
□	10	면세	돼지고기			10,000,000		10,000,000	05400	온누리농산	101-90-39264		현금

• 하단 전표 입력

(차) 153.원재료   10,000,000   (대) 101.현금   10,000,000

    (적요06.의제매입세액 원재료차감(부가))

구분	코드	계정과목	차변	대변	코드	거래처		적요	관리
출금	153	원재료	10,000,000	현금	05400	온누리농산	06	의제매입세액 원재료차감(부가)	

입력 [회계] − [전표입력/장부] − [일반전표입력] − 7월 15일

(차) 153.원재료   600,000   (대) 101.현금   600,000

□	일	번호	구분	코드	계정과목	코드	거래처	적요	차변	대변
□	15	00001	차변	153	원재료				600,000	
□	15	00001	대변	101	현금					600,000

> **핵심이론** 면세농산물 등의 의제매입세액 공제특례
>
> 제조업은 농어민으로부터 면세농산물 등을 직접 공급받는 경우 의제매입세액 공제대상이지만 음식점업은 아니다.

입력 [회계] − [전표입력/장부] − [매입매출전표입력] − 7월 30일

• 거래자료 입력

거래유형	품 명	공급가액	거래처	분개유형
62.현면	보 리	2,200,000	05600.하나로마트	1.현금

□	일	유형	품명	수량	단가	공급가액	부가세	합계	코드	거래처명	사업.주민번호	전자세금	분개
□	30	현면	보리			2,200,000		2,200,000	05600	하나로마트	229-81-16010		현금

• 하단 전표 입력

(차) 153.원재료   2,200,000   (대) 101.현금   2,200,000

    (적요06.의제매입세액 원재료차감(부가))

구분	코드	계정과목	차변	대변	코드	거래처		적요	관리
출금	153	원재료	2,200,000	현금	05600	하나로마트	06	의제매입세액 원재료차감(부가)	

입력 [회계] – [부가가치세 Ⅰ] – [의제매입세액공제신고서] – 7월 ~ 9월

※ 공제율을 6/106으로 변경

	공급자
1	온누리농산
2	하나로마트
3	

매입처 명세	매입세액정산(의제)		
주민등록번호	------ - -------	사업자등록번호	101-90-39264

취득일자	구분	물품명	수량	매입가액	공제율	의제매입세액	건수	전표
2023-07-10	사업자(계산서	돼지고기		10,000,000	6/106	566,037	1	입력

	공급자
1	온누리농산
2	하나로마트
3	

매입처 명세	매입세액정산(의제)		
주민등록번호	------ - -------	사업자등록번호	229-81-16010

취득일자	구분	물품명	수량	매입가액	공제율	의제매입세액	건수	전표
2023-07-30	사업자(신용카	보리		2,200,000	6/106	124,528	1	입력

입력 [회계] – [부가가치세 Ⅰ] – [부가가치세신고서] – 7월 1일 ~ 9월 30일

매입세액	세금계산서취부분	일반매입	10	97,144,614		9,714,461
		수출기업수입분납부유예	10-1			
		고정자산매입	11	150,000,000		15,000,000
	예정신고누락분		12			
	매입자발행세금계산서		13			
	그밖의공제매입세액		14	12,200,000		690,565
	합계 (10-(10-1)+11+12+13+14)		15	259,344,614		25,405,026
	공제받지못할매입세액		16			
	차감계 (15-16)		17	259,344,614	⑭	25,405,026

입력 [회계] – [전표입력/장부] – [일반전표입력] – 9월 30일

(차) 135.부가세대급금   690,565   (대) 153.원재료   690,565

또는 (차) 153.원재료   −690,565

135.부가세대급금   690,565

☐	일	번호	구분	코드	계정과목	코드	거래처	적요	차변	대변
☐	30	00001	차변	135	부가세대급금				690,565	
☐	30	00001	대변	153	원재료					690,565

④   입력 [회계] – [전표입력/장부] – [매입매출전표입력] – 10월 2일

• 거래자료 입력

거래유형	품 명	공급가액	부가세	거래처	분개유형
57.카과(99600.삼성카드)	화물트럭주유	50,000	5,000	00123.춘천주유소	3.혼합/4.카드

☐	일	유형	품명	수량	단가	공급가액	부가세	합계	코드	거래처명	사업.주민번호	전자세금	분개
☐	02	카과	화물트럭주유			50,000	5,000	55,000	00123	춘천주유소	229-98-01188		혼합

• 하단 전표 입력

(차) 522.차량유지비   50,000   (대) 253.미지급금   55,000

135.부가세대급금   5,000   (99600.삼성카드)

구분	코드	계정과목	차변	대변	코드	거래처	적요	관리
차변	135	부가세대급금	5,000		00123	춘천주유소	화물트럭주유	
차변	522	차량유지비	50,000		00123	춘천주유소	화물트럭주유	
대변	253	미지급금		55,000	99600	삼성카드	화물트럭주유	
		전표건별 소계	55,000	55,000				

입력 [회계] − [전표입력/장부] − [일반전표입력] − 11월 4일

(차) 813.접대비 220,000   (대) 253.미지급금 220,000
                                           (99601.현대카드)

	일	번호	구분	코드	계정과목	코드	거래처	적요	차변	대변
☐	04	00001	차변	813	접대비				220,000	
☐	04	00001	대변	253	미지급금	99601	현대카드			220,000

입력 [회계] − [전표입력/장부] − [매입매출전표입력] − 12월 6일

• 거래자료 입력

거래유형	품 명	공급가액	부가세	거래처	분개유형
61.현과	소모품	300,000	30,000	06200.오피스알파	1.현금 또는 3.혼합

	일	유형	품명	수량	단가	공급가액	부가세	합계	코드	거래처명	사업.주민번호	전자세금	분개
☐	06	현과	소모품			300,000	30,000	330,000	06200	오피스알파	477-07-00913		혼합

• 하단 전표 입력

(차) 172.소모품 300,000   (대) 101.현금 330,000
     135.부가세대급금 30,000

구분	코드	계정과목	차변	대변	코드	거래처	적요	관리
차변	135	부가세대급금	30,000		06200	오피스알파	소모품	
차변	172	소모품	300,000		06200	오피스알파	소모품	
대변	101	현금		330,000	06200	오피스알파	소모품	
		전표건별 소계	330,000	330,000				

입력 [회계] − [부가가치세 Ⅰ] − [신용카드매출전표등 수령금액 합계표(갑)] − 10월 ~ 12월

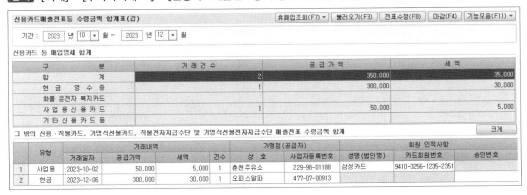

※ 입력한 거래자료가 반영되지 않았다면 불러오기(F3) 클릭

입력 [회계] − [부가가치세 Ⅰ] − [부가가치세신고서] − 10월 1일 ～ 12월 31일

• 14.그밖의공제매입세액 더블 클릭 − 41.신용매출전표 수취/일반란에 반영되었는지 확인

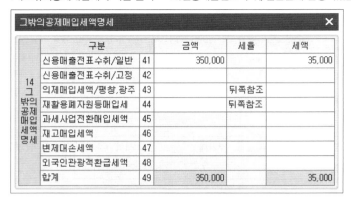

• 18.그밖의경감·공제세액을 더블 클릭 − 54.전자신고및전자고지란에 10,000원 입력

[실무수행평가] − 부가가치세관리

11	12	13	14	15
56,000,000	32	1	690,565	196,800,000
16	**17**	**18**	**19**	**20**
모두 정답	②	350,000	10,000,000	−13,477,800

11~12 [조회] [회계] − [부가가치세 Ⅰ] − [세금계산서합계표] − 4월 ～ 6월

13 조회 [회계] – [전표입력/장부] – [매입매출전표입력] – 6월 15일

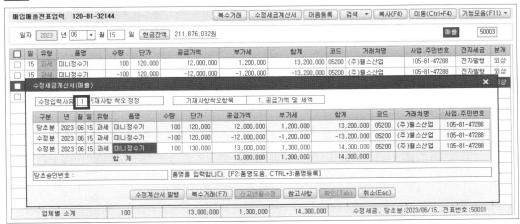

14 조회 [회계] – [부가가치세 Ⅰ] – [의제매입세액공제신고서] – 7월 ~ 9월

구분	매입처수	건수	매입가액	공제율	의제매입세액
합 계	2	2	12,200,000	6/106	690,565
사업자매입분(계 산 서)	1	1	10,000,000	6/106	566,037
사업자매입분(신용카드)	1	1	2,200,000	6/106	124,528
농·어민 매 입 분					

15 조회 [회계] – [부가가치세 Ⅰ] – [부가가치세신고서] – 7월 1일 ~ 9월 30일

구 분			금액	세율	세액
과세표준및매출세액	과세	세금계산서발급분 1	196,800,000	10/100	19,680,000
		매입자발행세금계산서 2		10/100	
		신용카드·현금영수증 3		10/100	
		기타 4		10/100	
	영세	세금계산서발급분 5	30,000,000	0/100	
		기타 6		0/100	
	예정신고누락분 7				
	대손세액가감 8				
	합계 9		226,800,000	㉑	19,680,000

16 조회 [회계] – [부가가치세 Ⅰ] – [부가가치세신고서] – 7월 1일 ~ 9월 30일

• 거래내역 없는 것이 정답

① [세금계산서합계표] : 1번란 확인

② [신용카드매출전표등수령금액합계표], ③ [의제매입세액공제신고서] : 14번란 클릭 – 우측 [역추적]에서 확인

④ [(면세)계산서합계표] : 우측 상단의 과표(F7) 클릭 – 85, 86번란 확인

17　조회 [회계] – [부가가치세 Ⅰ] – [부가가치세신고서] – 7월 1일 ~ 9월 30일

② 사업자가 영세율을 적용받는 경우 예정신고에 대한 환급세액을 조기환급받을 수 있다.

①, ④ 우측 상단에서 과표(F7) 클릭 → [과세표준명세]에서 확인할 수 있다.

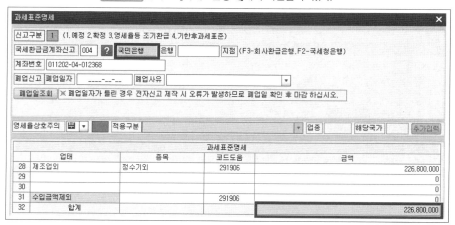

> **핵심이론**　**전자신고 세액공제**
>
> 납세자*가 직접 전자신고의 방법으로 부가가치세 확정신고를 하는 경우에는 해당 납부세액에서 1만원을 공제한다.
> *간이과세자 포함

18　조회 [회계] – [부가가치세 Ⅰ] – [신용카드매출전표등 수령금액 합계표(갑)] – 10월 ~ 12월

19 조회 [회계] – [부가가치세 Ⅰ] – [부가가치세신고서] – 10월 1일 ∼ 12월 31일

과세표준명세				✕

신고구분 2 (1.예정 2.확정 3.영세율등 조기환급 4.기한후과세표준)

국세환급금계좌신고 004 ? 국민은행 은행   지점 (F3-회사환급은행,F2-국세청은행)

계좌번호 011202-04-012368

폐업신고 폐업일자 ----.--.-- 폐업사유   ▼

폐업일조회 ※ 폐업일자가 틀린 경우 전자신고 제작 시 오류가 발생하므로 폐업일 확인 후 마감 하십시오.

영세율상호주의 📋 ▼   적용구분   ▼ 업종   해당국가   추가입력

			과세표준명세	
	업태	종목	코드도움	금액
28	제조업외	정수기외	291906	306,747,500
29				0
30				0
31	수입금액제외		291906	10,000,000
32	합계			316,747,500

20 조회 [회계] – [부가가치세 Ⅰ] – [부가가치세신고서] – 10월 1일 ∼ 12월 31일

차가감납부할세액(환급받을세액) (⑮-㉑-㉒-㉓-㉔-㉕-㉖-㉗+㉘)	27	-13,477,800

실무수행 3   결 산

① 입력 [회계] – [전표입력/장부] – [일반전표입력] – 12월 31일

(차) 305.외화장기차입금   1,000,000   (대) 910.외화환산이익   1,000,000

     (01630.tesla.co.kr)

※ US$100,000 × (전기말 적용환율 1,300 – 결산일 적용환율 1,290) = 1,000,000

□	일	번호	구분	코드	계정과목	코드	거래처	적요	차변	대변
□	31	00001	차변	305	외화장기차입금	01630	tesla.co.kr		1,000,000	
□	31	00001	대변	910	외화환산이익					1,000,000

② 조회 [회계] – [결산/재무제표 Ⅰ] – [합계잔액시산표] – 12월 31일

• 선납세금 잔액 조회

	차 변		계 정 과 목	대 변	
잔 액	합 계			합 계	잔 액
7,521,000	7,521,000		선 납 세 금		

입력 [회계] – [전표입력/장부] – [일반전표입력] – 12월 31일

(차) 998.법인세등   7,521,000   (대) 136.선납세금   7,521,000

□	31	00002	차변	998	법인세등				7,521,000	
□	31	00002	대변	136	선납세금					7,521,000

입력 [회계] – [결산/재무제표 Ⅰ] – [결산자료입력] – 1월 ～ 12월

• 법인세 계상란에 8,134,200 입력

　※ 14,232,000 + 1,423,200 − 7,521,000 = 8,134,200

9. 법인세등			15,655,200
1). 법인세등		7,521,000	
2). 법인세 계상		8,134,200	

• 기말 제품 재고액란에 32,000,000 입력 후 [전표추가(F3)]를 클릭하여 결산분개를 일반전표에 추가

　※ 시용판매의 경우 구입의사표시를 하기 전까지는 판매자의 재고자산에 포함

입력 [회계] – [결산/재무제표 Ⅰ] – [이익잉여금처분계산서]

• '저장된 데이터 불러오기' → '아니오' 선택

• 당기 처분 예정일, 전기 처분 확정일 입력 후 [전표추가(F3)]를 클릭하여 손익대체분개를 일반전표에 추가

[실무수행평가] – 재무회계

21	22	23	24	25
650,000	129,618,200	90,000	1,500,000	335,140,000
26	**27**	**28**	**29**	**30**
2,150,000	1,460,000	33,000,000	①	50,040,000
31	**32**	**33**	**34**	**35**
129,000,000	32,000,000	8,134,200	510,000	③

21 조회 [회계] – [결산/재무제표 Ⅰ] – [영수증수취명세서]

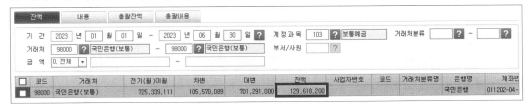

22 조회 [회계] – [결산/재무제표 Ⅰ] – [영수증수취명세서]

23 조회 [회계] – [전표입력/장부] – [일/월계표] – 1월 ~ 3월

24 조회 [회계] – [전표입력/장부] – [일/월계표] – 4월 ~ 6월

25 조회 [회계] – [전표입력/장부] – [일/월계표] – 4월 ~ 6월

	일계표	월계표						

조회기간 2023 년 04 월 ~ 2023 년 06 월

차	변		계 정 과 목	대	변	
계	대 체	현 금		현 금	대 체	계
			[매 출]	27,180,000	307,960,000	335,140,000
			제 품 매 출	27,180,000	307,960,000	335,140,000

26 조회 [회계] – [전표입력/장부] – [일/월계표] – 10월 ~ 12월

	일계표	월계표						

조회기간 2023 년 10 월 ~ 2023 년 12 월

차	변		계 정 과 목	대	변	
계	대 체	현 금		현 금	대 체	계
2,150,000	50,000	2,100,000	차 량 유 지 비			

27 조회 [회계] – [결산/재무제표 Ⅰ] – [합계잔액시산표] – 6월 30일

차	변		계 정 과 목	대	변	
잔 액	합 계			합 계	잔 액	
1,460,000	1,460,000		단 기 매 매 증 권			

28 조회 [회계] – [결산/재무제표 Ⅰ] – [합계잔액시산표] – 6월 30일

차	변		계 정 과 목	대	변	
잔 액	합 계			합 계	잔 액	
33,000,000	33,000,000		퇴 직 연 금 운 용 자 산			

29 조회 [회계] – [결산/재무제표 Ⅰ] – [재무상태표] – 9월

과목	제 6(당)기 [2023/01/01 ~ 2023/09/30]		제 5(전)기 [2022/01/01 ~ 2022/12/31]	
	금	액	금	액
원 재 료		352,685,398		16,841,510

30 조회 [회계] – [결산/재무제표 Ⅰ] – [재무상태표] – 12월

과목	제 6(당)기 [2023/01/01 ~ 2023/12/31]		제 5(전)기 [2022/01/01 ~ 2022/12/31]	
	금	액	금	액
차 량 운 반 구	75,040,000		60,000,000	
감 가 상 각 누 계 액	25,000,000	50,040,000	25,000,000	35,000,000

31 조회 [회계] – [결산/재무제표 Ⅰ] – [재무상태표] – 12월

과목	제 6(당)기 [2023/01/01 ~ 2023/12/31]		제 5(전)기 [2022/01/01 ~ 2022/12/31]	
	금	액	금	액
Ⅱ. 비 유 동 부 채		269,000,000		220,000,000
장 기 차 입 금		100,000,000		50,000,000
퇴 직 급 여 충 당 부 채		40,000,000		40,000,000
외 화 장 기 차 입 금		129,000,000		130,000,000

32 [조회] [회계] − [결산/재무제표 Ⅰ] − [재무상태표] − 12월

과목	제 6(당)기 [2023/01/01 ~ 2023/12/31]		제 5(전)기 [2022/01/01 ~ 2022/12/31]	
	금	액	금	액
제 품		32,000,000		12,000,000

33 [조회] [회계] − [결산/재무제표 Ⅰ] − [재무상태표] − 12월

과목	제 6(당)기 [2023/01/01 ~ 2023/12/31]		제 5(전)기 [2022/01/01 ~ 2022/12/31]	
	금	액	금	액
미 지 급 세 금		8,134,200		0

34 [조회] [회계] − [결산/재무제표 Ⅰ] − [재무상태표] − 12월

과목	제 6(당)기 [2023/01/01 ~ 2023/12/31]		제 5(전)기 [2022/01/01 ~ 2022/12/31]	
	금	액	금	액
소 모 품		510,000		0

35 [조회] [회계] − [결산/재무제표 Ⅰ] − [재무상태표] − 12월

과목	제 6(당)기 [2023/01/01 ~ 2023/12/31]		제 5(전)기 [2022/01/01 ~ 2022/12/31]	
	금	액	금	액
Ⅴ. 이 익 잉 여 금		294,802,471		167,053,020
이 익 준 비 금		15,100,000		15,100,000
미 처 분 이 익 잉 여 금		279,702,471		151,953,020

실무수행 4 근로소득관리

① [입력] [인사급여] − [기초/인사관리] − [사원등록] − 1004.윤현우

● **부 양 가 족 명 세** (2023.12.31 기준)

	연말정산관계	기본	세대	부녀	장애	경로70세	출산입양	자녀	한부모	성명	주민(외국인)번호	가족관계
1	0.본인	본인	○							윤현우	내 741011-1111113	
2	1.(소)직계존속	부								윤두식	내 380922-1785417	03.부
3	1.(소)직계존속	60세이상				○				이채민	내 401112-2075529	04.모
4	3.배우자	배우자								이다정	내 800117-2247093	02.배우자
5	4.직계비속(자녀	20세이하					○(1)	○		윤만세	내 150812-4985710	05.자녀
6	6.형제자매	부								윤도준	내 770915-1927311	22.제
	합 계					1	1	1				

- 윤현우(연말정산관계 : 0.본인)
  - 본인이 세대주이므로 세대란에 1 입력
- 윤두식(연말정산관계 : 1.소득자 직계존속)
  - 60세 이상이지만 연간 소득금액 합계액이 100만원을 초과하므로 부양가족공제 불가능

핵심이론	부양가족공제(직계존속)

거주자와 생계를 같이하는 60세 이상인 직계존속으로서 해당 과세기간의 소득금액 합계액이 100만원 이하인 사람

- 이채민(연말정산관계 : 1.소득자 직계존속)
  - 60세 이상이면서 연간 소득금액 합계액이 100만원 이하이므로 부양가족공제 가능

핵심이론	연간 소득금액 합계액 100만원 산정방법

1. 일시적으로 발생한 퇴직소득금액과 양도소득금액도 포함
2. 근로소득만 있는 경우 총급여액 500만원 이하
3. 비과세 · 분리과세 · 비열거 소득은 제외

  - 기본공제대상자면서 70세 이상이므로 경로우대자공제 가능

핵심이론	경로우대자공제

기본공제대상자면서 70세 이상인 사람

- 이다정(연말정산관계 : 3.배우자)
  - 연간 소득금액 합계액이 100만원 이하이므로 부양가족공제 가능
- 윤만세(연말정산관계 : 4.직계비속(자녀, 입양자))
  - 20세 이하면서 연간 소득금액 합계액이 100만원 이하이므로 부양가족공제 가능

핵심이론	부양가족공제(직계비속)

거주자와 생계를 같이하는 20세 이하인 직계비속으로서 해당 과세기간의 소득금액 합계액이 100만원 이하인 사람

  - 해당 과세기간에 입양한 공제대상자녀이므로 자녀세액공제 가능

핵심이론	자녀세액공제

1. 기본공제대상자에 해당하는 자녀(공제대상자녀)로서 8세 이상인 사람이 있는 경우
2. 해당 과세기간에 출산하거나 입양신고한 공제대상자녀가 있는 경우

- 윤도준(연말정산관계 : 6.형제자매)
  - 장애인은 나이 제한을 받지 않지만 총급여액이 500만원을 초과하여 부양가족공제 불가능

핵심이론	부양가족공제(형제자매)

거주자와 생계를 같이하는 20세 이하인 직계비속으로서 해당 과세기간의 소득금액 합계액이 100만원 이하인 사람

[실무수행평가] – 근로소득관리 1

36	37	38	39	40
6,000,000	1,000,000	0	150,000	300,000

36~40 조회 [인사급여] – [연말정산관리] – [연말정산 근로소득원천징수영수증] – 1004.윤현우

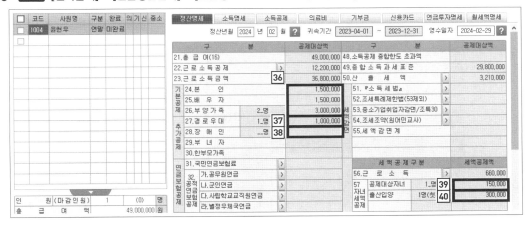

② 입력 [인사급여] – [기초/인사관리] – [사원등록] – 1002.김도훈

직전 연도 총급여액이 3천만원을 초과하여 연장근로 비과세 적용 대상이 아님

18. 생산직 등 여 부	1	여	연장근로비과세	0	부

> **핵심이론** 생산직 근로자의 연장근로 비과세
>
> 생산 및 관련 종사자로서 월정액급여가 210만원 이하이면서 직전 과세기간의 총급여액이 3천만원 이하인 근로자가
> 연장·야간·휴일근로를 하여 통상임금에 더하여 받는 연 240만원 이하의 금액은 비과세한다.

입력 [인사급여] – [근로소득관리] – [급여자료입력]

• 수당/공제등록 을 클릭하여 수당등록

	코드	수당명	과세구분	근로소득유형	
1	101	기본급	과세	1.급여	
2	102	상여	과세	2.상여	
3	200	육아수당	비과세	7.육아수당	Q01
4	201	자격증수당	과세	1.급여	
5	202	식대	비과세	2.식대	P01
6	203	월차수당	과세	1.급여	
7	204	야간근로수당	비과세	1.연장근로	O01

• 박성욱의 급여자료입력

코드	사원명	직급	감면율		급여항목	지급액		공제항목	공제액
1001	박성욱				기본급	5,000,000		국민연금	225,000
1002	김도훈				육아수당	120,000		건강보험	177,250
1003	이익준				자격증수당	200,000		고용보험	48,060
1004	윤현우(연말)				식대	220,000		장기요양보험료	22,700
					월차수당	100,000		소득세	354,140
					야간근로수당			지방소득세	35,410

귀속년월 2023 년 12 월 구 분 1.급여 지급일 2023 년 12 월 25 일 ? 정렬 1.코드

• 김도훈의 급여자료입력

귀속년월 2023 년 12 월 구 분 1.급여 지급일 2023 년 12 월 25 일 ? 정렬 1.코드

코드	사원명	직급	감면율		급여항목	지급액		공제항목	공제액
1001	박성욱				기본급	2,100,000		국민연금	135,000
1002	김도훈				육아수당			건강보험	106,350
1003	이익준				자격증수당	100,000		고용보험	28,080
1004	윤현우(연말)				식대	220,000		장기요양보험료	13,620
					월차수당	100,000		소득세	84,620
					야간근로수당	800,000		지방소득세	8,460

입력 [인사급여] – [근로소득관리] – [원천징수이행상황신고서]

• 12.전월미환급란에 30,000 입력

※ 지방소득세는 입력하지 않음

41	42	43	44	45
300,000	4,777,440	3,120,000	800,000	408,760

41~42 조회 [인사급여] – [근로소득관리] – [급여자료입력]

43~44 조회 [인사급여] – [근로소득관리] – [급여자료입력]

45 　조회　 [인사급여] – [근로소득관리] – [원천징수이행상황신고서]

귀속기간	2023 년	12 월	~	2023 년	12 월	지급기간	2023 년	12 월	~	2023 년	12 월	0.정기신고

1.신고구분 ☑ 매월 □ 반기 □ 수정 □ 연말 □ 소득처분 □ 환급신청　2.귀속연월 202312　3.지급연월 202312　일괄납부 ○ 여 ⊙ 부　사업자단위 ○ 여 ⊙

원천징수내역　.부표-거주자　부표-비거주자　부표-법인원천

구분		코드	소득지급(과세미달,비과세포함)		징수세액				9.당월 조정 환급세액	10.소득세 등 (가산세 포함)	11.농어촌 특별세
			4.인원	5.총지급액	6.소득세 등	7.농어촌특별세	8.가산세				
근로소득	간 이 세 액	A01	2	8,960,000	438,760						
	중 도 퇴 사	A02									
	일 용 근 로	A03									
	연말정산합계	A04									
	연말분납금액	A05									
	연말납부금액	A06									
	가 감 계	A10	2	8,960,000	438,760				30,000	408,760	

③ 　입력　 [인사급여] – [연말정산관리] – [연말정산 근로소득원천징수영수증] – 1003.이익준

• 의료비 세액공제 : [의료비] 탭

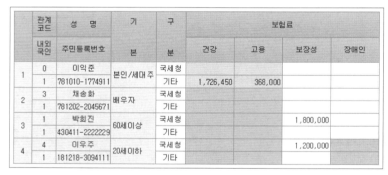

	공제대상자				지급처			지급명세		
	부양가족 관계코드	성명	내 외	주민등록번호	본인등 해당여부	상호	사업자번호	의료증빙 코 드	건수	지급액	실손의료보험금
1	직계비속(자녀,입	이우주	내	181218-3094111	×			국세청	1	3,000,000	500,000

※ 시력보정용 안경 · 콘택트렌즈 구입비는 1명당 연 50만원 이내의 금액만 공제대상 의료비에 포함

• 보험료 세액공제 : [소득공제] 탭

	관계 코드	성 명	기	구	보험료			
	내외 국인	주민등록번호	본	분	건강	고용	보장성	장애인
1	0	이익준	본인/세대주	국세청				
	1	781010-1774911		기타	1,726,450	368,000		
2	3	채송화	배우자	국세청				
	1	781202-2045671		기타				
3	1	박희진	60세이상	국세청			1,800,000	
	1	430411-2222229		기타				
4	4	이우주	20세이하	국세청			1,200,000	
	1	181218-3094111		기타				

• 연금계좌 세액공제 : [정산명세] 탭

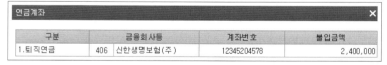

연금계좌				✕
구분	금융회사등		계좌번호	불입금액
1.퇴직연금	406	신한생명보험(주)	12345204578	2,400,000

※ 연금계좌 세액공제는 거주자 본인에 대한 지출액만 공제대상으로 함

• [정산명세] 탭을 눌러 입력한 내역이 반영되었는지 확인

46	47	48	49	50
360,000	120,000	177,000	−695,210	②

46~50 조회 [인사급여] – [연말정산관리] – [연말정산 근로소득원천징수영수증] – 1003.이익준

| 정산명세 | 소득명세 | 소득공제 | 의료비 | 기부금 | 신용카드 | 연금투자명세 | 월세액명세 |

	33.보험	가.건강	1,726,450	>	1,726,450			58.과학기술인공제	46		
		나.고용	368,000	>	368,000		연금계좌	59.근로자퇴직급여보장법	>		360,000
	34.주택 – 가.주택임차 차입금 원리금상환액	대출기관		>				60.연금저축	>		
		거주자		>				60-1. ISA만기시연금계좌	>		
특별소득공제	34.주택자금	11년이전 차입분	15년미만	>				61.보장성보험	3,000,000	47	120,000
			15~29년	>				62.의료비	3,000,000	48	177,000
			30년이상	>				63.교육비	0	>	
	나.장기주택 저당차입금 이자상환액	12년이후 차입분 (15년이상)	고정or비거치	>			특별세액공제	64기부금	정치	10만원이하	>
			기타대출	>						10만원초과	>
		15년이후 차입분 (15년이상)	고정&비거치	>					나.법정기부금	>	
			고정or비거치	>			세액공제		다.우리사주기부금	>	
			기타대출	>					라.지정기부금(종교외)	>	
		15년이후 차입분 (10~15년	고정or비거치	>					마.지정기부금(종교)	>	
	35.기부금(이월분)			>				65.계			297,000
	36.계				2,094,450			66.표준세액공제		>	
37.차 감 소 득 금 액					19,075,550			67.납 세 조 합 공 제		>	
그밖의소득공제	38.개인연금저축			>				68.주 택 차 입 금		>	
	39.소기업·소상공인공제부금			>				69.외 국 납 부		>	
	40.주택마련저축	가.청약저축		>				70.월세액		>	
		나.주택청약종합저축		>							
		다.근로자주택마련저축		>							
	41.투자조합출자 등			>							
	42.신용카드등		0	>							
	43.우리사주조합 출연금			>							
	44.고용유지중소기업근로자			>							
	45.장기집합투자증권저축			>			71.세 액 공 제 계			1,317,000
	46.청년형장기집합투자증권저축			>			72.결 정 세 액(50-55-71)		50	284,332
	47.그 밖의 소득 공제 계						82.실 효 세 율(%) (72/21)×100%			0.6%

	소득세	지방소득세	농어촌특별세	계
73.결정세액	284,332	28,433	0	312,765
기납부 세액 74.종(전) 근무지	0	0	0	0
75.주(현) 근무지	979,550	97,900	0	1,077,450
76. 납부특례세액 49	0	0	0	0
77. 차감징수세액(73-74-75-76)	−695,210	−69,460	0	−764,670

실무이론평가

01	02	03	04	05	06	07	08	09	10
②	②	①	④	①	③	④	③	②	④

01 재고자산 평가방법의 변경과 유가증권의 취득단가 산정방법 변경 등은 회계정책의 변경에 해당한다.

핵심이론 회계정책의 변경과 회계추정의 변경	
구 분	내 용
회계정책의 변경	• 재무제표의 작성과 보고에 적용하던 회계정책을 다른 회계정책으로 바꾸는 것 • 변경된 새로운 회계정책은 소급하여 적용 • 재고자산 평가방법의 변경, 유가증권의 취득단가 산정방법 변경 등
회계추정의 변경	• 기업환경의 변화, 새로운 정보의 획득 또는 경험의 축적에 따라 지금까지 사용해오던 회계적 추정치의 근거와 방법 등을 바꾸는 것 • 회계추정의 변경은 전진적으로 처리 • 대손의 추정, 재고자산 진부화 여부에 대한 판단·평가, 우발부채의 추정, 감가상각자산의 내용 연수 또는 감가상각방법의 변경 및 잔존가액의 추정 등 • 회계추정 변경의 효과는 당해 회계연도 개시일부터 적용
회계변경의 의의	매기 동일한 회계정책·회계추정을 사용하면 비교가능성이 증대되어 재무제표의 유용성이 향상됨

02 • 매출원가 = $\underbrace{(50개 \times 100)}_{7/1\ 월초재고} + \underbrace{(30개 \times 120)}_{7/12\ 매입분} = 8,600$

∴ 매출총이익 = 매출 16,000 − 매출원가 8,600 = 7,400

03 • 3/1 (차) 보험료 2,400,000 (대) 현금 등 2,400,000
∴ 12/31 (차) 선급비용* 400,000 (대) 보험료* 400,000
*2,400,000 × 2개월/12개월

04 • 1/1 대변 130,000 : 기초 대손충당금 잔액
• 7/6 차변 30,000 : 대손 발생으로 인한 대손충당금 차감
• 12/31 대변 100,000 : 기말 대손추정액 중 대손충당금 잔액 100,000을 제외한 추가설정액
∴ 기말 대손추정액 = 대손추정 전 잔액 100,000 + 추가설정액 100,000 = 200,000

05
- 2022년 말   (차) 토 지   200,000   (대) 재평가이익(기타포괄손익누계액)   200,000
- ∴ 2023년 말   (차) 재평가이익(기타포괄손익누계액)   200,000   (대) 토 지   400,000

             재평가손실(당기손익)   200,000

핵심이론 유형자산의 재평가

구 분	회계처리

재평가로 증가된 경우	• 재평가감소액이 없는 경우
	  (차) 유형자산 ××× (대) 재평가이익(기타포괄손익누계액) ×××
	• 재평가감소액이 있는 경우
	  (차) 재평가손실(당기손익) ××× (대) 유형자산 ×××
	       재평가이익(기타포괄손익누계액) ×××

재평가로 감소된 경우	• 재평가증가액이 없는 경우
	  (차) 재평가손실(당기손익) ××× (대) 유형자산 ×××
	• 재평가증가액이 있는 경우
	  (차) 재평가이익(기타포괄손익누계액) ××× (대) 유형자산 ×××
	       재평가손실(당기손익)

06
- 2021년 중   (차) 매도가능증권   1,000,000   (대) 현금 등   1,000,000
- 2021년 말   (차) 매도가능증권평가손실   100,000   (대) 매도가능증권   100,000
- 2022년 말   (차) 매도가능증권   300,000   (대) 매도가능증권평가손실   100,000

                             매도가능증권평가이익   200,000
- ∴ 2023년 말   (차) 현금 등   1,100,000   (대) 매도가능증권   1,200,000

             매도가능증권평가이익   200,000   매도가능증권처분이익   100,000

핵심이론 매도가능증권의 평가손익과 처분손익
- 평가손익 : 기타포괄손익누계액으로 인식
- 처분손익 : 당기손익으로 인식

07 재화의 공급은 계약상·법률상의 모든 원인에 따라 재화를 인도하거나 양도하는 것으로 하며, 재화가 파손·훼손·멸실된 경우 재화의 공급으로 보지 않는다.

> **핵심이론** 재화의 공급
>
> 1. 재화의 공급으로 보지 않는 것
>   (1) 재화를 담보로 제공하는 것으로서
>   (2) 사업을 양도하는 것으로서 사업장별로 그 사업에 관한 모든 권리와 의무를 포괄적으로 승계시키는 것
>   (3) 법률에 따라 조세를 물납하는 것
>   (4) 신탁재산의 소유권 이전으로서 다음 어느 하나에 해당하는 경우
>   ① 위탁자로부터 수탁자에게 신탁재산을 이전하는 경우
>   ② 신탁의 종료로 인하여 수탁자로부터 위탁자에게 신탁재산을 이전하는 경우
>   ③ 수탁자가 변경되어 새로운 수탁자에게 신탁재산을 이전하는 경우
> 2. 공급가액에 포함하지 않는 금액
>   (1) 품질, 수량, 인도조건, 결제방법, 그 밖의 공급조건에 따라 통상의 대가에서 일정액을 직접 깎아 주는 금액
>   (2) 환입된 재화의 가액
>   (3) 공급받는 자에게 도달하기 전에 파손·훼손·멸실한 재화의 가액
>   (4) 재화 또는 용역의 공급과 직접 관련되지 않는 국고보조금과 공공보조금
>   (5) 공급에 대한 대가의 지급이 지체되었음을 이유로 받는 연체이자
>   (6) 공급에 대한 대가를 약정기일 전에 받았다는 이유로 사업자가 당초의 공급가액에서 할인해 준 금액

08 접대비 및 이와 유사한 비용의 지출에 관련된 매입세액과 토지 관련 매입세액은 공제하지 않는다.

> **핵심이론** 공제하지 아니하는 매입세액
>
> 1. 매입처별 세금계산서합계표를 제출하지 아니한 경우의 매입세액 또는 제출한 매입처별 세금계산서합계표의 기재사항 중 거래처별 등록번호 또는 공급가액의 전부 또는 일부가 적히지 아니하였거나 사실과 다르게 적힌 경우 그 기재사항이 적히지 아니한 부분 또는 사실과 다르게 적힌 부분의 매입세액
> 2. 세금계산서 또는 수입세금계산서를 발급받지 아니한 경우 또는 발급받은 세금계산서 또는 수입세금계산서에 필요적 기재사항의 전부 또는 일부가 적히지 아니하였거나 사실과 다르게 적힌 경우의 매입세액
> 3. 사업과 직접 관련이 없는 지출에 대한 매입세액
> 4. 비영업용 승용자동차의 구입과 임차 및 유지에 관한 매입세액
> 5. 접대비 및 이와 유사한 비용의 지출에 관련된 매입세액
> 6. 면세사업등에 관련된 매입세액과 토지 관련 매입세액
> 7. 사업자등록을 신청하기 전의 매입세액. 다만, 공급시기가 속하는 과세기간이 끝난 후 20일 이내에 등록을 신청한 경우 등록신청일부터 공급시기가 속하는 과세기간 기산일까지 역산한 기간 내의 것은 제외

09 가. 2,000만원 이하의 금융소득은 분리과세된다.

나. 양도소득은 분류과세하므로 종합소득금액에 포함되지 않는다.

다. 실제 사용된 필요경비만 공제하는 기타소득이므로 기타소득금액은 6,000,000원이며 3,000,000원을 초과하므로 종합과세한다.

10 부녀자공제와 한부모공제에 동시에 해당하는 경우 공제액이 더 큰 한부모공제만 적용한다.

핵심이론 **생계를 같이하는 부양가족의 판정시기**

공제대상 배우자, 부양가족, 장애인, 경로우대자에 해당하는지 여부의 판정은 해당 과세기간의 과세기간 종료일 현재의 상황에 따름. 단, 과세기간 종료일 전에 사망한 사람 또는 장애가 치유된 사람에 대해서는 사망일·치유일의 전날의 상황에 따름. 또한 적용대상 나이가 정해진 경우에는 해당 과세기간 중에 해당 나이에 해당되는 날이 있는 경우에 공제대상자로 봄

실무수행 1 거래자료 입력

① **입력** [회계] – [전표입력/장부] – [일반전표입력] – 1월 25일

(차) 819.임차료   2,000,000   (대) 103.보통예금   2,000,000

                                               (98000.국민은행(보통))

□	일	번호	구분	코드	계정과목	코드	거래처	적요	차변	대변
□	25	00001	차변	819	임차료				2,000,000	
□	25	00001	대변	103	보통예금	98000	국민은행(보통)			2,000,000

입력 [회계] – [결산/재무제표 Ⅰ] – [경비등의송금명세서]

번호	⑥거래일자	⑦법인명(상호)	⑧성명	⑨사업자(주민)등록번호	⑩거래내역	⑪거래금액	⑫송금일자	CD	⑬은행명	⑭계좌번호	계정코드
1	2023-01-25	이도물산	이창성	211-08-98342	임차료	2,000,000	2023-01-25	003	기업은행	801210-52-072659	

② **입력** [회계] – [전표입력/장부] – [일반전표입력] – 2월 10일

- 거래자료 입력

(차) 936.매출채권처분손실*   200,000   (대) 110.받을어음   10,000,000

     103.보통예금   9,800,000   (00104.(주)버팔로)

     (98000.국민은행(보통))

*액면금액 10,000,000 × 할인율 12% × 2개월 / 12개월

□	일	번호	구분	코드	계정과목	코드	거래처	적요	차변	대변
□	10	00001	차변	936	매출채권처분손실				200,000	
□	10	00001	차변	103	보통예금	98000	국민은행(보통)		9,800,000	
□	10	00001	대변	110	받을어음	00104	(주)버팔로			10,000,000

핵심이론 어음의 할인

1. 매각거래로 보는 경우 : 할인료를 매출채권처분손실(영업외비용)로 처리하고 매출채권은 즉시 제거

    (차) 매출채권처분손실   ×××   (대) 받을어음   ×××

        예금 등   ×××

2. 차입거래로 보는 경우 : 할인료를 이자비용(영업외비용)로 처리하고 차입금 계정으로 인식

    (차) 이자비용   ×××   (대) 차입금   ×××

        예금 등   ×××

- 받을어음 클릭 후 F3을 눌러 자금관련 정보입력

● 받을어음 관리								삭제(F5)
어음상태 2 할인(전액)	**어음번호** 00420230110123456789		수취구분 1 자수	발행일 2023-01-10	만기일 2023-04-10			
발행인 00104 (주)버팔로			지급은행 100 국민은행		지 점 역삼			
배서인	할인기관 98000 국민은행(보통)		지 점		할인율(%) 12	어음종류 6 전자		
지급거래처				* 수령된 어음을 타거래처에 지급하는 경우에 입력합니다.				

③   **입력** [회계] – [전표입력/장부] – [일반전표입력] – 4월 10일

(차) 254.예수금   258,220   (대) 103.보통예금   526,960

      511.복리후생비   129,110   (98000.국민은행(보통))

      811.복리후생비   129,110

      960.잡손실   10,520

□	일	번호	구분	코드	계정과목	코드	거래처	적요	차변	대변
□	10	00001	차변	254	예수금				258,220	
□	10	00001	차변	511	복리후생비				129,110	
□	10	00001	차변	811	복리후생비				129,110	
□	10	00001	차변	960	잡손실				10,520	
□	10	00001	대변	103	보통예금	98000	국민은행(보통)			526,960

실무수행 2   부가가치세관리

①   **입력** [회계] – [전표입력/장부] – [매입매출전표입력] – 5월 25일

• 거래자료 입력

거래유형	품 명	수 량	단 가	거래처	분개유형
12.영세	등산모자	100	60,000	03350.(주)메아리	2.외상

□	일	유형	품명	수량	단가	공급가액	부가세	합계	코드	거래처명	사업.주민번호	전자세금	분개
□	25	영세	등산모자	100	60,000	6,000,000		6,000,000	03350	(주)메아리	514-81-35782		외상

※ 전자세금란은 [전자세금계산서 발행 및 내역관리]에서 발급 및 전송 후 자동 반영

• 하단 전표 입력

(차) 108.외상매출금   6,000,000   (대) 404.제품매출   6,000,000

구분	코드	계정과목	차변	대변	코드	거래처	적요	관리
차변	108	외상매출금	6,000,000		03350	(주)메아리	등산모자 100 X 60,000	
대변	404	제품매출		6,000,000	03350	(주)메아리	등산모자 100 X 60,000	
		전표건별 소계	6,000,000	6,000,000				

입력 [회계] – [부가가치세 II] – [전자세금계산서 발행 및 내역관리] – 5월 25일

• 미전송된 내역을 체크한 후 전자발행 ▼ 을 클릭하여 표시되는 [로그인] 화면에서 확인(TAB) 클릭

• [전자(세금)계산서 발행] 화면이 조회되면 발행(F3) 을 클릭한 다음 확인 클릭

• 국세청란에 '발행대상'으로 표시되면 ACADEMY 전자세금계산서 클릭

• [Bill36524 교육용 전자세금계산서] 화면에서 '로그인' 클릭

• [세금계산서 리스트]에서 '미전송' 체크 → '매출 조회' 클릭 → '발행' 클릭 → '확인' 클릭

입력 [회계] – [전표입력/장부] – [매입매출전표입력] – 5월 25일

• 전자세금란이 '전자발행'으로 반영되었는지 확인

□	일	유형	품명	수량	단가	공급가액	부가세	합계	코드	거래처명	사업.주민번호	전자세금	분개
□	25	영세	등산모자	100	60,000	6,000,000		6,000,000	03350	(주)메아리	514-81-35782	전자발행	외상

② **입력** [회계] – [전표입력/장부] – [매입매출전표입력] – 6월 10일

- 해당 전표 선택 후 상단의 [수정세금계산서] 클릭

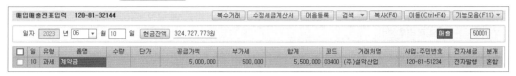

- 수정사유 : 4.계약의 해제 선택 후 [확인(Tab)] 클릭

- 수정 전표 작성일 : 6월 20일 입력 후 [확인(Tab)] 클릭

구분	년	월	일	유형	품명	수량	단가	공급가액	부가세	합계	코드	거래처명	사업.주민번호
당초분	2023	06	10	과세	계약금			5,000,000	500,000	5,500,000	03400	(주)설악산업	120-81-51234
수정분	2023	06	20	과세	계약금			-5,000,000	-500,000	-5,500,000	03400	(주)설악산업	120-81-51234

입력 [회계] – [전표입력/장부] – [매입매출전표입력] – 6월 20일

- 하단 전표 입력

(차) 101.현금   -5,500,000   (대) 255.부가세예수금   -500,000
                                                 259.선수금   -5,000,000

구분	코드	계정과목	차변	대변	코드	거래처	적요	관리
대변	255	부가세예수금		-500,000	03400	(주)설악산업	계약금	
대변	259	선수금		-5,000,000	03400	(주)설악산업	계약금	
차변	101	현금	-5,500,000		03400	(주)설악산업	계약금	
		전표건별 소계	-5,500,000	-5,500,000				

입력 [회계] – [부가가치세 II] – [전자세금계산서 발행 및 내역관리] – 6월 20일

- 미전송된 내역을 체크한 후 [전자발행 ▾]을 클릭하여 표시되는 [로그인] 화면에서 [확인(TAB)] 클릭
- [전자(세금)계산서 발행] 화면이 조회되면 [발행(F3)]을 클릭한 다음 [확인] 클릭
- 국세청란에 '발행대상'으로 표시되면 [ACADEMY 전자세금계산서] 클릭
- [Bill36524 교육용 전자세금계산서] 화면에서 '로그인' 클릭
- [세금계산서 리스트]에서 '미전송' 체크 → '매출 조회' 클릭 → '발행' 클릭 → '확인' 클릭

입력 [회계] – [전표입력/장부] – [매입매출전표입력] – 6월 20일

- 전자세금란이 '전자발행'으로 반영되었는지 확인

	일	유형	품명	수량	단가	공급가액	부가세	합계	코드	거래처명	사업.주민번호	전자세금	분개
	20	과세	계약금			-5,000,000	-500,000	-5,500,000	03400	(주)설악산업	120-81-51234	전자발행	혼합

③　**입력** [회계] – [전표입력/장부] – [매입매출전표입력] – 7월 9일

• 거래자료 입력

거래유형	품 명	수 량	단 가	거래처	전자세금	분개유형
12.영세	등산복	10	400,000	03600.(주)승연무역	1.전자입력	4.카드(99601.비씨카드)

□	일	유형	품명	수량	단가	공급가액	부가세	합계	코드	거래처명	사업.주민번호	전자세금	분개
□	09	영세	등산복	10	400,000	4,000,000		4,000,000	03600	(주)승연무역	105-81-21518	전자입력	카드

• 하단 전표 입력

(차) 108.외상매출금　　　　　　　4,000,000　　　(대) 404.제품매출　　　　　　　4,000,000
　　　(99601.비씨카드)

구분	코드	계정과목	차변	대변	코드	거래처	적요	관리
차변	108	외상매출금	4,000,000		99601	비씨카드	등산복 10 X 400,000	
대변	404	제품매출		4,000,000	03600	(주)승연무역	등산복 10 X 400,000	
		전표건별 소계	4,000,000	4,000,000				

입력 [회계] – [전표입력/장부] – [매입매출전표입력] – 7월 13일

• 거래자료 입력

거래유형	품 명	공급가액	부가세	거래처	분개유형
17.카과(99602.우리카드)	등산화	300,000	30,000	03300.(주)삼광산업	3.혼합/4.카드

□	일	유형	품명	수량	단가	공급가액	부가세	합계	코드	거래처명	사업.주민번호	전자세금	분개
□	13	카과	등산화			300,000	30,000	330,000	03300	(주)삼광산업	211-85-41419		카드

• 하단 전표 입력

(차) 108.외상매출금　　　　　　　330,000　　　(대) 404.제품매출　　　　　　　300,000
　　　(99602.우리카드)　　　　　　　　　　　　　　　255.부가세예수금　　　　　30,000

구분	코드	계정과목	차변	대변	코드	거래처	적요	관리
차변	108	외상매출금	330,000		99602	우리카드	등산화	
대변	255	부가세예수금		30,000	03300	(주)삼광산업	등산화	
대변	404	제품매출		300,000	03300	(주)삼광산업	등산화	
		전표건별 소계	330,000	330,000				

입력 [회계] – [전표입력/장부] – [매입매출전표입력] – 7월 21일

• 거래자료 입력

거래유형	품 명	공급가액	부가세	거래처	분개유형
22.현과	제 품	190,000	19,000	04008.이주영	1.현금

□	일	유형	품명	수량	단가	공급가액	부가세	합계	코드	거래처명	사업.주민번호	전자세금	분개
□	21	현과	제품			190,000	19,000	209,000	04008	이주영	123-51-12121		현금

- 하단 전표 입력

(차) 101.현금   209,000   (대) 404.제품매출   190,000

                                                      255.부가세예수금   19,000

구분	코드	계정과목	차변	대변	코드	거래처	적요	관리
입금	255	부가세예수금	현금	19,000	04008	이주영	제품	
입금	404	제품매출	현금	190,000	04008	이주영	제품	
		전표건별 소계	209,000	209,000				

입력 [회계] – [부가가치세 Ⅰ] – [신용카드매출전표발행집계표] – 7월 ~ 9월

- 우측 상단의 불러오기(F3) 를 클릭하여 입력한 거래내역 반영

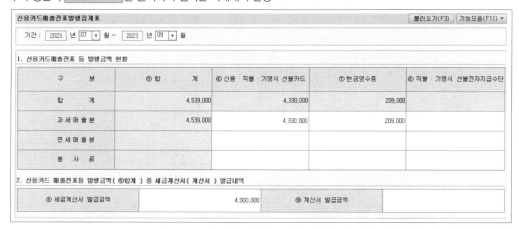

입력 [회계] – [부가가치세 Ⅰ] – [부가가치세신고서] – 7월 1일 ~ 9월 30일

구 분				금액	세율	세액
과세표준및매출세액	과세	세금계산서발급분	1	13,000,000	10/100	1,300,000
		매입자발행세금계산서	2		10/100	
		신용카드.현금영수증	3	490,000	10/100	49,000
		기타	4		10/100	
	영세	세금계산서발급분	5	14,000,000	0/100	
		기타	6		0/100	
	예정 신고누락분		7			
	대손세액가감		8			
	합계		9	27,490,000	㉑	1,349,000

④   **입력** [회계] – [전표입력/장부] – [매입매출전표입력] – 11월 20일

- 거래자료 입력

거래유형	품 명	공급가액	거래처	분개유형
16.수출	등산용품	13,440,000*	04009.K2 Co., Ltd	3.혼합

*공급시기(11월 20일)가 되기 전에 원화로 환가(11월 15일)한 경우 그 환가한 금액을 과세표준으로 함

∴ 1,120/USD × \$12,000 = 13,440,000

☐	일	유형	품명	수량	단가	공급가액	부가세	합계	코드	거래처명	사업.주민번호	전자세금	분개
☐	20	수출	등산용품			13,440,000		13,440,000	04009	K2 Co., Ltd.			혼합

수출재화의 공급시기와 과세표준

1. 수출재화의 공급시기

구 분	공급시기
• 내국물품을 외국으로 반출하는 것 • 중계무역 방식의 수출 • 수입신고 수리 전의 물품으로서 보세구역에 보관하는 물품의 외국으로의 반출	수출재화의 선(기)적일

2. 수출재화의 과세표준

구 분	과세표준
공급시기가 되기 전에 원화로 환가한 경우	환가한 금액
공급시기 이후에 외국통화나 그 밖의 외국환 상태로 보유하거나 지급받는 경우	공급시기의 환율에 따라 계산한 금액

• 하단 전표 입력

(차) 259.선수금   13,440,000   (대) 404.제품매출   13,440,000

구분	코드	계정과목	차변	대변	코드	거래처	적요	관리
대변	404	제품매출		13,440,000	04009	K2 Co., Ltd.	등산용품	
차변	259	선수금	13,440,000		04009	K2 Co., Ltd.	등산용품	
		전표건별 소계	13,440,000	13,440,000				

입력 [회계] – [부가가치세 Ⅰ] – [수출실적명세서] – 10월 ~ 12월

NO	□	수출신고번호	기타영세율건수	(14)선(기)적일자	(15)통화코드	(16)환율	(17)외화	(18)원화
1	□	071-12-18-0055857-4		2023-11-20	USD	1,120.0000	12,000.00	13,440,000

※ (16)환율란에는 공급가액을 계산할 때 적용한 환율을 입력

입력 [회계] – [부가가치세 Ⅰ] – [부가가치세신고서] – 10월 1일 ~ 12월 31일

• 6.기타란에 입력한 거래내역이 반영되었는지 확인

영세	세금계산서발급분	5	5,000,000	0/100	
	기타	6	13,440,000	0/100	

11	12	13	14	15
③	4	8,000,000	36	4,539,000
16	**17**	**18**	**19**	**20**
14,000,000	④	13,440,000	18,440,000	15,000

11 조회 [회계] – [기초정보관리] – [환경설정]

• [전체] 탭   • [회계(1)] 탭

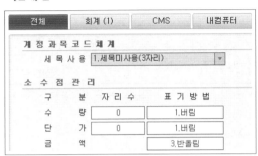
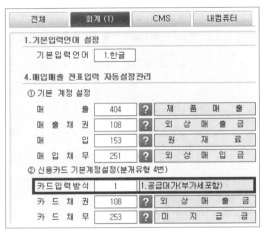

12 조회 [회계] – [전표입력/장부] – [매입매출전표입력] – 6월 20일

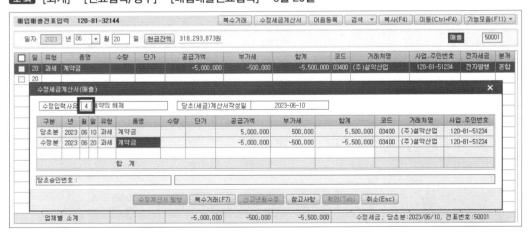

13~14 조회 [회계] – [부가가치세 Ⅰ] – [세금계산서합계표] – 4월 ~ 6월

15 조회 [회계] – [부가가치세 Ⅰ] – [신용카드매출전표발행집계표] – 7월 ~ 9월

16~17 조회 [회계] – [부가가치세 Ⅰ] – [부가가치세신고서] – 7월 ～ 9월

구 분				금액	세율	세액
과세표준및매출세액	과세	세금계산서발급분	17 ① 1	13,000,000	10/100	1,300,000
		매입자발행세금계산서	2		10/100	
		신용카드·현금영수증	17 ② 3	490,000	10/100	49,000
		기타	4		10/100	
	영세	세금계산서발급분	16 17 ③ 5	14,000,000	0/100	
		기타	6		0/100	
	예정신고누락분		7			
	대손세액가감		8			
	합계		9	27,490,000	㉮	1,349,000
매입세액	세금계산서수취부분	일반매입	10	10,000,000		1,000,000
		수출기업수입분납부유예	10-1			
		고정자산매입	17 ④ 11			
	예정신고누락분		12			
	매입자발행세금계산서		13			
	그밖의공제매입세액		14			
	합계 (10-(10-1)+11+12+13+14)		15	10,000,000		1,000,000
	공제받지못할매입세액		16			
	차감계 (15-16)		17	10,000,000	㉯	1,000,000
납부(환급)세액 (㉮매출세액-㉯매입세액)					㉰	349,000
경감공제세액	그밖의경감·공제세액		18			
	신용카드매출전표등발행공제계		19	539,000	[참고]	
	합계		20	539,000	㉱	
소규모 개인사업자 부가가치세 감면세액			20-1		㉲	
예정신고미환급세액			21		㉳	
예정고지세액			22		㉴	
사업양수자가 대리납부한 세액			23		㉵	
매입자납부특례에 따라납부한세액			24		㉶	
신용카드업자가 대리납부한 세액			25		㉷	
가산세액계			26		㉸	
차가감납부할세액(환급받을세액) (㉰-㉱-㉲-㉳-㉴-㉵-㉶-㉷+㉸)			27			349,000
총괄납부사업자 납부할세액 (환급받을세액)						

18 조회 [회계] – [부가가치세 Ⅰ] – [수출실적명세서] – 10월 ～ 12월

구 분	건 수	외화금액	원화금액	비 고
⑨합 계	1	12,000.00	13,440,000	
⑩수 출 한 재 화	1	12,000.00	13,440,000	
⑪기타영세율적용				기타영세율은 하단상세내역에 입력

19 조회 [회계] – [부가가치세 Ⅰ] – [부가가치세신고서] – 10월 ～ 12월

영세	세금계산서발급분	5	5,000,000	0/100	
	기타	6	13,440,000	0/100	

20 조회 [회계] – [부가가치세 Ⅰ] – [부가가치세신고서] – 10월 ～ 12월

그밖의공제매입세액	14	150,000		15,000

① **조회** [회계] – [전표입력/장부] – [합계잔액시산표] – 12월 31일

• 매도가능증권평가손익 잔액 조회

차 변		계 정 과 목	대 변	
잔 액	합 계		합 계	잔 액
		매도가능증권평가익	1,000,000	1,000,000

입력 [회계] – [전표입력/장부] – [일반전표입력] – 12월 31일

(차) 981.매도가능증권평가익　　　　　1,000,000　　(대) 178.매도가능증권　　　　　1,200,000
　　982.매도가능증권평가손　　　　　　200,000

□	일	번호	구분	코드	계정과목	코드	거래처	적요	차변	대변
□	31	00001	차변	981	매도가능증권평가익				1,000,000	
□	31	00001	차변	982	매도가능증권평가손				200,000	
□	31	00001	대변	178	매도가능증권					1,200,000

※ 매도가능증권평가이익과 매도가능증권평가손실은 상계 후 잔액을 계상

② **입력** [회계] – [결산/재무제표 I] – [결산자료입력] – 1월 ~ 12월

• 생산부의 퇴직급여(전입액)는 매출원가에, 관리부의 퇴직급여(전입액)은 판매비와 일반관리비에 입력

과 목	결산분개금액	결산입력사항금액	결산금액(합계)
3)노 무 비			67,000,000
(1). 임금		60,000,000	
(2). 퇴직급여(전입액)		7,000,000	

※ 퇴직금추계액 32,000,000 – 퇴직급여충당부채 잔액 25,000,000 = 7,000,000

과 목	결산분개금액	결산입력사항금액	결산금액(합계)
2). 퇴직급여(전입액)		11,000,000	

※ 퇴직금추계액 26,000,000 – 퇴직급여충당부채 잔액 15,000,000 = 11,000,000

• 기말 원재료 재고액과 기말 제품 재고액 입력 후 전표추가(F3) 를 클릭하여 결산분개 생성

과 목	결산분개금액	결산입력사항금액	결산금액(합계)
원재료비		367,599,349	367,599,349
(1). 기초 원재료 재고액		16,841,510	
(2). 당기 원재료 매입액		375,757,839	
(10).기말 원재료 재고액		25,000,000	

과 목	결산분개금액	결산입력사항금액	결산금액(합계)
9)당기완성품제조원가		480,288,459	480,288,459
(1). 기초 제품 재고액		12,000,000	
(5). 제품평가손실			
(7). 기말 제품 재고액		35,000,000	

입력 [회계] – [결산/재무제표 I] – [이익잉여금처분계산서] – 1월 ~ 12월

• '저장된 데이터 불러오기' → '아니오' 선택

• 당기 처분 예정일, 전기 처분 확정일 입력 후 전표추가(F3) 를 클릭하여 손익대체분개를 일반전표에 추가

이익잉여금처분계산서	참 고	전표추가(F3)	기능모음(F11) ▼
제 6(당)기　처분 예정일　2024-03-31 ?		제 5(전)기　처분 확정일　2023-03-31 ?	

[실무수행평가] – 재무회계

21	22	23	24	25
003	15,000,000	③	1,430,000	2,750,000
26	**27**	**28**	**29**	**30**
846,000	1,629,110	255,293,110	1,067,780	7,506,000
31	**32**	**33**	**34**	**35**
426,000	25,000,000	58,000,000	−200,000	②

21 　조회　 [회계] – [결산/재무제표 Ⅰ] – [경비등의송금명세서]

22 　조회　 [회계] – [금융/자금관리] – [받을어음현황]

- [어음조회] 탭

  – 조회구분 : 2.할인, 1.거래일 : 2023년 1월 1일 ~ 2023년 3월 31일, 거래처 : 처음 ~ 끝 입력 후 조회

23 　조회　 [회계] – [전표입력/장부] – [거래처원장] – 5월 1일 ~ 5월 31일

- 계정과목 : 108.외상매출금, 거래처 : 처음 ~ 끝 입력 후 조회

24　**조회** [회계] – [전표입력/장부] – [거래처원장] – 9월 1일 ~ 9월 30일

• 계정과목 : 108.외상매출금, 거래처 : 99602.우리카드 입력 후 조회

25~26　**조회** [회계] – [전표입력/장부] – [일/월계표] – 1월 ~ 3월

차	변		계 정 과 목	대	변	
계	대 체	현 금		현 금	대 체	계
2,578,500		2,578,500	여 비 교 통 비			
648,000		648,000	접 대 비			
2,219,800		2,219,800	통 신 비			
7,786,340		7,786,340	수 도 광 열 비			
588,000		588,000	세 금 과 공 과 금			
2,750,000	2,000,000	750,000	임 차 료			
167,000		167,000	수 선 비			
836,000		836,000	보 험 료			
2,102,900		2,102,900	차 량 유 지 비			
182,000		182,000	운 반 비			
40,000		40,000	도 서 인 쇄 비			
2,302,100		2,302,100	소 모 품 비			
725,000		725,000	수 수 료 비 용			
7,600,000		7,600,000	광 고 선 전 비			
846,000	350,000	496,000	[영 업 외 비 용]			

27　**조회** [회계] – [전표입력/장부] – [일/월계표] – 4월 ~ 6월

28　**조회** [회계] – [전표입력/장부] – [일/월계표] – 10월 ~ 12월

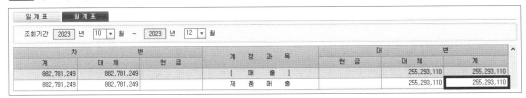

29 [조회] [회계] – [결산/재무제표 Ⅰ] – [합계잔액시산표] – 4월 30일

차 변		계 정 과 목	대 변	
잔 액	합 계		합 계	잔 액
	5,626,220	예 수 금	6,694,000	1,067,780

30 [조회] [회계] – [결산/재무제표 Ⅰ] – [합계잔액시산표] – 6월 30일

차 변		계 정 과 목	대 변	
잔 액	합 계		합 계	잔 액
		선 수 금	7,506,000	7,506,000

31 [조회] [회계] – [결산/재무제표 Ⅰ] – [손익계산서] – 12월

- 수선비는 전기 7,000,000 → 당기 7,426,000으로 426,000이 증가했다.

과목	제 6(당)기 [2023/01/01 ~ 2023/12/31]	제 5(전)기 [2022/01/01 ~ 2022/12/31]
	금액	금액
수 선 비	7,426,000	7,000,000

32 [조회] [회계] – [결산/재무제표 Ⅰ] – [재무상태표] – 12월

과목	제 6(당)기 [2023/01/01 ~ 2023/12/31]	제 5(전)기 [2022/01/01 ~ 2022/12/31]
	금 액	금 액
원 재 료	25,000,000	16,841,510

33 [조회] [회계] – [결산/재무제표 Ⅰ] – [재무상태표] – 12월

과목	제 6(당)기 [2023/01/01 ~ 2023/12/31]	제 5(전)기 [2022/01/01 ~ 2022/12/31]
	금 액	금 액
장 기 차 입 금	100,000,000	100,000,000
임 대 보 증 금	115,000,000	0
퇴 직 급 여 충 당 부 채	58,000,000	40,000,000

34~35 [조회] [회계] – [결산/재무제표 Ⅰ] – [재무상태표] – 12월

과목	제 6(당)기 [2023/01/01 ~ 2023/12/31]	제 5(전)기 [2022/01/01 ~ 2022/12/31]
	금 액	금 액
임 대 보 증 금	115,000,000	0
퇴 직 급 여 충 당 부 채	58,000,000	40,000,000
부 채 총 계	826,607,857	293,838,210
자 본		
Ⅰ. 자 본 금	2,384,617,761	2,384,617,761
자 본 금	2,384,617,761	2,384,617,761
Ⅱ. 자 본 잉 여 금	4,200,000	4,200,000
주 식 발 행 초 과 금	4,200,000	4,200,000
Ⅲ. 자 본 조 정	0	0
Ⅳ. 기 타 포 괄 손 익 누 계 액	△200,000	1,000,000
[34] 매 도 가 능 증 권 평 가 익	0	1,000,000
매 도 가 능 증 권 평 가 손	△200,000	0
Ⅴ. 이 익 잉 여 금	364,089,970	163,553,020
[35] 이 익 준 비 금	11,600,000	11,600,000
미 처 분 이 익 잉 여 금	352,489,970	151,953,020

① **입력** [인사급여] – [근로소득관리] – [일용직사원등록]
- [일용직사원등록] 탭

- [일용직급여입력] 탭

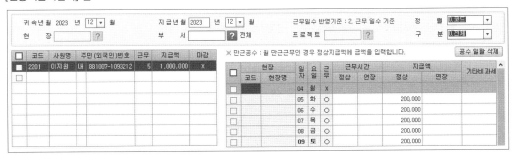

입력 [인사급여] – [근로소득관리] – [원천징수이행상황신고서]
- A03.일용근로란에 반영되었는지 확인

[실무수행평가] – 근로소득관리 1

36	37	38	39
6,750	16,400	3	400,660

36~37 조회 [인사급여] – [근로소득관리] – [일용직급여자료입력]

38~39 조회 [인사급여] – [근로소득관리] – [원천징수이행상황신고서]

② **입력** [인사급여] – [기초/인사관리] – [사원등록] – 102.김현준

| 20.퇴 사 년 월 일 | 2023 년 08 월 25 일 ? | 20.이 월 여 부 | 1 | 부 |

입력 [인사급여] – [근로소득관리] – [급여자료입력]

• 수당/공제등록 을 클릭하여 공제항목 등록

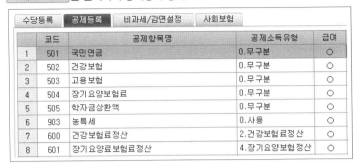

| 수당등록 | 공제등록 | 비과세/감면설정 | 사회보험 |

	코드	공제항목명	공제소득유형	급여
1	501	국민연금	0.무구분	○
2	502	건강보험	0.무구분	○
3	503	고용보험	0.무구분	○
4	504	장기요양보험료	0.무구분	○
5	505	학자금상환액	0.무구분	○
6	903	농특세	0.사용	○
7	600	건강보험료정산	2.건강보험료정산	○
8	601	장기요양료보험료정산	4.장기요양보험정산	○

• 급여자료 입력 후 중도퇴사자정산 를 클릭하여 연말정산 반영

급여자료입력   중도퇴사자정산   수당/공제등록   지급일자   엑셀업로드작성방법   검색 ▼

귀속년월 2023 년 08 ▼ 월   구분 1.급여 ▼   지급일 2023 년 08 월 25 일 ?   정렬 1.코드

□	코드	사원명	직급	감면율		급여항목	지급액		공제항목	공제액
□	101	김지우				기본급	3,500,000		국민연금	157,500
■	102	김현준(중도인							건강보험	124,070
□	104	이무상							고용보험	31,500
□									장기요양보험료	15,890
									건강보험료정상	25,320
									장기요양보험료정산	3,850
									소득세	-626,710
									지방소득세	-62,650
									농특세	

입력 [인사급여] – [근로소득관리] – [원천징수이행상황신고서]

• A02.중도퇴사란에 반영되었는지 확인

귀속기간 2023 년 08 ▼ 월 ~ 2023 년 08 ▼ 월   지급기간 2023 년 08 ▼ 월 ~ 2023 년 08 ▼ 월   0.정기신고 ▼

1.신고구분 ☑매월 □반기 □수정 □연말 □소득처분 □환급신청   2.귀속연월 202308   3.지급연월 202308   일괄납부 ○여 ⦿부   사업자단위 ○여 ⦿부

| 원천징수내역 | 부표-거주자 | 부표-비거주자 | 부표-법인원천 |

구분		코드	소득지급(과세미달,비과세포함)		징수세액			9.당월 조정 환급세액	10.소득세 등 (가산세 포합)	11.농어촌 특별세	
			4.인원	5.총지급액	6.소득세 등	7.농어촌특별세	8.가산세				
근로소득	간이세액	A01	3	11,500,000	393,910						
	중도퇴사	A02	1	28,000,000	-626,710						
	일용근로	A03									
	연말정산합계	A04									
	연말분납금액	A05									
	연말납부금액	A06									
	가 감 계	A10	4	39,500,000	-232,800						

40	41	42	43	44
3,831,230	995,540	−689,360	①	−232,800

40　조회 [인사급여] – [근로소득관리] – [급여자료입력]

41~43 조회 [인사급여] – [연말정산관리] – [연말정산 근로소득원천징수영수증] – [중도] 탭

44 조회 [인사급여] – [연말정산관리] – [원천징수이행상황신고서]

③ **입력** [인사급여] – [연말정산관리] – [연말정산 근로소득원천징수영수증] – 104.이무상

- 의료비 세액공제 : [의료비] 탭

	공제대상자				지급처			지급명세	
	부양가족 관계코드	성명	내 외	주민등록번호	본인등 해당여부	상호	사업자번호	의료증빙 코 드	건수	지급액
1	배우자	김세희	내	841212-2772917	×			국세청	1	2,550,000

※ 시력보정용 안경·콘택트렌즈 구입비는 1명당 연 50만원 이내의 금액만 공제대상 의료비에 포함

- 신용카드 소득공제 : [신용카드] 탭

공제대상자				신용카드 등 공제대상금액								
내·외 관 계	성 명 생년월일	구분	⑤소계(⑥+ ⑦+⑧+⑨+ ⑩+⑪)	⑥신용카드	⑦직불선불카드	⑧현금영수증	⑨도서공연박물관미술관사용분 (총급여7천만원이하자만)			⑩전통시장 사용분	⑪ 대중교통 이용분
							신용카드	직불선불카드	현금영수증		
내 **본인**	이무상 1976-01-01	국세청자료 그밖의자료	18,900,000			13,000,000				5,450,000	450,000

※ 신용카드 등 사용금액에는 현금영수증 발급분을 포함하고 형제자매의 사용금액은 제외

- 보험료 소득공제 : [소득공제] 탭

	관계 코드	성 명	기	보험료				의료비	
	내외 국인	주민등록번호	본	건강	고용	보장성	장애인	일반	미숙아 선천성 이상아
1	0	이무상	본인/세대주			720,000			
	1	760101-1774915		1,919,520	432,000				
2	3	김세희	부					2,550,000	
	1	841212-2772917							
3	1	이영근	60세이상			950,000			
	1	400202-1560211							
4	6	이인용	부						
	1	830207-1120325							

- [정산명세] 탭을 눌러 입력한 내역이 반영되었는지 확인

45	46	47	48	49	50
2,660,000	660,000	120,000	166,500	−700,120	③

45~50 조회 [인사급여] – [연말정산관리] – [연말정산 근로소득원천징수영수증] – 104.이무상

연금보험공제	31.국민연금보험료		>	2,160,000		세 액 공 제 구 분	46		세액공제액
	32.공적연금보험공제	가.공무원연금	>			56.근 로 소 득		>	660,000
		나.군인연금	>		57 자녀세액공제	공제대상자녀	__명		
		다.사립학교교직원연금	>			출산입양	__명		
		라.별정우체국연금	>						
특별소득공제	33.보험	가.건강 1,919,520	>	1,919,520	연금계좌	58.과학기술인공제		>	
		나.고용 432,000	>	432,000		59.근로자퇴직급여보장법		>	
	34.주택 – 가.주택임차 차입금 원리금상환액	대출기관	>			60.연금저축		>	
		거주자	>			60-1. ISA만기시연금계좌		>	
	34.주택 나.장기주택저당차입금이자상환액	11년이전 차입분	15년미만	>		61.보장성보험 1,670,000	47		120,000
			15~29년	>		62.의 료 비 2,550,000	48		166,500
			30년이상	>		63.교 육 비 0		>	
		12년이후 차입분 (15년이상)	고정or비거치	>	특별세액공제	64 기부금	정치	10만원이하	>	
			기타대출	>				10만원초과	>	
		15년이후 차입분 (15년이상)	고정&비거치	>			나.법정기부금		>	
			고정or비거치	>			다.우리사주기부금		>	
			기타대출	>			라.지정기부금(종교외)		>	
		15년이후 차입분 (10~15년	고정or비거치	>			마.지정기부금(종교)		>	
	35.기부금(이월분)		>			65.계			286,500
	36.계			2,351,520		66.표준세액공제		>	
37.차 감 소 득 금 액				27,338,480		67.납 세 조 합 공 제		>	
그 밖의 소득공제	38.개인연금저축		>			68.주 택 차 입 금		>	
	39.소기업·소상공인공제부금		>			69.외 국 납 부		>	
	40.주택 마련 저축	가.청약저축	>			70.월세액		>	
		나.주택청약종합저축	>						
		다.근로자주택마련저축	>						
	41.투자조합출자 등		45						
	42.신용카드등 18,900,000		>	2,660,000					
	43.우리사주조합 출연금		>						
	44.고용유지중소기업근로자		>						
	45.장기집합투자증권저축		>			71.세 액 공 제 계			946,500
	46.청년형장기집합투자증권저축		>			72.결 정 세 액(50-55-71)	50		1,495,272
	47.그 밖의 소득 공제 계			2,660,000		82.실 효 세 율(%) (72/21)×100%			3.1%

		소득세	지방소득세	농어촌특별세	계
73.결정세액		1,495,272	149,527	0	1,644,799
기납부 세액	74.종(전) 근무지	0	0	0	0
	75.주(현) 근무지	2,195,400	219,480	0	2,414,880
76. 납부특례세액 49		0	0	0	0
77. 차감징수세액(73-74-75-76)		−700,120	−69,950	0	−770,070

실무이론평가

01	02	03	04	05	06	07	08	09	10
③	③	①	①	④	③	④	②	①	③

01 내부회계관리제도는 외부감사인이 따라야 하는 절차가 아닌 기업 내부의 구성원들에 의하여 운영되는 제도이다. 회계감사를 수행하는 외부감사인이 따라야 할 감사절차는 외부감사법에 규정되어 있다.

> **핵심이론** 내부회계관리제도
>
> 1. 의의 : 외부 재무보고 과정과 재무제표의 신뢰성 제고
> 2. 구성요소
>   (1) 통제환경
>   내부회계관리제도의 기반을 이루는 구성요소로 도덕성과 윤리적 가치에 대한 태도를 기반으로 이사회 및 감사 및 감사위원회를 포함한 내부회계관리제도 관련 조직의 책임을 명확히 하고 해당 업무를 수행할 수 있는 조직 체계의 구성, 교육을 포함한 인력 운용 및 성과평가와의 연계가 이뤄질 수 있는 체계를 포함
>   (2) 위험평가
>   내부회계관리제도의 목적 달성을 저해하는 위험. 즉 외부보고재무제표가 중요하게 왜곡될 수 있는 위험을 식별하고 평가 및 분석하는 활동을 의미한다. 구체적이고 명확한 목적을 설정하여 관련된 위험을 파악하고, 파악된 위험의 중요도(심각성) 정도를 평가한다. 동 절차에서 부정위험 평가를 포함하여 고려하고, 회사의 중요한 변화사항을 고려하여 기존에 평가한 위험을 지속적으로 유지 관리하는 것을 포함
>   (3) 통제활동
>   조직 구성원이 이사회와 경영진이 제시한 경영방침이나 지침에 따라 업무를 수행할 수 있도록 마련된 정책 및 절차가 준수될 수 있는 통제활동이 선택 및 구축될 수 있는 체계를 포함한다. 통제활동은 경영진의 업무성과 검토, 정보기술 일반통제, 승인, 대사 및 물리적 통제 등 다양한 방법이 포함
>   (4) 정보 및 의사소통
>   조직 구성원이 내부회계관리제도의 책임을 수행할 수 있도록 신뢰성 있는 정보를 활용할 수 있는 체계를 구비하고 4가지 통제구성요소에 대한 대·내외 의사소통이 원활하게 이뤄질 수 있는 체계를 포함
>   (5) 모니터링 활동
>   내부회계관리제도의 설계와 운영의 효과성을 평가하고 유지하기 위해 상시적인 모니터링과 독립적인 평가 또는 두 가지의 결합을 고려한 평가를 수행하고 발견된 미비점을 적시에 개선할 수 있는 체계를 포함

02 재고자산 매출 시 운반비는 판매비와관리비에 포함된다. 정상적으로 발생한 재고자산감모손실은 매출원가에 가산하고 비정상적으로 발생한 감모손실은 영업외비용으로 분류한다.

03
- 4/20   (차) 대손충당금   300,000   (대) 매출채권   300,000

※ 매출채권이 회수불능으로 판명되어 대손처리하는 경우 대손충당금 잔액과 우선상계한다.

- 10/15   (차) 현 금   100,000   (대) 대손충당금   100,000

※ 대손처리한 매출채권을 회수하는 경우 그 금액만큼 대손충당금을 증가시킨다.

- 12/31   (차) 대손상각비   800,000   (대) 대손충당금   800,000

※ 대손충당금 추가 설정액 = 대손추계액 1,000,000 − 대손충당금 잔액 200,000 = 800,000

∴ 손익계산서에 계상될 대손상각비 = 800,000

04
- 3/5   (차) 현금 등   20,000,000   (대) 자본금   10,000,000
                                                         주식발행초과금   10,000,000

- 9/20   (차) 현금 등   7,800,000   (대) 자본금   10,000,000
               주식발행초과금   2,200,000

※ 주식할인발행차금이 발생했을 때 주식발행초과금 잔액이 있다면 우선 상계한다.

∴ 주식발행초과금 잔액 = 10,000,000 − 2,200,000 = 7,800,000

05
- 7/1   (차) 외화외상매출금   1,000,000   (대) 매 출   1,000,000
- 12/31   (차) 외화외상매출금   100,000   (대) 외화환산이익   100,000

∴ 외화외상매출금 = 1,100,000, 외화환산이익 = 100,000

06
- 단기매매증권의 평가손익(당기손익) = (단위당 공정가치 − 취득단가) × 주식수
  - A주식 평가손익 = (7,000 − 6,000) × 1,000주 = 단기매매증권평가이익 1,000,000
  - B주식 평가손익 = (5,000 − 8,000) × 3,000주 = 단기매매증권평가손실 9,000,000
- 매도가능증권의 평가손익(기타포괄손익누계액) = (단위당 공정가치 − 취득단가) × 주식수
  - C주식 평가손익 = (9,000 − 7,000) × 2,000주 = 매도가능증권평가이익 4,000,000

∴ 단기매매증권평가이익 1,000,000 + 단기매매증권평가손실 9,000,000 = 당기순이익 8,000,000 감소

07
공급받는 자에게 도달하기 전에 파손·훼손·멸실된 재화의 가액과 재화·용역의 공급과 직접 관련되지 않은 국고보조금과 공공보조금은 공급가액에 포함하지 않는다.

> **핵심이론**   **공급가액에 포함하지 않는 금액**
> 1. 재화나 용역을 공급할 때 그 품질이나 수량, 인도조건 또는 공급대가의 결제방법이나 그 밖의 공급조건에 따라 통상의 대가에서 일정액을 직접 깎아 주는 금액
> 2. 환입된 재화의 가액
> 3. 공급받는 자에게 도달하기 전에 파손되거나 훼손되거나 멸실한 재화의 가액
> 4. 재화 또는 용역의 공급과 직접 관련되지 아니하는 국고보조금과 공공보조금
> 5. 공급에 대한 대가의 지급이 지체되었음을 이유로 받는 연체이자
> 6. 공급에 대한 대가를 약정기일 전에 받았다는 이유로 사업자가 당초의 공급가액에서 할인해 준 금액

08　• 매출세액 = 300,000,000 × 10% + 120,000,000 × 0% = 30,000,000

※ 수출에 해당하는 재화의 공급에는 영세율을 적용한다.

　• 매입세액 = 110,000,000 × 10% + 70,000,000 × 10% = 18,000,000

※ 접대비 및 이와 유사한 비용의 지출에 관련된 매입세액은 공제 불가능이다.

∴ 납부세액 = 매출세액 30,000,000 − 매입세액 18,000,000 = 12,000,000

> **핵심이론**　공제하지 아니하는 매입세액
>
> 1. 매입처별 세금계산서합계표를 제출하지 아니한 경우의 매입세액 또는 제출한 매입처별 세금계산서합계표의 기재사항 중 거래처별 등록번호 또는 공급가액의 전부 또는 일부가 적히지 아니하였거나 사실과 다르게 적힌 경우 그 기재사항이 적히지 아니한 부분 또는 사실과 다르게 적힌 부분의 매입세액
> 2. 세금계산서 또는 수입세금계산서를 발급받지 아니한 경우 또는 발급받은 세금계산서 또는 수입세금계산서에 필요적 기재사항의 전부 또는 일부가 적히지 아니하였거나 사실과 다르게 적힌 경우의 매입세액
> 3. 사업과 직접 관련이 없는 지출에 대한 매입세액
> 4. 비영업용 승용자동차의 구입과 임차 및 유지에 관한 매입세액
> 5. 접대비 및 이와 유사한 비용의 지출에 관련된 매입세액
> 6. 면세사업등에 관련된 매입세액과 토지 관련 매입세액
> 7. 사업자등록을 신청하기 전의 매입세액. 다만, 공급시기가 속하는 과세기간이 끝난 후 20일 이내에 등록을 신청한 경우 등록신청일부터 공급시기가 속하는 과세기간 기산일까지 역산한 기간 내의 것은 제외

09　가, 라. 내국법인으로부터 받은 현금배당금과 비영업대금의 이익은 합계액이 2천만원 이하이므로 분리과세한다.

　나. 직장공제회 초과반환금은 무조건 분리과세 대상이다.

　다. 외국법인으로부터 받은 현금배당금은 무조건 종합과세 대상이다.

> **핵심이론**　분리과세 금융소득
>
> 1. 법원에 납부한 보증금 및 경락대금에서 발생하는 이자소득
> 2. 실지명의가 확인되지 않은 금융소득
> 3. 직장공제회 초과반환금
> 4. 법인으로 보는 단체 외의 단체 중 수익을 구성원에게 배분하지 아니하는 단체로서 단체명을 표기하여 금융거래를 하는 단체가 금융회사등으로부터 받는 이자소득 및 배당소득
> 5. 「조세특례제한법」에 따라 분리과세되는 소득
> 6. 위 1부터 5까지의 규정 외의 이자소득과 배당소득(출자공동사업자의 손익분배비율에 해당하는 배당소득은 제외)으로서 그 소득의 합계액이 2천만원 이하이면서 원천징수된 소득

10 ① 복권 당첨소득 중 3억원 초과분은 30%의 세율로 원천징수한다.

② 연금계좌에서 연금외수령한 기타소득은 무조건 분리과세 대상 기타소득에 해당한다.

④ 뇌물, 알선수재 및 배임수재에 받은 금품은 무조건 종합과세 대상 기타소득이다.

핵심이론 기타소득

1. 무조건 종합과세 대상 기타소득
    (1) 뇌 물
    (2) 알선수재 및 배임수재에 의하여 받는 금품
2. 무조건 분리과세 대상 기타소득
    (1) 연금계좌에서 연금외수령한 기타소득
    (2) 서화 · 골동품의 양도로 발생하는 소득
    (3) 복권 당첨금 및 이와 유사한 소득
3. 원천징수세율
    (1) 복권 당첨금 및 이와 유사한 소득 중 3억원 초과분 : 30%
    (2) 소기업 · 소상공인 공제부금의 해지일시금 : 15%
    (3) 연금계좌에서 연금외수령한 기타소득 : 15%
    (4) 그 밖의 기타소득 : 20%

실무수행 1 거래자료 입력

① **입력** [회계] – [전표입력/장부] – [일반전표입력] – 2월 15일

(차) 511.복리후생비   100,000   (대) 101.현금   100,000

□	일	번호	구분	코드	계정과목	코드	거래처	적요	차변	대변
□	15	00001	차변	511	복리후생비				100,000	
□	15	00001	대변	101	현금					100,000

입력 [회계] – [결산/재무제표 Ⅰ] – [영수증수취명세서]

- 영수증수취명세서(2) 탭

	영수증수취명세서(2)	영수증수취명세서(1)	해당없음							입력순
□	거래일자	상 호	성 명	사업장	사업자등록번호	거래금액	구분	계정코드	계정과목	적요
□	2022-01-05	(주)두미리주	이선용	서울특별시 강남구 강남대	218-81-20682	700,000		522	차량유지비	유류대지급
□	2022-01-28	(주)피이제이	최경주	서울특별시 강남구 강남대	144-81-12955	35,000		830	소모품비	소모자재대지급
□	2022-01-30	교보문화재단	김종식	서울특별시 서초구 헌릉로9	102-82-02601	300,000	20	933	기부금	
□	2022-02-15	비울기마트	이문희	강원도 춘천시 명동길 22	119-15-50400	100,000		511	복리후생비	

- 영수증수취명세서(1) 탭에서 [명세서(2)불러오기(F4)] 를 클릭하여 (2) 탭에서 입력한 내역 반영

영수증수취명세서					명세서(2)불러오기(F4)	기능모음(F11) ▼
영수증수취명세서(2)	영수증수취명세서(1)	해당없음				
1. 세금계산서, 계산서, 신용카드 등 미사용내역						
9. 구분		3만원 초과 거래분				
		10. 총계	11. 명세서제출 제외대상	12. 명세서제출 대상(10-11)		
13. 건수		4	1	3		
14. 금액		1,135,000	300,000	835,000		

※ 해당 메뉴 종료 시 작성한 내용 저장할 것

② **입력** [회계] – [전표입력/장부] – [일반전표입력] – 3월 1일

(차) 176.장기성예금   540,000   (대) 103.보통예금   600,000
    (98002.교보생명보험)   (98000.국민은행(보통))
    821.보험료   60,000

□	일	번호	구분	코드	계정과목	코드	거래처	적요	차변	대변
□	01	00001	차변	176	장기성예금	98002	교보생명보험		540,000	
□	01	00001	차변	821	보험료				60,000	
□	01	00001	대변	103	보통예금	98000	국민은행(보통)			600,000

③ **입력** [회계] – [전표입력/장부] – [매입매출전표입력] – 4월 5일

- 거래자료 입력

거래유형	품 명	공급가액	거래처	분개유형
53.면세	정화조청소	2,150,000	04500.대신환경	3.혼합

☐	일	유형	품명	수량	단가	공급가액	부가세	합계	코드	거래처명	사업.주민번호	전자세금	분개
☐	05	면세	정화조청소			2,150,000		2,150,000	04500	대신환경	101-90-21110		혼합

※ 전자세금란은 [전자세금계산서 발행 및 내역관리]에서 발급 및 전송 후 자동 반영

• 하단 전표 입력

(차) 531.수수료비용   2,150,000   (대) 253.미지급금   2,150,000

구분	코드	계정과목	차변	대변	코드	거래처	적요	관리
차변	531	수수료비용	2,150,000		04500	대신환경	정화조청소	
대변	253	미지급금		2,150,000	04500	대신환경	정화조청소	
		전표건별 소계	2,150,000	2,150,000				

실무수행 2 부가가치세관리

① **입력** [회계] – [전표입력/장부] – [매출전표입력] – 4월 10일

• 거래자료 입력

거래유형	품 명	수 량	단 가	거래처	전자세금	분개유형
11.과세	복사기	1	1,000,000	04600.(주)중고나라		3.혼합

☐	일	유형	품명	수량	단가	공급가액	부가세	합계	코드	거래처명	사업.주민번호	전자세금	분개
☐	10	과세	복사기	1	1,000,000	1,000,000	100,000	1,100,000	04600	(주)중고나라	514-81-32112		혼합

• 하단 전표 입력

(차) 213.감가상각누계액   2,500,000   (대) 212.비품   3,000,000
      103.보통예금   1,100,000   255.부가세예수금   100,000
      (98000.국민은행(보통))   914.유형자산처분이익   500,000

구분	코드	계정과목	차변	대변	코드	거래처	적요	관리
대변	255	부가세예수금		100,000	04600	(주)중고나라	복사기 1 X 1,000,000	
대변	212	비품		3,000,000	04600	(주)중고나라	복사기 1 X 1,000,000	
대변	914	유형자산처분이익		500,000	04600	(주)중고나라	복사기 1 X 1,000,000	
차변	213	감가상각누계액	2,500,000		04600	(주)중고나라	복사기 1 X 1,000,000	
차변	103	보통예금	1,100,000		98000	국민은행(보통)	복사기 1 X 1,000,000	
		전표건별 소계	3,600,000	3,600,000				

입력 [회계] – [부가가치세 II] – [전자세금계산서 발행 및 내역관리] – 4월 10일

• 미전송된 내역을 체크한 후 [전자발행 ▼]을 클릭하여 표시되는 [로그인] 화면에서 [확인(TAB)] 클릭
• [전자(세금)계산서 발행] 화면이 조회되면 [발행(F3)]을 클릭한 다음 [확인] 클릭
• 국세청란에 '발행대상'으로 표시되면 [ACADEMY 전자세금계산서] 클릭
• [Bill36524 교육용 전자세금계산서] 화면에서 '로그인' 클릭
• [세금계산서 리스트]에서 '미전송' 체크 → '매출 조회' 클릭 → '발행' 클릭 → '확인' 클릭

입력 [회계] – [전표입력/장부] – [매입매출전표입력] – 4월 10일

• 전자세금란이 '전자발행'으로 반영되었는지 확인

□	일	유형	품명	수량	단가	공급가액	부가세	합계	코드	거래처명	사업.주민번호	전자세금	분개
□	10	과세	복사기	1	1,000,000	1,000,000	100,000	1,100,000	04600	(주)중고나라	514-81-32112	전자발행	혼합

② **입력** [회계] – [전표입력/장부] – [매입매출전표입력] – 5월 10일

• 해당 전표 선택 후 상단의 수정세금계산서 클릭

• 수정사유 : 5.내국신용장 사후 개설 선택, 내국신용장 개설일 : 2022년 7월 15일 입력 후 확인(Tab) 클릭

• 수정 전표에 품명 : 골프화, 수량 : 500, 단가 : 60,000 입력 후 확인(Tab) 클릭

구분	년	월	일	유형	품명	수량	단가	공급가액	부가세	합계	코드	거래처명	사업.주민번호
당초분	2022	05	10	과세	골프화	500	60,000	30,000,000	3,000,000	33,000,000	03050	(주)유정산업	120-81-32159
수정분	2022	05	10	과세	골프화	-500	60,000	-30,000,000	-3,000,000	-33,000,000	03050	(주)유정산업	120-81-32159
수정분	2022	05	10	영세	골프화	500	60,000	30,000,000		30,000,000	03050	(주)유정산업	120-81-32159

수정세금계산서(매출) — 수정입력사유 5 내국신용장 사후 개설 / 내국신용장개설일 2022-07-15 / 신고년월

입력 [회계] – [부가가치세 II] – [전자세금계산서 발행 및 내역관리] – 5월 10일

• 미전송된 전표 2매에 대하여 전자세금계산서 발급 · 전송 실행

  – 미전송된 내역을 체크한 후 전자발행 ▼ 을 클릭하여 표시되는 [로그인] 화면에서 확인(TAB) 클릭

  – [전자(세금)계산서 발행] 화면이 조회되면 발행(F3) 을 클릭한 다음 확인 클릭

  – 국세청란에 '발행대상'으로 표시되면 ACADEMY 전자세금계산서 클릭

  – [Bill36524 교육용 전자세금계산서] 화면에서 '로그인' 클릭

  – [세금계산서 리스트]에서 '미전송' 체크 → '매출 조회' 클릭 → '발행' 클릭 → '확인' 클릭

※ 미전송된 2매 모두 발행하여야 함

입력 [회계] – [전표입력/장부] – [매입매출전표입력] – 5월 10일

• 전자세금란이 '전자발행'으로 반영되었는지 확인

□	일	유형	품명	수량	단가	공급가액	부가세	합계	코드	거래처명	사업.주민번호	전자세금	분개
□	10	과세	골프화	500	60,000	30,000,000	3,000,000	33,000,000	03050	(주)유정산업	120-81-32159	전자발행	외상
□	10	과세	골프화	-500	60,000	-30,000,000	-3,000,000	-33,000,000	03050	(주)유정산업	120-81-32159	전자발행	외상
□	10	영세	골프화	500	60,000	30,000,000		30,000,000	03050	(주)유정산업	120-81-32159	전자발행	외상

③ **입력** [회계] - [전표입력/장부] - [매입매출전표입력] - 7월 4일

• 거래자료 입력

거래유형	품 명	공급가액	부가세	거래처	전자세금	분개유형
51.과세	기계장치	25,000,000	2,500,000	04700.(주)대영기계	1.전자입력	3.혼합

□	일	유형	품명	수량	단가	공급가액	부가세	합계	코드	거래처명	사업.주민번호	전자세금	분개
□	04	과세	기계장치			25,000,000	2,500,000	27,500,000	04700	(주)대영기계	101-81-83017	전자입력	혼합

• 하단 전표 입력

(차) 206.기계장치	25,000,000	(대) 253.미지급금	27,500,000
135.부가세대급금	2,500,000		

구분	코드	계정과목	차변	대변	코드	거래처	적요	관리
차변	135	부가세대급금	2,500,000		04700	(주)대영기계	기계장치	
차변	206	기계장치	25,000,000		04700	(주)대영기계	기계장치	
대변	253	미지급금		27,500,000	04700	(주)대영기계	기계장치	
		전표건별 소계	27,500,000	27,500,000				

입력 [회계] - [부가가치세 Ⅰ] - [매입세액불공제내역] - 7월 ~ 9월

• [3.공통매입세액 안분계산 내역] 탭에서 매입세액불공제내역 입력

계산식	(10)공급가액	(11)세액
1.공급가액기준	25,000,000	2,500,000

	2.공제받지 못할 매입세액 내역		3.공통매입세액 안분계산 내역	4.공통매입세액의 정산내역		5.납부세액 또는 환급세액 재계산 내역	
	계산식	구분	과세,면세 사업 공통매입		(12)총공급가액 등 (총예정사용면적)	(13)면세공급가액 등 (총예정사용면적)	(14)불공제 매입세액 (⑪×⑬÷⑫)
			(10)공급가액	(11)세액			
1	1.공급가액기준		25,000,000	2,500,000	246,000,000	49,200,000	500,000

입력 [회계] - [부가가치세 Ⅰ] - [부가가치세신고서] - 7월 1일 ~ 9월 30일

• 16.공제받지못할매입세액란을 더블 클릭 - 51.공통매입세액면세사업란에 반영되었는지 확인

16 공제받지 못할매입 세액명세	구분		금액	세액
	공제받지못할매입세액	50		
	공통매입세액면세사업	51	5,000,000	500,000
	대손처분받은세액	52		
	합계	53	5,000,000	500,000

입력 [회계] - [전표입력/장부] - [일반전표입력] - 9월 30일

(차) 206.기계장치	500,000	(대) 135.부가세대급금	500,000

□	일	번호	구분	코드	계정과목	코드	거래처	적요	차변	대변
□	30	00001	차변	206	기계장치				500,000	
□	30	00001	대변	135	부가세대급금					500,000

※ 7월 4일 일반전표입력 시 부가세 2,500,000 전액을 공제 매입세액으로 처리하였으므로 그 중 공통매입세액 안분계산을 통해 계산된 불공제 매입세액 500,000을 다시 차감하고 그 금액만큼 해당 자산의 장부금액을 증가시켜야 함

④　**입력** [회계] – [전표입력/장부] – [매입매출전표입력]

- 10월 15일
  - 거래자료 입력

거래유형	품 명	공급가액	부가세	거래처	전자세금	분개유형
51.과세	스마트팩토리솔루션	30,000,000	3,000,000	04800.(주)스마트산업	1.전자입력	3.혼합

□	일	유형	품명	수량	단가	공급가액	부가세	합계	코드	거래처명	사업.주민번호	전자세금	분개
□	15	과세	스마트팩토리솔루			30,000,000	3,000,000	33,000,000	04800	(주)스마트산업	106-81-57571	전자입력	혼합

  - 하단 전표 입력

(차) 240.소프트웨어　　　　　30,000,000　(대) 253.미지급금　　　　33,000,000
　　135.부가세대급금　　　　3,000,000

구분	코드	계정과목	차변	대변	코드	거래처	적요	관리
차변	135	부가세대급금	3,000,000		04800	(주)스마트산업	스마트팩토리솔루션	
차변	240	소프트웨어	30,000,000		04800	(주)스마트산업	스마트팩토리솔루션	
대변	253	미지급금		33,000,000	04800	(주)스마트산업	스마트팩토리솔루션	
		전표건별 소계	33,000,000	33,000,000				

- 11월 14일
  - 거래자료 입력

거래유형	품 명	공급가액	부가세	거래처	전자세금	분개유형
51.과세	건물증축공사	50,000,000	5,000,000	04900.(주)인우건설	1.전자입력	3.혼합

□	일	유형	품명	수량	단가	공급가액	부가세	합계	코드	거래처명	사업.주민번호	전자세금	분개
□	14	과세	건물증축공사			50,000,000	5,000,000	55,000,000	04900	(주)인우건설	108-81-21220	전자입력	혼합

  - 하단 전표 입력

(차) 202.건물　　　　　　　50,000,000　(대) 253.미지급금　　　　55,000,000
　　135.부가세대급금　　　　5,000,000

구분	코드	계정과목	차변	대변	코드	거래처	적요	관리
차변	135	부가세대급금	5,000,000		04900	(주)인우건설	건물증축공사	
차변	202	건물	50,000,000		04900	(주)인우건설	건물증축공사	
대변	253	미지급금		55,000,000	04900	(주)인우건설	건물증축공사	
		전표건별 소계	55,000,000	55,000,000				

- 12월 7일
  - 거래자료 입력

거래유형	품 명	공급가액	부가세	거래처	분개유형
61.현과	복사기	1,500,000	150,000	05000.(주)애플전자	1.현금

□	일	유형	품명	수량	단가	공급가액	부가세	합계	코드	거래처명	사업.주민번호	전자세금	분개
□	07	현과	복사기			1,500,000	150,000	1,650,000	05000	(주)애플전자	342-81-00349		현금

  - 하단 전표 입력

(차) 212.비품　　　　　　　1,500,000　(대) 101.현금　　　　　1,650,000
　　135.부가세대급금　　　　150,000

구분	코드	계정과목	차변	대변	코드	거래처	적요	관리
출금	135	부가세대급금	150,000	현금	05000	(주)애플전자	복사기	
출금	212	비품	1,500,000	현금	05000	(주)애플전자	복사기	
		전표건별 소계	1,650,000	1,650,000				

입력 [회계] – [부가가치세 Ⅰ] – [건물등감가상각자산취득명세서] – 10월 ~ 12월

• 우측 상단의 **불러오기(F3)** 를 클릭하여 입력한 거래내역 반영

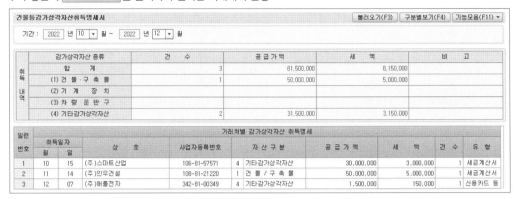

입력 [회계] – [부가가치세 Ⅰ] – [부가가치세신고서] – 10월 1일 ~ 12월 31일

• 11.고정자산매입란과 14.그밖의공제매입세액란에 거래내역이 반영되었는지 확인

매입세액					
	세금계산서 수취부분	일반매입	10	36,600,000	3,660,000
		수출기업수입분납부유예	10-1		
		고정자산매입	11	80,000,000	8,000,000
	예정신고누락분		12		
	매입자발행세금계산서		13		
	그밖의공제매입세액		14	1,500,000	150,000
	합계 (10-(10-1)+11+12+13+14)		15	118,100,000	11,810,000
	공제받지못할매입세액		16		
	차감계 (15-16)		17	118,100,000	④ 11,810,000
납부(환급)세액 (㉾매출세액-④매입세액)				⑮	11,874,000

• 18란 더블 클릭 – 54.전자신고세액공제란에 10,000 입력

	구분		금액	세율	세액
18 그 밖의 경감공제 세액명세	전자신고세액공제	54			10,000
	전자세금발급세액	55			
	택시운송사업자경감세	56			
	대리납부 세액공제	57			
	현금영수증사업자세액	58			
	기타	59			
	합계	60			10,000

11	12	13	14	15
2,350,000	5	25	30,000,000	6,000,000
16	17	18	19	20
500,000	11,900,000	③	80,000,000	11,864,000

11　조회 [회계] – [부가가치세 Ⅰ] – [계산서합계표] – 4월 ~ 6월

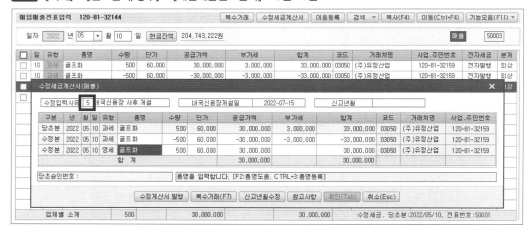

12　조회 [회계] – [전표입력/장부] – [매입매출전표입력] – 5월 10일

13 조회 [회계] – [부가가치세 Ⅰ] – [세금계산서합계표] – 4월 ～ 6월

매출세금계산서

유형	구분	매출처	매수	공급가액	부가세
전자	사업자	15	25	271,620,000	24,162,000
	주민번호				
	소계	15	25	271,620,000	24,162,000
전자외	사업자				
	주민번호				
	소계				
합계		15	25	271,620,000	24,162,000

14 조회 [회계] – [부가가치세 Ⅰ] – [부가가치세신고서] – 4월 1일 ～ 6월 30일

과세표준및매출세액	과세	세금계산서발급분	1	241,620,000	10/100	24,162,000
		매입자발행세금계산서	2		10/100	
		신용카드·현금영수증	3		10/100	
		기타	4		10/100	
	영세	세금계산서발급분	5	30,000,000	0/100	
		기타	6		0/100	
	예정신고누락분		7			
	대손세액가감		8			
	합계		9	271,620,000	㉑	24,162,000

15 조회 [회계] – [부가가치세 Ⅰ] – [부가가치세신고서] – 4월 1일 ～ 6월 30일

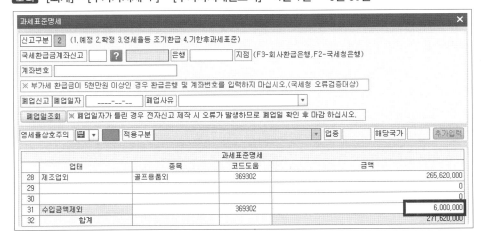

16 조회 [회계] – [부가가치세 Ⅰ] – [매입세액불공제내역] – 7월 ~ 9월

	2.공제받지 못할 매입세액 내역		3.공통매입세액 안분계산 내역		4.공통매입세액의 정산내역		5.납부세액 또는 환급세액 재계산 내역	
	계산식	구분	과세,면세 사업 공통매입		(12)총공급가액 등 (총예정사용면적)	(13)면세공급가액 등 (총예정사용면적)	(14)불공제 매입세액 (⑪×⑫÷⑫)
			(10)공급가액	(11)세액			
1	1.공급가액기준		25,000,000	2,500,000	246,000,000	49,200,000	500,000

17 조회 [회계] – [부가가치세 Ⅰ] – [부가가치세신고서] – 7월 1일 ~ 9월 30일

차가감납부할세액(환급받을세액) (⑭-⑮-⑯-⑱-㉑-⑳-㉔-㉕+㉖)	27	11,900,000

18 조회 [회계] – [부가가치세 Ⅰ] – [부가가치세신고서] – 7월 1일 ~ 9월 30일

- 거래내역 없는 것이 정답
  ③ [신용카드매출전표등수령금액합계표] : 14번란 더블 클릭 – 41번란 확인 불가
  ① [계산서합계표] : 우측 상단의 과표(F7) 클릭 – 85번란 확인
  ② [건물등감가상각자산취득명세서] : 11번란에서 확인
  ④ [공제받지못할매입세액명세서] : 16번란 확인

19 조회 [회계] – [부가가치세 Ⅰ] – [부가가치세신고서] – 10월 1일 ~ 12월 31일

세금계산 수취부분	일반매입	10	36,600,000		3,660,000
	수출기업수입분납부유예	10-1			
	고정자산매입	11	80,000,000		8,000,000

20 조회 [회계] – [부가가치세 Ⅰ] – [부가가치세신고서] – 10월 1일 ~ 12월 31일

차가감납부할세액(환급받을세액) (⑭-⑮-⑯-⑱-㉑-⑳-㉔-㉕+㉖)	27	11,864,000

실무수행 3 결 산

① **입력** [회계] – [전표입력/장부] – [일반전표입력]

• **1월 1일**

(차) 263.선수수익　　　　　250,000　　　(대) 901.이자수익　　　　　250,000

□	일	번호	구분	코드	계정과목	코드	거래처	적요	차변	대변
□	01	00001	차변	263	선수수익				250,000	
□	01	00001	대변	901	이자수익					250,000

• **12월 31일**

(차) 133.선급비용　　　　　544,000　　　(대) 821.보험료　　　　　544,000

□	일	번호	구분	코드	계정과목	코드	거래처	적요	차변	대변
□	31	00001	차변	133	선급비용				544,000	
□	31	00001	대변	821	보험료					544,000

※ 816,000 × 8개월 / 12개월 = 544,000

② **입력** [회계] – [결산/재무제표 Ⅰ] – [결산자료입력] – 1월 ~ 12월

• 기말 원재료 재고액, 기말 제품 재고액 입력 후 전표추가(F3) 를 클릭하여 결산분개 생성

과　　　　　　　목	결산분개금액	결산입력사항금액	결산금액(합계)
원재료비		693,581,349	693,581,349
(1). 기초 원재료 재고액		16,841,510	
(2). 당기 원재료 매입액		686,739,839	
(10).기말 원재료 재고액		10,000,000	

과　　　　　　　목	결산분개금액	결산입력사항금액	결산금액(합계)
9)당기완성품제조원가		801,531,349	801,531,349
(1). 기초 제품 재고액		12,000,000	
(5). 제품평가손실			
(7). 기말 제품 재고액		45,000,000	

입력 [회계] – [결산/재무제표 Ⅰ] – [이익잉여금처분계산서] – 1월 ~ 12월

• '저장된 데이터 불러오기' → '아니오' 선택

• 당기 처분 예정일, 전기 처분 확정일 입력 후 전표추가(F3) 를 클릭하여 손익대체분개 생성

21	22	23	24	25
835,000	1,600,000	896,000	10,050,000	1,500,000
26	27	28	29	30
193,250,000	95,540,000	29,295,000	2,810,000	97,500,000
31	32	33	34	35
544,000	45,000,000	④	57,000,000	②

21 조회 [회계] – [결산/재무제표 Ⅰ] – [영수증수취명세서]

22 조회 [회계] – [전표입력/장부] – [일/월계표] – 1월 ~ 3월

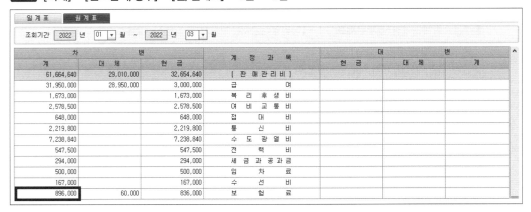

23 조회 [회계] – [전표입력/장부] – [일/월계표] – 1월 ~ 3월

24 조회 [회계] – [전표입력/장부] – [일/월계표] – 4월 ~ 6월

일계표	월계표						

조회기간 2022 년 04 ▼ 월 ~ 2022 년 06 ▼ 월

차		변	계 정 과 목	대		변
계	대 체	현 금		현 금	대 체	계
10,050,000	2,150,000	7,900,000	(제 조 경 비)			

25 조회 [회계] – [전표입력/장부] – [일/월계표] – 4월 ~ 6월

일계표	월계표						

조회기간 2022 년 04 ▼ 월 ~ 2022 년 06 ▼ 월

차		변	계 정 과 목	대		변
계	대 체	현 금		현 금	대 체	계
786,600		786,600	여 비 교 통 비			
1,026,500	385,000	641,500	접 대 비			
282,290		282,290	통 신 비			
2,506,060		2,506,060	전 력 비			
294,000		294,000	세 금 과 공 과 금			
750,000		750,000	임 차 료			
139,000		139,000	수 선 비			
1,843,100	352,000	1,491,100	차 량 유 지 비			
129,000		129,000	운 반 비			
40,000		40,000	도 서 인 쇄 비			
2,355,200		2,355,200	소 모 품 비			
886,000		886,000	수 수 료 비 용			
			[영 업 외 수 익]		1,500,000	1,500,000

26 조회 [회계] – [전표입력/장부] – [거래처원장] – 12월 1일 ~ 12월 31일

• 계정과목 : 103.보통예금, 거래처 : 98000.국민은행(보통) 입력 후 조회

27 조회 [회계] – [결산/재무제표 Ⅰ] – [합계잔액시산표] – 4월 30일

차		변	계 정 과 목	대		변
잔 액	합	계		합	계	잔 액
95,540,000		95,540,000	◁투 자 자 산▷			

28 조회 [회계] – [결산/재무제표 Ⅰ] – [합계잔액시산표] – 4월 30일

차		변	계 정 과 목	대		변
잔 액	합	계		합	계	잔 액
		15,689,100	미 지 급 금		44,984,100	29,295,000

29 조회 [회계] – [결산/재무제표 Ⅰ] – [손익계산서] – 12월

과목	제 6(당)기 [2022/01/01 ~ 2022/12/31] 금액	제 5(전)기 [2021/01/01 ~ 2021/12/31] 금액
수 선 비	7,426,000	7,000,000
보 험 료	5,128,000	0
차 량 유 지 비	6,657,210	3,300,000
운 반 비	720,000	9,000,000
도 서 인 쇄 비	260,000	5,700,000
소 모 품 비	9,451,520	0
수 수 료 비 용	2,886,000	3,000,000
광 고 선 전 비	7,600,000	0
무 형 고 정 자 산 상 각 비	0	3,000,000
Ⅴ. 영 업 이 익	74,067,411	32,385,910
Ⅵ. 영 업 외 수 익	3,310,000	5,500,000
이 자 수 익	2,810,000	5,500,000

30 조회 [회계] – [결산/재무제표 Ⅰ] – [재무상태표] – 9월

과목	제 6(당)기 [2022/01/01 ~ 2022/09/30] 금 액	제 5(전)기 [2021/01/01 ~ 2021/12/31] 금 액
기 계 장 치	97,500,000	50,000,000

31 조회 [회계] – [결산/재무제표 Ⅰ] – [재무상태표] – 12월

과목	제 6(당)기 [2022/01/01 ~ 2022/12/31] 금 액	제 5(전)기 [2021/01/01 ~ 2021/12/31] 금 액
선 급 비 용	544,000	0

32 조회 [회계] – [결산/재무제표 Ⅰ] – [재무상태표] – 12월

과목	제 6(당)기 [2022/01/01 ~ 2022/12/31] 금 액	제 5(전)기 [2021/01/01 ~ 2021/12/31] 금 액
제 품	45,000,000	12,000,000

33 조회 [회계] – [결산/재무제표 Ⅰ] – [재무상태표] – 12월

과목	제 6(당)기 [2022/01/01 ~ 2022/12/31] 금	액	제 5(전)기 [2021/01/01 ~ 2021/12/31] 금	액
토 지		512,000,000		250,000,000
건 물		850,000,000		800,000,000
기 계 장 치		97,500,000		50,000,000
차 량 운 반 구	60,000,000		60,000,000	
감 가 상 각 누 계 액	25,000,000	35,000,000	25,000,000	35,000,000
비 품	25,100,000		15,000,000	
감 가 상 각 누 계 액	3,800,000	21,300,000	6,300,000	8,700,000

34 조회 [회계] – [결산/재무제표 Ⅰ] – [재무상태표] – 12월

과목	제 6(당)기 [2022/01/01 ~ 2022/12/31] 금	액	제 5(전)기 [2021/01/01 ~ 2021/12/31] 금	액
(3) 무 형 자 산		57,000,000		27,000,000

35 [조회] [회계] − [결산/재무제표 Ⅰ] − [재무상태표] − 12월

과목	제 6(당)기 [2022/01/01 ~ 2022/12/31]		제 5(전)기 [2021/01/01 ~ 2021/12/31]	
	금	액	금	액
장 기 차 입 금		90,000,000		90,000,000
퇴 직 급 여 충 당 부 채		40,000,000		40,000,000
부 채 총 계		1,065,039,908		279,617,000
자 본				
Ⅰ. 자 본 금		2,191,553,971		2,191,553,971
자 본 금		2,191,553,971		2,191,553,971
Ⅱ. 자 본 잉 여 금		4,200,000		4,200,000
주 식 발 행 초 과 금		4,200,000		4,200,000
Ⅲ. 자 본 조 정		△1,600,000		0
자 기 주 식		△1,600,000		0
Ⅳ. 기 타 포 괄 손 익 누 계 액		△5,000,000		△5,000,000
매 도 가 능 증 권 평 가 손		△5,000,000		△5,000,000
Ⅴ. 이 익 잉 여 금		234,218,431		167,053,020
이 익 준 비 금		15,100,000		15,100,000
미 처 분 이 익 잉 여 금		219,118,431		151,953,020

실무수행 4　근로소득관리

① [입력] [인사급여] − [기초/인사관리] − [사원등록] − 2001.서윤종

	연말정산관계	기본	세대	부녀	장애	경로 70세	출산 입양	자녀	한부모	성명	주민(외국인)번호	가족관계
1	0.본인	본인	○							서윤종	내 771219-1021517	
2	1.(소)직계존속	60세 이상			1	○				서경석	내 430502-1205211	03.부
3	3.배우자	부								이지숙	내 780614-2021054	02.배우자
4	4.직계비속(자녀	부								서영수	내 010722-3023451	05.자녀
5	4.직계비속(자녀	20세 이하						○		서영희	내 080901-4689553	05.자녀
	합 계				1	1		1				

- 서윤종(연말정산관계 : 0.본인)
- 서경석(연말정산관계 : 1.소득자 직계존속)
  - 과세기간 종료일 전에 사망한 경우 사망일 전날의 상황에 따르기 때문에 부양가족공제와 장애인공제 가능
  - 70세 이상에 해당하므로 경로우대자공제 가능
- 이지숙(연말정산관계 : 3.배우자)
  - 사적연금소득은 1천 200만원 이하인 경우 분리과세하므로 배우자공제 불가능
- 서영수(연말정산관계 : 4.직계비속(자녀, 입양자))
  - 총급여액이 500만원 이하이지만 20세를 초과하여 부양가족공제 불가능
  - ※ 실업급여는 비과세되는 근로소득이므로 총급여액에 포함하지 않음
- 서영희(연말정산관계 : 4.직계비속(자녀, 입양자))
  - 직계비속은 현실적으로 생계를 같이하지 않더라도 부양가족공제 가능
  - 기본공제대상인 8세 이상의 자녀이므로 자녀세액공제 가능

36	37	38	39	40
0	3,000,000	1,000,000	2,000,000	150,000

36~40 조회 [회계] – [연말정산관리] – [연말정산 근로소득 원천징수영수증] – 2001.서윤종

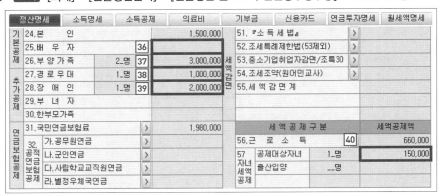

② 입력 [인사급여] – [근로소득관리] – [일용직사원등록] – 1000.김삼식

• [일용직사원등록] 탭

입력 [인사급여] - [근로소득관리] - [일용직급여자료입력] - 1000.김삼식

• [일용직급여입력] 탭

입력 [인사급여] - [근로소득관리] - [원천징수이행상황신고서]

[실무수행평가] - 근로소득관리 2

41	42	43	44
9,000	979,120	5	404,610

41~42 **조회** [회계] - [근로소득관리] - [일용직급여자료입력] - 1000.김삼식

	현장		일자	요일	근무	고용보험	국민연금	건강보험	요양보험	소득세	지방소득세	임금총액	공제총액	차인지급액
	코드	현장명												
			05	월	O	2,250				2,700	270	250,000	5,220	244,780
			06	화	O	2,250				2,700	270	250,000	5,220	244,780
			07	수	O	2,250				2,700	270	250,000	5,220	244,780
			08	목	O	2,250				2,700	270	250,000	5,220	244,780
			09	금	X									
			10	토	X									
			11	일	X									
			12	월	X									
			13	화	X									
			14	수	X [41]								[42]	
	합계				4	9,000				10,800	1,080	1,000,000	20,880	979,120

구분		코드	소득지급(과세미달,비과세포함)		징수세액			9.당월 조정 환급세액	10.소득세 등 (가산세 포함)	11.농어촌 특별세
			4.인원	5.총지급액	6.소득세 등	7.농어촌특별세	8.가산세			
근로소득	간 이 세 액	A01	4	12,500,000	393,810					
	중 도 퇴 사	A02								
	일 용 근 로	A03	1	1,000,000	10,800					
	연말정산합계	A04								
	연말분납금액	A05								
	연말납부금액	**43**							**44**	
	가 감 계	A10	5	13,500,000	404,610				404,610	

③　　입력 [인사급여] - [연말정산관리] - [연말정산 근로소득원천징수영수증] - 1004.이승엽

• 신용카드 소득공제 : [신용카드] 탭

공제대상자		구분	신용카드 등 공제대상금액									
내.외 관계	성 명 생년월일		⑤소계(⑥+⑦+⑧+⑨+⑩+⑪)	⑥신용카드	⑦직불선불카드	⑧현금영수증	⑨도서공연박물관미술관사용분 (총급여 7천만원이하자만)			⑩전통시장 사용분	⑪-1 대중교통 이용분 (상반기)	⑪-2 대중교통 이용분 (하반기)
							신용카드	직불선불카드	현금영수증			
내 본인	이승엽 1969-06-01	국세청자료 그밖의자료	14,100,000	13,450,000							650,000	
내 3	김희애 1978-11-11	국세청자료 그밖의자료	4,300,000			620,000				3,450,000	230,000	

• 보험료 세액공제 : [소득공제] 탭

	관계코드	성 명	기 본	보험료				의료비	
	내외국인	주민등록번호		건강	고용	보장성	장애인	일반	미숙아 선천성 이상아
1	0 1	이승엽 690601-1985018	본인/세대주	1,265,210	422,500				
2	3 1	김희애 781111-2222220	배우자						
3	1 1	이춘희 380505-1111111	부						
4	4 1	이대한 070203-3023180	20세 이하			550,000			

※ 이춘희는 기본공제대상자가 아니므로 보험료세액공제 불가능

• 교육비 세액공제 : [소득공제] 탭

	관계코드	성 명	기 본	교육비			신용카드 (전통시장·대중교통비 도서공연 제외)	직불카드 (전통시장·대중교통비 도서공연 제외)	현금영수증 (전통시장·대중교통비 도서공연 제외)
	내외국인	주민등록번호		구분	일반	장애인 특수교육			
1	0 1	이승엽 690601-1985018	본인/세대주	본인			13,450,000		
2	3 1	김희애 781111-2222220	배우자	대학생	5,000,000				620,000
3	1 1	이춘희 380505-1111111	부						
4	4 1	이대한 070203-3023180	20세 이하						

• 월세액 세액공제 : [정산명세] 탭 – 70.월세액란

월세액								×
2. 월세액 세액공제 명세						무주택자해당여부 ⦿ 여 ○ 부		

임대인성명 (상호)	주민(사업자)등 록번호	주택유형	주택계약 면적(㎡)	임대차계약서상 주소지	임대차계약기간		월세액
					시작	종료	
김영숙	541201-2135218	아파트	85.00	서울특별시 관악구 신림로 45길 심	2022-07-01	2024-06-30	4,500,000

※ 해당 과세기간에 지급한 월세 총액을 입력

핵심이론 월세세액공제 적용 요건

1. 거주자 요건
   (1) 과세기간 종료일 현재 무주택 세대주
   (2) 해당 과세기간의 총급여액이 7천만원 이하인 근로소득자
2. 주택 요건
   (1) 국민주택규모(85㎡)* 이하의 주택이거나 기준시가 4억원 이하인 주택
      *수도권을 제외한 도시지역이 아닌 읍·면 지역인 경우 100㎡
   (2) 주택에 딸린 토지가 다음 구분에 따른 배율을 초과하지 아니할 것
      ① 도시지역의 토지 : 5배
      ② 그 밖의 토지 : 10배
   (3) 임대차계약증서의 주소지와 주민등록표 등본의 주소지가 같을 것
   (4) 해당 거주자 또는 거주자의 기본공제대상자가 임대차계약을 체결하였을 것

• [정산명세] 탭을 눌러 입력한 내역이 반영되었는지 확인

45	46	47	48	49	50
5,352,000	550,000	750,000	765,000	2,354,150	①

45~50 조회 [인사급여] – [연말정산관리] – [연말정산 근로소득원천징수영수증] – 1004.이승엽

특별소득공제	34.주택	11년이전 차입분	15년미만	>		특별세액공제		61.보장성보[46]	550,000	>	66,000
			15~29년	>				62.의 료 비	0	>	
			30년이상	>				63.교 육 비	5,000,000[47]		750,000
	나.장기주택저당차입금이자상환액	12년이후 차입분 (15년이상)	고정or비거치	>			64기부금	정치	10만원이하	>	
			기타대출	>					10만원초과	>	
		15년이후 차입분 (15년이상)	고정&비거치	>				나.법정기부금	>	
			고정or비거치	>				다.우리사주기부금	>	
			기타대출	>				라.지정기부금(종교외)	>	
		15년이후 차입분 (10~15년)	고정or비거치	>				마.지정기부금(종교)	>	
	35.기부금(이월분)			>			65.계			816,000
	36.계				1,687,710		66.표준세액공제		>	
37.차 감 소 득 금 액					31,462,290	67.납 세 조 합 공 제			>	
38.개인연금저축				>		68.주 택 차 입 금			>	
39.소기업·소상공인공제부금				>		69.외 국 납 부		[48]	>	
그밖의소득공제	40.주택마련저축	가.청약저축		>		70.월세액			>	765,000
		나.주택청약종합저축		>					
		다.근로자주택마련저축		>					
	41.투자조합출자 등			[45]					
	42.신용카드등	18,400,000		>	5,352,000				
	43.우리사주조합 출연금			>					
	44.고용유지중소기업근로자								
	45.장기집합투자증권저축			>		71.세 액 공 제 계			2,391,000
	46.청년형장기집합투자증권저축			>		72.결 정 세 액(50-55-71)	[50]		445,543
	47.그 밖의 소득 공제 계				5,352,000	82.실 효 세 율(%) (72/21)×100%			0.8%

		소득세	지방소득세	농어촌특별세	계
73.결정세액		445,543	44,554	0	490,097
기납부 세액	74.종(전) 근무[49]	0	0	0	0
	75.주(현) 근무지	2,354,150	235,410	0	2,589,560
76. 납부특례세액		0	0	0	0
77. 차감징수세액(73-74-75-76)		-1,908,600	-190,850	0	-2,099,450

실무이론평가

01	02	03	04	05	06	07	08	09	10
②	④	②	④	④	②	①	②	④	①

01 재고자산 평가방법의 변경만 회계정책의 변경에 해당하고 나머지는 회계추정의 변경에 해당한다.

핵심이론 회계정책의 변경과 회계추정의 변경	
구 분	**내 용**
회계정책의 변경	• 재무제표의 작성과 보고에 적용하던 회계정책을 다른 회계정책으로 바꾸는 것 • 변경된 새로운 회계정책은 소급하여 적용 • 재고자산 평가방법의 변경, 유가증권의 취득단가 산정방법 변경 등
회계추정의 변경	• 기업환경의 변화, 새로운 정보의 획득 또는 경험의 축적에 따라 지금까지 사용해오던 회계적 추정치의 근거와 방법 등을 바꾸는 것 • 회계추정의 변경은 전진적으로 처리 • 대손의 추정, 재고자산 진부화 여부에 대한 판단·평가, 우발부채의 추정, 감가상각자산의 내용연수 또는 감가상각방법의 변경 및 잔존가액의 추정 등 • 회계추정 변경의 효과는 당해 회계연도 개시일부터 적용
회계변경의 의의	매기 동일한 회계정책·회계추정을 사용하면 비교가능성이 증대되어 재무제표의 유용성이 향상됨

02 • 결산 전 대손충당금 잔액 = 기초 잔액 100,000 − 기중 대손발생 60,000 = 40,000
• 대손충당금 추가설정액 = (매출채권 기말 잔액 × 1%) − 결산 전 대손충당금 잔액 40,000 = 30,000
∴ 매출채권 기말 잔액 = 7,000,000

03 • 매출원가 = (100개 × 150) + (20개 × 170) = 18,400
         <u>11/1 재고</u>   <u>11/12 매입</u>
• 판매가능액 = 11/1 재고 15,000 + 11/12 매입 17,000 + 11/25 매입 8,000 = 40,000
∴ 월말 상품재고액 = 판매가능액 40,000 − 매출원가 18,400 = 21,600

04 • 결산 전 퇴직급여충당부채 잔액 = 기초 잔액 6,000,000 − 당기 퇴직금 지급 2,000,000 = 4,000,000
∴ 기말 잔액 = 결산 전 잔액 4,000,000 + 결산 시 추가설정액 5,000,000 = 9,000,000

05
- 결산정리사항 반영 전 법인세차감전순이익 = 10,000,000
- 결산정리사항

| 가. (차) 선급비용(자산 증가) | 5,000,000 | (대) 임차료(비용 감소) | 5,000,000 |
| 나. (차) 미수이자(자산 증가) | 5,000,000 | (대) 이자수익(수익 증가) | 5,000,000 |

∴ 결산정리사항 반영 후 법인세차감순이익 = 10,000,000 + 5,000,000 + 5,000,000 = 20,000,000

06
- 2022년 1월 1일 ~ 7월 1일 감가상각비에 대한 회계처리

| 7/1 | (차) 감가상각비 | ××× | (대) 감가상각누계액 | ××× |

- 2022년 7월 1일 처분 시 회계처리

7/1	(차) 현 금	2,000,000	(대) 기계장치	2,500,000
	유형자산처분손실	200,000		
	감가상각누계액	×××		

∴ 감가상각비는 300,000이다.

07
② 주사업장 총괄납부를 적용받더라도 세금계산서는 사업장별로 작성·발급해야 한다.

③ 주사업장 총괄납부 사업자가 주사업장 총괄납부를 포기할 때에는 납부하려는 과세기간 종료일이 아닌 개시 20일 전에 포기신고서를 제출하여야 한다.

④ 법인이 주사업장 총괄납부를 하려는 경우 분사무소를 포함한 지점을 주된 사업장으로 할 수 있다.

08
- 부가가치세 과세표준은 재화·용역의 공급가액을 합한 금액으로 하며, 공급가액에는 부가가치세를 포함하지 않는다. 토지매각액은 부가가치세 면세대상이므로 과세표준에 포함하지 않으며, 재화 공급과 직접 관련되지 않는 국고보조금 수령액은 공급가액에 포함하지 않는다.

∴ 부가가치세 과세표준 = 외상판매액 13,000,000 + 비영업용 소형승용차 매각액 5,000,000 = 18,000,000

> **핵심이론** 공급가액에 포함하지 않는 금액
>
> 1. 재화나 용역을 공급할 때 그 품질이나 수량, 인도조건 또는 공급대가의 결제방법이나 그 밖의 공급조건에 따라 통상의 대가에서 일정액을 직접 깎아 주는 금액
> 2. 환입된 재화의 가액
> 3. 공급받는 자에게 도달하기 전에 파손되거나 훼손되거나 멸실한 재화의 가액
> 4. 재화 또는 용역의 공급과 직접 관련되지 아니하는 국고보조금과 공공보조금
> 5. 공급에 대한 대가의 지급이 지체되었음을 이유로 받는 연체이자
> 6. 공급에 대한 대가를 약정기일 전에 받았다는 이유로 사업자가 당초의 공급가액에서 할인해 준 금액

09
연금소득공제 한도액은 연 900만원이다.

10
- 비영업대금의 이익은 이자소득, 내국법인으로부터 받는 이익의 배당은 배당소득에 해당한다. 2천만원 이하의 금융소득은 분리과세되므로 근로소득금액만 종합소득금액에 해당한다.

∴ 종합소득과세표준 = 종합소득금액 30,000,000 − 종합소득공제액 20,000,000 = 10,000,000

실무수행 1 거래자료 입력

① **입력** [회계] – [전표입력/장부] – [일반전표입력] – 1월 10일

(차) 201.토지   1,200,000   (대) 103.보통예금   1,200,000
                                                      (98000.국민은행(보통))

□	일	번호	구분	코드	계정과목	코드	거래처	적요	차변	대변
□	10	00001	차변	201	토지				1,200,000	
□	10	00001	대변	103	보통예금	98000	국민은행(보통)			1,200,000

입력 [회계] – [결산/재무제표 Ⅰ] – [경비등의송금명세서]

• 거래자료 입력 후 우측 상단의 저장하기(F3) 클릭

번호	⑥ 거래일자	⑦ 법인명(상호)	⑧ 성명	⑨사업자(주민)등록번호	⑩ 거래내역	⑪ 거래금액	⑫ 송금일자	CD	⑬ 은행명	⑭ 계좌번호	계정코드
1	2022-01-10	구로부동산중개	이봉준	107-21-21510	토지중개수수료	1,200,000	2022-01-10	020	우리은행	552-21-1153-800	

② **입력** [회계] – [전표입력/장부] – [일반전표입력] – 2월 10일

• 우측 상단의 어음등록 클릭 후 전자어음 등록

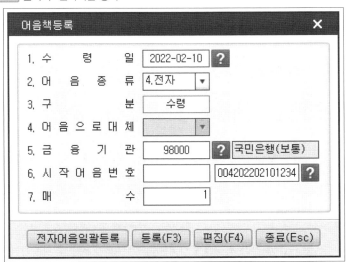

- 거래자료 입력

  (차) 251.외상매입금　　　10,000,000　　(대) 252.지급어음　　　10,000,000

  　　　(01122.(주)성수메이드)　　　　　　　　(01122.(주)성수메이드)

□	일	번호	구분	코드	계정과목	코드	거래처	적요	차변	대변
□	10	00001	차변	251	외상매입금	01122	(주)성수메이드		10,000,000	
□	10	00001	대변	252	지급어음	01122	(주)성수메이드			10,000,000

- 지급어음 클릭 후 F3을 눌러 자금관련 정보 입력

● 지급어음 관리								삭제(F5)
어음상태	2 발행	어음번호	00420220210123456789		어음종류	4 전자	발행일	2022-02-10
만기일	2022-05-10	지급은행	98000 국민은행(보통)		지점	월달		

③　입력 [회계] − [전표입력/장부] − [일반전표입력] − 3월 25일

　(차) 801.급여　　　　　　　　　　　3,400,000　　(대) 103.보통예금　　　　　　2,011,330
　　　　　　　　　　　　　　　　　　　　　　　　　　　　(98000.국민은행(보통))
　　　　　　　　　　　　　　　　　　　　　　　　　137.주·임·종단기채권　　1,000,000
　　　　　　　　　　　　　　　　　　　　　　　　　　　　(00111.이승철)
　　　　　　　　　　　　　　　　　　　　　　　　　254.예수금　　　　　　　　388,670

□	일	번호	구분	코드	계정과목	코드	거래처	적요	차변	대변
□	25	00001	차변	801	급여				3,400,000	
□	25	00001	대변	103	보통예금	98000	국민은행(보통)			2,011,330
□	25	00001	대변	137	주.임.종단기채권	00111	이승철			1,000,000
□	25	00001	대변	254	예수금					388,670

실무수행 2　부가가치세관리

①　입력 [회계] − [전표입력/장부] − [매입매출전표입력] − 4월 17일

- 거래자료 입력

거래유형	품 명	공급가액	부가세	거래처	분개유형
11.과세	주름개선 크림	20,000,000	2,000,000	03170.(주)수려한	3.혼합

□	일	유형	품명	수량	단가	공급가액	부가세	합계	코드	거래처명	사업.주민번호	전자세금	분개
□	17	과세	주름개선 크림			20,000,000	2,000,000	22,000,000	03170	(주)수려한	514-81-35782		혼합

※ 전자세금란은 [전자세금계산서 발행 및 내역관리]에서 발급 및 전송 후 자동 반영

- 하단 전표 입력

  (차) 108.외상매출금　　　14,000,000　　(대) 404.제품매출　　　　20,000,000
  　　　259.선수금　　　　　 8,000,000　　　　255.부가세예수금　 2,000,000

구분	코드	계정과목	차변	대변	코드	거래처	적요	관리
대변	255	부가세예수금		2,000,000	03170	(주)수려한	주름개선 크림	
대변	404	제품매출		20,000,000	03170	(주)수려한	주름개선 크림	
차변	108	외상매출금	14,000,000		03170	(주)수려한	주름개선 크림	
차변	259	선수금	8,000,000		03170	(주)수려한	주름개선 크림	
		전표건별 소계	22,000,000	22,000,000				

입력 [회계] – [부가가치세 II] – [전자세금계산서 발행 및 내역관리] – 4월 17일

- 미전송된 내역을 체크한 후 전자발행 ▼ 을 클릭하여 표시되는 [로그인] 화면에서 확인(TAB) 클릭
- [전자(세금)계산서 발행] 화면이 조회되면 발행(F3) 을 클릭한 다음 확인 클릭
- 국세청란에 '발행대상'으로 표시되면 ACADEMY 전자세금계산서 클릭
- [Bill36524 교육용 전자세금계산서] 화면에서 '로그인' 클릭
- [세금계산서 리스트]에서 '미전송' 체크 → '매출 조회' 클릭 → '발행' 클릭 → '확인' 클릭

입력 [회계] – [전표입력/장부] – [매입매출전표입력] – 4월 17일

- 전자세금란이 '전자발행'으로 반영되었는지 확인

□	일	유형	품명	수량	단가	공급가액	부가세	합계	코드	거래처명	사업.주민번호	전자세금	분개
□	17	과세	주름개선 크림			20,000,000	2,000,000	22,000,000	03170	(주)수려한	514-81-35782	전자발행	혼합

② **입력** [회계] – [전표입력/장부] – [매입매출전표입력] – 6월 27일

- 해당 전표 선택 후 상단의 수정세금계산서 클릭
- 수정사유 : 1.기재사항 착오 · 정정, 비고 : 2.작성년월일 선택 후 확인(Tab) 클릭

- 수정 전표 작성일 : 6월 30일, 수량 : 30, 단가 : 300,000 입력 후 확인(Tab) 클릭

수정세금계산서(매출)

| 수정입력사유 | 1 | 기재사항 착오 정정 | | | 기재사항착오항목 | | 2. 작성년월일 | | | | | |

구분	년	월	일	유형	품명	수량	단가	공급가액	부가세	합계	코드	거래처명	사업.주민번호
당초분	2022	06	27	과세	미백개선 크림	30	300,000	9,000,000	900,000	9,900,000	03180	(주)오앤영	123-81-95134
수정분	2022	06	27	과세	미백개선 크림	-30	300,000	-9,000,000	-900,000	-9,900,000	03180	(주)오앤영	123-81-95134
수정분	2022	06	30	과세	미백개선 크림	30	300,000	9,000,000	900,000	9,900,000	03180	(주)오앤영	123-81-95134
				합 계				9,000,000	900,000	9,900,000			

입력 [회계] – [부가가치세 II] – [전자세금계산서 발행 및 내역관리] – 1월 1일 ~ 6월 30일

- 미전송된 전표 2매에 대하여 전자세금계산서 발급 · 전송 실행

  - 미전송된 내역을 체크한 후 전자발행 ▼ 을 클릭하여 표시되는 [로그인] 화면에서 확인(TAB) 클릭
  - [전자(세금)계산서 발행] 화면이 조회되면 발행(F3) 을 클릭한 다음 확인 클릭
  - 국세청란에 '발행대상'으로 표시되면 ACADEMY 전자세금계산서 클릭
  - [Bill36524 교육용 전자세금계산서] 화면에서 '로그인' 클릭
  - [세금계산서 리스트]에서 '미전송' 체크 → '매출 조회' 클릭 → '발행' 클릭 → '확인' 클릭

  ※ 미전송된 2매 모두 발행하여야 함

입력 [회계] – [전표입력/장부] – [매입매출전표입력]

• 6월 27일, 6월 30일 전표의 전자세금란이 '전자발행'으로 반영되었는지 확인

□	일	유형	품명	수량	단가	공급가액	부가세	합계	코드	거래처명	사업.주민번호	전자세금	분개
□	27	과세	미백개선 크림	30	300,000	9,000,000	900,000	9,900,000	03180	(주)오앤영	123-81-95134	전자발행	외상
□	27	과세	미백개선 크림	-30	300,000	-9,000,000	-900,000	-9,900,000	03180	(주)오앤영	123-81-95134	전자발행	외상

□	일	유형	품명	수량	단가	공급가액	부가세	합계	코드	거래처명	사업.주민번호	전자세금	분개
□	30	과세	미백개선 크림	30	300,000	9,000,000	900,000	9,900,000	03180	(주)오앤영	123-81-95134	전자발행	외상

③ **입력** [회계] – [전표입력/장부] – [매입매출전표입력] – 9월 30일

• 거래자료 입력

거래유형	품 명	공급가액	부가세	거래처	전자세금	분개유형
11.과세	임대료	3,000,000	300,000	00120.(주)대성산업	1.전자입력	3.혼합

□	일	유형	품명	수량	단가	공급가액	부가세	합계	코드	거래처명	사업.주민번호	전자세금	분개
□	30	과세	임대료			3,000,000	300,000	3,300,000	00120	(주)대성산업	125-81-21453	전자입력	혼합

• 하단 전표 입력

(차) 103.보통예금 3,300,000 (대) 411.임대료수입 3,000,000
　　(98000.국민은행(보통)) 255.부가세예수금 300,000

구분	코드	계정과목	차변	대변	코드	거래처	적요	관리
대변	255	부가세예수금		300,000	00120	(주)대성산업	임대료	
대변	411	임대료수입		3,000,000	00120	(주)대성산업	임대료	
차변	103	보통예금	3,300,000		98000	국민은행(보통)	임대료	
		전표건별 소계	3,300,000	3,300,000				

입력 [회계] – [부가가치세 Ⅰ] – [부동산임대공급가액명세서] – 7월 ～ 9월

입력 [회계] − [전표입력/장부] − [매입매출전표입력] − 9월 30일

• 거래자료 입력

거래유형	품 명	공급가액	부가세	분개유형
14.건별	간주임대료	98,630	9,863	3.혼합

□	일	유형	품명	수량	단가	공급가액	부가세	합계	코드	거래처명	사업.주민번호	전자세금	분개
□	30	과세	임대료			3,000,000	300,000	3,300,000	00120	(주)대성산업	125-81-21453	전자입력	혼합
□	30	건별	간주임대료			98,630	9,863	108,493					혼합

• 하단 전표 입력

(차) 817.세금과공과금   9,863   (대) 255.부가세예수금   9,863

구분	코드	계정과목	차변	대변	코드	거래처	적요	관리
대변	255	부가세예수금		9,863			간주임대료	
차변	817	세금과공과금	9,863				간주임대료	
		전표건별 소계	9,863	9,863				

입력 [회계] − [부가가치세 Ⅰ] − [부가가치세신고서] − 7월 1일 ~ 9월 30일

• 4.기타란에 반영되었는지 확인

과세	세금계산서발급분	1	199,800,000	10/100	19,980,000
	매입자발행세금계산서	2		10/100	
	신용카드.현금영수증	3		10/100	
	기타	4	98,630	10/100	9,863

④   **입력** [회계] − [부가가치세 Ⅰ] − [대손세액공제신고서] − 10월 ~ 12월

	당초공급일	대손사유	대손기준일	대손확정일	대손금액	대손세액	코드	거래상대방 상호	사업자등록번호	주민등록번호	성명
1	2021-10-01	파산	2021-10-01	2022-12-20	2,200,000	200,000	00114	(주)산소화장품	109-81-25501		김수현

입력 [회계] − [부가가치세 Ⅰ] − [부가가치세신고서] − 10월 1일 ~ 12월 31일

• 8.대손세액가감란에 반영되었는지 확인

대손세액가감	8		-200,000

• 18.그밖의경감 · 공제세액 − 54.전자신고세액공제란에 10,000 입력

	구분		금액	세율	세액
18 그 밖의 경감공제 세액명세	전자신고세액공제	54			10,000
	전자세금발급세액	55			
	택시운송사업자경감세	56			
	대리납부세액공제	57			
	현금영수증사업자세액	58			
	기타	59			
	합계	60			10,000

조회 [회계] – [전표입력/장부] – [합계잔액시산표] – 12월 20일

• 매출채권에 대한 대손충당금 잔액 조회 : 1,500,000

입력 [회계] – [전표입력/장부] – [일반전표입력] – 12월 20일

	일	번호	구분	코드	계정과목	코드	거래처	적요	차변	대변
☐	20	00001	차변	109	대손충당금				1,500,000	
☐	20	00001	차변	835	대손상각비				500,000	
☐	20	00001	차변	255	부가세예수금				200,000	
☐	20	00001	대변	108	외상매출금	00114	(주)산소화장품			2,200,000

[실무수행평가] – 부가가치세관리

11	12	13	14	15
1	25,000,000	35	98,630	199,800,000
16	17	18	19	20
900,000	③	②	−200,000	20,308,000

11 **조회** [회계] – [전표입력/장부] – [매입매출전표입력] – 6월 30일

12~13 **조회** [회계] – [부가가치세 Ⅰ] – [세금계산서합계표] – 4월 ~ 6월

14 조회 [회계] – [부가가치세 Ⅰ] – [부동산임대공급가액명세서] – 7월 ~ 9월

15~16 조회 [회계] – [부가가치세 Ⅰ] – [부가가치세신고서] – 7월 ~ 9월

		구 분		금액	세율	세액
과세표준및매출세액	과세	세금계산서발급분	1	199,800,000	10/100	19,980,000
		매입자발행세금계산서	2		10/100	
		신용카드.현금영수증	3		10/100	
		기타	4	98,630	10/100	9,863
	영세	세금계산서발급분	5		0/100	
		기타	6		0/100	
	예정신고누락분		7			
	대손세액가감		8			
	합계		9	199,898,630	㉒	19,989,863
매입세액	세금계산서수취부분	일반매입	10	7,844,614		784,461
		수출기업수입분납부유예	10-1			
		고정자산매입	11	130,000,000		13,000,000
	예정신고누락분		12			
	매입자발행세금계산서		13			
	그밖의공제매입세액		14			
	합계 (10-(10-1)+11+12+13+14)		15	137,844,614	16	13,784,461
	공제받지못할매입세액		16	9,000,000		900,000
	차감계 (15-16)		17	128,844,614	㉘	12,884,461
납부(환급)세액 (㉒매출세액 -㉘매입세액)					㉓	7,105,402

17 조회 [회계] – [부가가치세 Ⅰ] – 7월 ~ 9월

- 거래내역 없는 것이 정답

  ③ [수출실적명세서] : 6번란 확인 불가

  ① [계산서합계표] : 우측 상단의 과표(F7) 클릭 – 85번란 확인

  ② [부동산임대공급가액명세서] : 4번란 확인

  ④ [공제받지못할매입세액명세서] : 16번란 확인

18 [조회] [회계] – [부가가치세 Ⅰ] – [대손세액공제신고서] – 10월 ~ 12월

	당초공급일	대손사유	대손기준일	대손확정일	대손금액	대손세액	코드	거래상대방 상호	사업자등록번호	주민등록번호	성명
1	2021-10-01	파산	2021-10-01	2022-12-20	2,200,000	200,000	00114	(주)산소화장품	109-81-25501		김수현

19 [조회] [회계] – [부가가치세 Ⅰ] – [부가가치세신고서] – 10월 1일 ~ 12월 31일

대손세액가감		8		-200,000

20 [조회] [회계] – [부가가치세 Ⅰ] – [부가가치세신고서] – 10월 1일 ~ 12월 31일

차가감납부할세액(환급받을세액) (⑮-⑳-㉒-㉕-㉓-㉒-㉒+㉚)	27	20,308,000

실무수행 3   결 산

① [입력] [회계] – [전표입력/장부] – [일반전표입력] – 12월 31일

(차) 293.장기차입금	8,000,000	(대) 264.유동성장기부채	8,000,000
(98100.국민은행(차입금))		(98100.국민은행(차입금))	

※ 2023년 6월 30일 상환해야할 차입금 = 40,000,000 ÷ 5년

(차) 293.장기차입금	30,000,000	(대) 264.유동성장기부채	30,000,000
(98101.신한은행(차입금))		(98101.신한은행(차입금))	

※ 2023년 2월 28일 상환해야할 차입금 = 30,000,000

	일	번호	구분	코드	계정과목	코드	거래처	적요	차변	대변
	31	00001	차변	293	장기차입금	98100	국민은행(차입금)		8,000,000	
	31	00001	대변	264	유동성장기부채	98100	국민은행(차입금)			8,000,000
	31	00002	차변	293	장기차입금	98101	신한은행(차입금)		30,000,000	
	31	00002	대변	264	유동성장기부채	98101	신한은행(차입금)			30,000,000

② [조회] [회계] – [전표입력/장부] – [합계잔액시산표] – 12월 31일

• 선납세금 잔액 조회

차 변		계 정 과 목	대 변	
잔 액	합 계		합 계	잔 액
9,308,000	9,308,000	선 납 세 금		

입력 [회계] – [전표입력/장부] – [일반전표입력] – 12월 31일

• 방법 1 : 수동결산

　(차) 998.법인세등　　　　　　　15,000,000　　　　(대) 136.선납세금　　　　　9,308,000
　　　　　　　　　　　　　　　　　　　　　　　　　　　　 261.미지급세금　　　　5,692,000

	31	00003	차변	998	법인세등				15,000,000	
	31	00003	대변	136	선납세금					9,308,000
	31	00003	대변	261	미지급세금					5,692,000

• 방법 2 : 자동결산

　(차) 998.법인세등　　　　　　　9,308,000　　　　(대) 136.선납세금　　　　9,308,000

	31	00003	차변	998	법인세등				9,308,000	
	31	00003	대변	136	선납세금					9,308,000

이후 [결산/재무제표 Ⅰ] – [결산자료입력]에서 법인세 계상란에 5,692,000 입력

9. 법인세등				15,000,000
1). 법인세등			9,308,000	
2). 법인세 계상			5,692,000	

입력 [회계] – [결산/재무제표 Ⅰ] – [결산자료입력] – 1월 ~ 12월

• 기말 원재료 재고액, 기말 제품 재고액 입력 후 〔전표추가(F3)〕를 클릭하여 결산분개를 일반전표에 추가

과　　　　　　　목	결산분개금액	결산입력사항금액	결산금액(합계)
(10).기말 원재료 재고액		35,000,000	

과　　　　　　　목	결산분개금액	결산입력사항금액	결산금액(합계)
(7). 기말 제품 재고액		52,000,000	

입력 [회계] – [결산/재무제표 Ⅰ] – [이익잉여금처분계산서]

• 당기 처분 예정일, 전기 처분 확정일 입력 후 〔전표추가(F3)〕를 클릭하여 손익대체분개를 일반전표에 추가

이익잉여금처분계산서				참 고	전표추가(F3)	기능모음(F11) ▼
제 6(당)기 처분 예정일 2023-03-31 ?			제 5(전)기 처분 확정일 2022-03-31 ?			

[실무수행평가] - 재무회계

21	22	23	24	25
020	25,000,000	32,350,000	63,200,000	③
26	**27**	**28**	**29**	**30**
113,300,000	2,216,863	500,000	2,500,000	706,490,000
31	**32**	**33**	**34**	**35**
14,254,000	35,000,000	5,692,000	52,000,000	③

21 조회 [회계] - [결산/재무제표 I] - [경비등의송금명세서]

번호	⑥거래일자	⑦법인명(상호)	⑧성명	⑨사업자(주민)등록번호	⑩거래내역	⑪거래금액	⑫송금일자	CD	⑬은행명	⑭계좌번호	계정코드
1	2022-01-10	구로부동산중개	이봉준	107-21-21510	토지중개수수료	1,200,000	2022-01-10	020	우리은행	552-21-1153-800	

22 조회 [회계] - [금융/자금관리] - [지급어음현황] - 2022년 4월 1일 ~ 2022년 6월 30일

만기일	코드	거래처	어음번호	금액	발행일	구분	코드	지급은행
2022-05-02	00114	(주)산소화장품	00420220202123456789	15,000,000	2022-02-02	발행	98000	국민은행(보통)
2022-05-10	01122	(주)성수메이드	00420220210123456789	10,000,000	2022-02-10	발행	98000	국민은행(보통)

23 조회 [회계] - [전표입력/장부] - [일/월계표] - 1월 ~ 3월

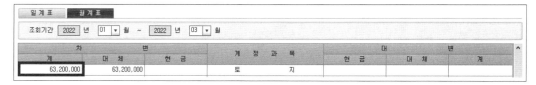

조회기간 2022 년 01 월 ~ 2022 년 03 월

차 변			계정과목	대 변		
계	대체	현금		현금	대체	계
60,814,340	32,350,000	28,464,340	[판 매 관 리 비]			
32,350,000	32,350,000		급 여			

24 조회 [회계] - [전표입력/장부] - [일/월계표] - 1월 ~ 3월

조회기간 2022 년 01 월 ~ 2022 년 03 월

차 변			계정과목	대 변		
계	대체	현금		현금	대체	계
63,200,000	63,200,000		토 지			

25 조회 [회계] - [전표입력/장부] - [거래처원장] - 6월 1일 ~ 6월 30일

- 계정과목 : 108.외상매출금, 거래처 : 처음 ~ 끝 입력 후 조회

26 조회 [회계] - [전표입력/장부] - [거래처원장] - 7월 1일 ~ 9월 30일

- 계정과목 : 103.보통예금, 거래처 : 98000.국민은행(보통) 입력 후 조회

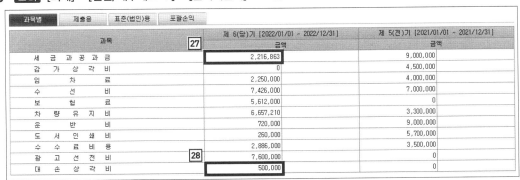

27~28 조회 [회계] - [결산/재무제표 Ⅰ] - [손익계산서] - 12월

과목	제 6(당)기 [2022/01/01 ~ 2022/12/31] 금액	제 5(전)기 [2021/01/01 ~ 2021/12/31] 금액
세 금 과 공 과 금 **[27]**	2,216,863	9,000,000
감 가 상 각 비	0	4,500,000
임 차 료	2,250,000	4,000,000
수 선 비	7,426,000	7,000,000
보 험 료	5,612,000	0
차 량 유 지 비	6,657,210	3,300,000
운 반 비	720,000	9,000,000
도 서 인 쇄 비	260,000	5,700,000
수 수 료 비 용	2,886,000	3,500,000
광 고 선 전 비 **[28]**	7,600,000	0
대 손 상 각 비	500,000	0

29 `조회` [회계] – [결산/재무제표 I] – [재무상태표] – 6월

과목	제 6(당)기[2022/01/01 ~ 2022/06/30]		제 5(전)기[2021/01/01 ~ 2021/12/31]	
	금	액	금	액
주 . 임 . 종 단 기 채 권		2,500,000		0

30 `조회` [회계] – [결산/재무제표 I] – [재무상태표] – 6월

과목	제 6(당)기[2022/01/01 ~ 2022/06/30]		제 5(전)기[2021/01/01 ~ 2021/12/31]	
	금	액	금	액
외 상 매 입 금		706,490,000		86,889,110

31 `조회` [회계] – [결산/재무제표 I] – [재무상태표] – 6월

과목	제 6(당)기[2022/01/01 ~ 2022/06/30]		제 5(전)기[2021/01/01 ~ 2021/12/31]	
	금	액	금	액
선 수 금		14,254,000		3,748,000

32 `조회` [회계] – [결산/재무제표 I] – [재무상태표] – 12월

과목	제 6(당)기[2022/01/01 ~ 2022/12/31]		제 5(전)기[2021/01/01 ~ 2021/12/31]	
	금	액	금	액
원 재 료		35,000,000		16,841,510

33 `조회` [회계] – [결산/재무제표 I] – [재무상태표] – 12월

과목	제 6(당)기[2022/01/01 ~ 2022/12/31]		제 5(전)기[2021/01/01 ~ 2021/12/31]	
	금	액	금	액
미 지 급 세 금		5,692,000		0

34 `조회` [회계] – [결산/재무제표 I] – [재무상태표] – 12월

과목	제 6(당)기[2022/01/01 ~ 2022/12/31]		제 5(전)기[2021/01/01 ~ 2021/12/31]	
	금	액	금	액
장 기 차 입 금		52,000,000		90,000,000

35 조회 [회계] – [결산/재무제표 Ⅰ] – [재무상태표] – 12월

과목	제 6(당)기[2022/01/01 ~ 2022/12/31]		제 5(전)기[2021/01/01 ~ 2021/12/31]	
	금	액	금	액
임 대 보 증 금		100,000,000		0
퇴 직 급 여 충 당 부 채		40,000,000		40,000,000
부 채 총 계		1,346,410,376		279,366,210
자 본				
Ⅰ. 자 본 금		1,997,357,902		1,997,357,902
자 본 금		1,997,357,902		1,997,357,902
Ⅱ. 자 본 잉 여 금		4,200,000		4,200,000
주 식 발 행 초 과 금		4,200,000		4,200,000
Ⅲ. 자 본 조 정		△1,400,000		0
자 기 주 식		△1,400,000		0
Ⅳ. 기 타 포 괄 손 익 누 계 액		500,000		500,000
매 도 가 능 증 권 평 가 익		500,000		500,000
Ⅴ. 이 익 잉 여 금		476,318,104		374,499,879
이 익 준 비 금		15,100,000		15,100,000
미 처 분 이 익 잉 여 금		461,218,104		359,399,879

실무수행 4 근로소득관리

① 입력 [인사급여] – [기초/인사관리] – [사원등록] – 1300.김진혁

● **부 양 가 족 명 세** (2022.12.31기준)

	연말정산관계	기본	세대	부녀	장애	경로70세	출산입양	자녀	한부모	성명	주민(외국인)번호	가족관계
1	0.본인	본인	○							김진혁	내 760825-1111114	
2	3.배우자	부								이연희	내 760822-2321235	02.배우자
3	2.(배)직계존속	60세이상				○				김혜영	내 420110-2919386	13.장모
4	4.직계비속(자녀	20세이하						○		김우영	내 071001-3132997	05.자녀
5	4.직계비속(자녀	20세이하						○		김주영	내 130802-4777776	05.자녀
6	6.형제자매	장애인		1						김은희	내 830827-2222220	30.누이
	합 계		1	1				2				

- 이연희(연말정산관계 : 3.배우자)
  - 총급여액이 500만원을 초과하므로 배우자공제 불가능

> 핵심이론 배우자공제
>
> 해당 과세기간의 소득금액이 없거나 해당 과세기간의 소득금액 합계액이 100만원* 이하인 사람
> *근로소득만 있는 경우에는 총급여액 500만원

- 김혜영(연말정산관계 : 2.배우자 직계존속)
  - 일용근로소득은 분리과세되므로 부양가족공제 가능

> **핵심이론 1** 부양가족공제(직계존속)
>
> 거주자와 생계를 같이하는 60세 이상인 직계존속으로서 해당 과세기간의 소득금액 합계액이 100만원 이하인 사람
>
> **핵심이론 2** 연간 소득금액 합계액 100만원 산정방법
>
> 1. 일시적으로 발생한 퇴직소득금액과 양도소득금액도 포함
> 2. 근로소득만 있는 경우 총급여액 500만원 이하
> 3. 비과세 · 분리과세 · 비열거 소득은 제외

- 기본공제대상자면서 70세 이상이므로 경로우대자공제 가능

> **핵심이론** 경로우대자공제
>
> 기본공제대상자면서 70세 이상인 사람

- 김우영(연말정산관계 : 4.직계비속(자녀, 입양자))
  - 20세 이하면서 연간 소득금액 합계액이 100만원 이하이므로 부양가족공제 가능

> **핵심이론** 부양가족공제(직계비속)
>
> 거주자와 생계를 같이하는 20세 이하인 직계비속으로서 해당 과세기간의 소득금액 합계액이 100만원 이하인 사람

- 기본공제대상자면서 8세 이상이므로 자녀세액공제 가능

> **핵심이론** 자녀세액공제
>
> 1. 기본공제대상자에 해당하는 자녀(공제대상자녀)로서 8세 이상인 사람이 있는 경우
> 2. 해당 과세기간에 출산하거나 입양신고한 공제대상자녀가 있는 경우

- 김주영(연말정산관계 : 4.직계비속(자녀, 입양자))
  - 20세 이하면서 연간 소득금액 합계액이 100만원 이하이므로 부양가족공제 가능

> **핵심이론** 부양가족공제(직계비속)
>
> 거주자와 생계를 같이하는 20세 이하인 직계비속으로서 해당 과세기간의 소득금액 합계액이 100만원 이하인 사람

- 기본공제대상자면서 8세 이상이므로 자녀세액공제 가능
- 김은희(연말정산관계 : 6.형제자매)
  - 장애인은 나이 제한을 받지 않고, 연간 소득금액 합계액이 100만원 이하이므로 부양가족공제 가능

> **핵심이론 1** 부양가족공제(형제자매)
>
> 거주자와 생계를 같이하는 20세 이하 또는 60세 이상인 형제자매로서 해당 과세기간의 소득금액 합계액이 100만원 이하인 사람
>
> **핵심이론 2** 부양가족이 장애인인 경우
>
> 부양가족이 법에 따른 장애인, 장애아동, 상이자 및 이와 유사한 사람으로서 근로능력이 없는 자, 항시 치료를 요하는 중증환자에 해당하는 경우 장애인에 해당하여 나이의 제한을 받지 않고 부양가족공제 가능

- 장애인 복지법에 의한 장애인은 장애인공제 가능

[실무수행평가] – 근로소득관리 1

36	37	38	39	40
5	6,000,000	1,000,000	2,000,000	300,000

36~40 조회 [인사급여] – [연말정산관리] – [연말정산 근로소득원천징수영수증] – 1300.김진혁

구 분	공제대상액	구 분	공제대상액
21. 총 급 여(16)	36,000,000	48. 소득공제 종합한도 초과액	
22. 근 로 소 득 공 제 >	10,650,000	49. 종 합 소 득 과 세 표 준	13,605,750
36 근 로 소 득 금 액 >	25,350,000	50. 산 출 세 액 >	960,862
기본공제 24. 본 인	1,500,000	51. 『소 득 세 법』 >	
25. 배 우 자		52. 조세특례제한법(53제외) >	
26. 부 양 가 족 4_명 37 6,000,000		세액감면 53. 중소기업취업자감면/조특30 >	
추가공제 27. 경 로 우 대 1_명 38 1,000,000		54. 조세조약(원어민교사) >	
28. 장 애 인 1_명 39 2,000,000		55. 세 액 감 면 계	
29. 부 녀 자			
30. 한부모가족			
연금보험공제 31. 국민연금보험료 >	1,244,250	세 액 공 제 구 분	세액공제액
32. 공적연금보험공제 가. 공무원연금 >		56. 근 로 소 득 40	528,474
나. 군인연금 >		57 자녀세액공제 공제대상자녀 2_명	300,000
다. 사립학교교직원연금 >		출산입양 __명	
라. 별정우체국연금 >			

② 입력 [인사급여] – [기초/인사관리] – [사원등록] – 1200.강수용

20. 퇴 사 년 월 일 [2022] 년 [07] 월 [25] 일 ?

입력 [인사급여] – [근로소득관리] – [급여자료입력] – 1200.강수용

• 상단의 수당/공제등록 을 클릭하여 공제항목 등록

	수당등록	공제등록	비과세/감면설정	사회보험				
	코드	공제항목명		공제소득유형	급여	상여	추급	추상
1	501	국민연금		0.무구분	○		○	
2	502	건강보험		0.무구분	○		○	
3	503	고용보험		0.무구분	○	○	○	○
4	504	장기요양보험료		0.무구분	○		○	
5	505	학자금상환액		0.무구분	○		○	
6	903	농특세		0.사용	○	○	○	○
7	600	건강보험료정산		2.건강보험료정산	○			
8	601	장기요양보험료정산		4.장기요양보험정산	○			

• 급여자료입력 후 중도퇴사자자산 클릭하여 반영

입력 [인사급여] – [근로소득관리] – [원천징수이행상황신고서]

• 입력한 내역이 반영되지 않았다면 불러오기(F3) 클릭

41	42	43	44
2	4,098,940	36,000,000	349,680

41 조회 [인사급여] – [근로소득관리] – [급여자료입력] – 수당/공제등록

	코드	공제항목명	공제소득유형	급여	상여	추급	추상
1	501	국민연금	0.무구분	○		○	
2	502	건강보험	0.무구분	○		○	
3	503	고용보험	0.무구분	○	○	○	○
4	504	장기요양보험료	0.무구분	○		○	
5	505	학자금상환액	0.무구분	○		○	
6	903	농특세	0.사용	○	○	○	○
7	600	건강보험료정산	2.건강보험료정산	○			
8	601	장기요양보험료정산	4.장기요양보험정산	○			

42 조회 [인사급여] – [근로소득관리] – [급여자료입력]

43~44 조회 [인사급여] – [근로소득관리] – [원천징수이행상황신고서]

구분		코드	소득지급(과세미달,비과세포함)		징수세액			9.당월 조정 환급세액	10.소득세 등 (가산세 포함)	11.농어촌 특별세
			4.인원	5.총지급액	6.소득세 등	7.농어촌특별세	8.가산세			
근로소득	간이세액	A01	2	8,000,000	105,840					
	중도퇴사	A02	1	28,000,000	-455,520					
	일용근로	A03								
	연말정산합계	A04								
	연말분납금액	A05								
	연말납부금액	A06	43							
	가 감 계	A10	3	36,000,000	-349,680					
퇴직소득	연 금 계 좌	A21								
	그 외	A22								
	가 감 계	A20								

전월 미환급 세액의 계산			당월 발생 환급세액				18.조정대상환급 (14+15+16+17)	19.당월조정 환급액계	20.차월이월 환급액(18 44	21.환급신청액
12.전월미환급	13.기환급신청	14.잔액12-13	15.일반환급	16.신탁재산	17.금융등	17.합병등				
			349,680				349,680		349,680	349,680

③ 입력 [인사급여] – [연말정산관리] – [연말정산 근로소득원천징수영수증] – 1400.최진영

- 의료비 세액공제 : [의료비] 탭
  - 산후조리원에 지출한 비용 전액을 입력하면 한도에 맞추어 자동으로 반영

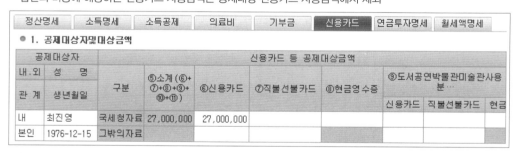

| | 정산명세 | 소득명세 | 소득공제 | **의료비** | 기부금 | 신용카드 | 연금투자명세 | 월세액명세 |

● 지급내역

	공제대상자					지급처			지급명세				산후조리원 해당여부
	부양가족 관계코드	성명	내 외	주민등록번호	본인등 해당여부	상호	사업자번호	의료증빙 코 드	건수	지급액	실손의료보험금	난임시술비 해당여부	중증질환 결핵환자등	(7천만원이 하)
1	배우자	이미숙	내	790321-2222226	×			국세청	1	2,000,000		X	X	0

- 신용카드 세액공제 : [신용카드] 탭
  - 법인의 비용에 해당하는 신용카드 사용금액은 공제대상 신용카드 사용금액에서 제외

| | 정산명세 | 소득명세 | 소득공제 | 의료비 | 기부금 | **신용카드** | 연금투자명세 | 월세액명세 |

● **1. 공제대상자및대상금액**

공제대상자			신용카드 등 공제대상금액					⑨도서공연박물관미술관사용 분…		
내.외	성 명	구분	⑤소계(⑥+ ⑦+⑧+⑨+ ⑩+⑪)	⑥신용카드	⑦직불선불카드	⑧현금영수증		신용카드	직불선불카드	현금
관계	생년월일									
내	최진영	국세청자료	27,000,000	27,000,000						
본인	1976-12-15	그밖의자료								

- 교육비 소득공제 : [소득공제] 탭
  - 취학 전 아동을 위하여 지급한 현장체험학습비는 공제대상 교육비에서 제외
- 연금계좌 세액공제 : [정산명세] 탭 – 60.연금저축

연금계좌				✕
구분		금융회사등	계좌번호	불입금액
3.연금저축	170	신한금융투자(주)	45875412	10,000,000

- [정산명세] 탭을 눌러 입력한 내역이 반영되었는지 확인

[실무수행평가] – 근로소득관리 3

45	46	47	48	49	50
4,000,000	600,000	84,000	0	−816,390	①

45~50 조회 [인사급여] – [연말정산관리] – [연말정산 근로소득원천징수영수증] – 1400.최진영

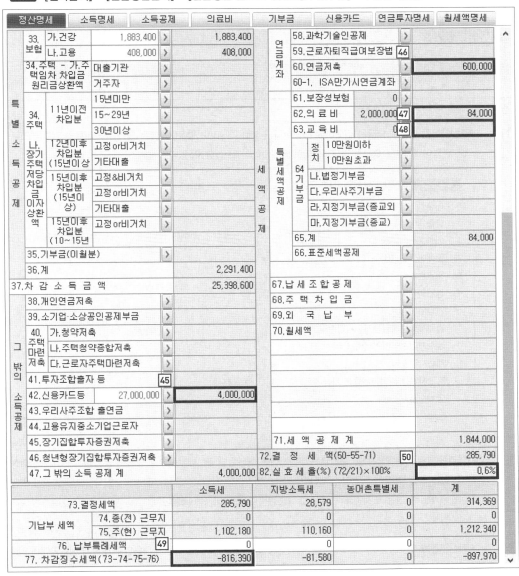

실무이론평가

01	02	03	04	05	06	07	08	09	10
①	①	②	②	②	③	③	②	④	④

01 거래처 직원 결혼 축의금은 접대비에 해당한다. 판매비와관리비 항목인 접대비를 영업외비용인 기부금으로 입력하였으므로 영업이익이 100,000원 과대계상되며 당기순이익에는 영향이 없다.

> **핵심이론** 손익계산서의 기본구조
>
> 　　매출액
> − 　매출원가
> 　　매출총손익
> − 　판매비와관리비
> 　　영업손익
> + 　영업외수익
> − 　영업외비용
> 　　법인세비용차감전계속사업손익
> − 　계속사업손익법인세비용
> 　　계속사업손익
> − 　중단사업손익(법인세효과 차감 후)
> 　　당기순손익

02 사업결합(합병)으로 인식하는 영업권은 무형자산에 해당한다. 단, 내부적으로 창출한 영업권은 원가를 신뢰성 있게 측정할 수 없을 뿐만 아니라 기업이 통제하고 있는 식별가능한 자원도 아니기 때문에 무형자산으로 인식하지 않는다. ②는 경상연구개발비, ③은 도서인쇄비, ④는 교육훈련비로 모두 비용에 해당한다.

03 • 자산관련보조금(공정가치로 측정되는 비화폐성 보조금 포함)은 그 자산의 내용연수에 걸쳐 상각금액과 상계한다.

12/31	(차) 감가상각비	600,000	(대) 감가상각누계액	600,000
	정부보조금	100,000	감가상각비	100,000

∴ 손익계산서에 계상될 감가상각비 = 600,000 − 100,000 = 500,000

04 사채할증발행차금은 액면금액에 가산하며, 사채할인발행차금은 액면금액에서 차감한다.

05
- 매출액 = 150개 × 4,000 = 600,000
- 단위당 원가 = (100개 × 1,000 + 100개 × 1,200 + 100개 × 1,400) ÷ 300개 = 1,200
- 매출원가 = 매출 수량 150개 × 단위당 원가 1,200 = 180,000
- ∴ 매출총이익 = 매출액 600,000 − 매출원가 180,000 = 420,000

06
- 외상매출금이 회수 불가능하게 되는 경우 대손충당금 잔액이 있으면 그 잔액과 우선 상계하고, 잔액 초과분은 대손상각비로 처리한다.

(차) 대손충당금	20,000	(대) 외상매출금	100,0000
대손상각비	80,000		

07
① 광업권의 양도는 재화의 공급에 해당한다.
② 화재로 인하여 재화가 멸실된 경우에는 재화의 공급에 해당하지 않는다.
④ 현물출자에 의하여 재화를 인도하는 것은 과세거래에 해당한다.

> **핵심이론** 부가가치세 과세대상과 과세거래
>
> - 과세대상
>   - 사업자*1가 행하는 재화*2 또는 용역*3의 공급
>   - 재화의 수입
>   *1 사업 목적이 영리이든 비영리이든 관계없이 사업상 독립적으로 재화 또는 용역을 공급하는 자
>   *2 재산 가치가 있는 물건 및 권리. 권리는 광업권, 특허권, 저작권 등 물건 외에 재산적 가치가 있는 모든 것
>   *3 재화 외에 재산 가치가 있는 모든 역무와 그 밖의 행위
> - 과세거래
>   - 재화의 공급 : 계약상 또는 법률상의 모든 원인에 따라 재화를 인도하거나 양도하는 것
>   - 용역의 공급 : 계약상 또는 법률상의 모든 원인에 따라 역무를 제공하거나 시설물, 권리 등 재화를 사용하게 하는 것
>   - 재화의 수입 : 외국으로부터 국내에 도착한 물품으로서 수입신고가 수리되기 전의 것이나 수출신고가 수리된 물품을 국내에 반입하는 것

08 접대비 및 이와 유사한 비용의 지출에 관련된 매입세액과 비영업용 승용자동차의 구입과 임차 및 유지에 관한 매입세액은 공제하지 않는다.

> **핵심이론** 공제하지 아니하는 매입세액
>
> 1. 매입처별 세금계산서합계표를 제출하지 아니한 경우의 매입세액 또는 제출한 매입처별 세금계산서합계표의 기재사항 중 거래처별 등록번호 또는 공급가액의 전부 또는 일부가 적히지 아니하였거나 사실과 다르게 적힌 경우 그 기재사항이 적히지 아니한 부분 또는 사실과 다르게 적힌 부분의 매입세액
> 2. 세금계산서 또는 수입세금계산서를 발급받지 아니한 경우 또는 발급받은 세금계산서 또는 수입세금계산서에 필요적 기재사항의 전부 또는 일부가 적히지 아니하였거나 사실과 다르게 적힌 경우의 매입세액
> 3. 사업과 직접 관련이 없는 지출에 대한 매입세액
> 4. 비영업용 승용자동차의 구입과 임차 및 유지에 관한 매입세액
> 5. 접대비 및 이와 유사한 비용의 지출에 관련된 매입세액
> 6. 면세사업등에 관련된 매입세액과 토지 관련 매입세액
> 7. 사업자등록을 신청하기 전의 매입세액. 다만, 공급시기가 속하는 과세기간이 끝난 후 20일 이내에 등록을 신청한 경우 등록신청일부터 공급시기가 속하는 과세기간 기산일까지 역산한 기간 내의 것은 제외

09 • 기본공제 = 150만원 × 4명 = 600만원
  – 거주자 본인도 기본공제 대상자에 포함한다.
  – 부친은 연간 소득금액 합계액이 100만원을 초과하여 기본공제대상자가 아니다.

> **핵심이론** 기본공제
>
> 1. 기본공제
>   종합소득이 있는 거주자에 대해 기본공제대상자 1명당 150만원을 곱하여 계산한 금액을 종합소득금액에서 공제
> 2. 기본공제대상자
>   (1) 해당 거주자
>   (2) 거주자의 배우자로서 연간 소득금액 합계액이 100만원 이하인 사람
>   (3) 거주자와 생계를 같이하는 부양가족으로서 연간 소득금액 합계액이 100만원 이하인 사람
>   ① 거주자의 직계존속으로서 60세 이상인 사람
>   ② 거주자의 직계비속으로서 20세 이하인 사람
>   ③ 거주자의 형제자매로서 20세 이하 또는 60세 이상인 사람
>   ④ 수급자
>   ⑤ 위탁아동

• 추가공제 = 경로우대자공제 100만원 + 장애인공제 200만원 = 300만원
  − 추가공제는 기본공제대상자인 경우에만 가능하므로 기본공제대상자가 아닌 부친은 추가공제 또한 불가하다.

핵심이론 추가공제

1. 추가공제
   기본공제대상자가 다음 요건 중 하나에 해당하는 경우 정해진 금액을 종합소득금액에서 추가로 공제
2. 요 건

구 분	요 건	공제액
경로우대자공제	70세 이상인 사람	100만원
장애인공제	장애인인 경우	200만원
부녀자공제	• 배우자가 없는 여성이면서 부양가족이 있는 세대주인 경우 • 배우자가 있는 여성인 경우	50만원
한부모공제	배우자가 없는 사람으로서 기본공제대상자인 직계비속 · 입양자가 있는 경우	100만원

∴ 인적공제 = 600만원 + 300만원 = 900만원

10 일용근로자의 근로소득은 종합소득과세표준에 합산하지 않고 분리과세되는 소득이므로 연말정산 대상이 아니고, 원천징수로 납세의무가 종결된다.

핵심이론 과세표준 확정신고의 예외

1. 근로소득만 있는 자
2. 퇴직소득만 있는 자
3. 공적연금소득만 있는 자
4. 원천징수되는 사업소득만 있는 자
4의2. 원천징수되는 기타소득인 종교인소득만 있는 자
5. 1과 2의 소득만 있는 자
6. 2와 3의 소득만 있는 자
7. 2와 4의 소득만 있는 자
7의2. 2와 4의2의 소득만 있는 자
8. 분리과세이자소득, 분리과세배당소득, 분리과세연금소득 및 분리과세기타소득만 있는 자
9. 1부터 7의2에 해당하는 사람으로서 분리과세이자소득, 분리과세배당소득, 분리과세연금소득 및 분리과세기타소득이 있는 자

실무수행 1 거래자료 입력

① **입력** [회계] – [전표입력/장부] – [일반전표입력] – 3월 1일

(차) 521.보험료   720,000   (대) 103.보통예금   720,000

(98000.국민은행)

	일	번호	구분	코드	계정과목	코드	거래처	적요	차변	대변
	01	00001	차변	521	보험료				720,000	
	01	00001	대변	103	보통예금	98000	국민은행			720,000

입력 [회계] – [결산/재무제표 Ⅰ] – [영수증수취명세서]

• 영수증수취명세서(2) 탭에 거래자료 입력

영수증수취명세서(2)	영수증수취명세서(1)	해당없음							입력순
거래일자	상 호	성 명	사업장	사업자등록번호	거래금액	구분	계정코드	계정과목	적요
2022-01-20	카카오택시			119-15-50400	40,000	28	812	여비교통비	택시요금
2022-02-03	제일카센타	마정남	서울 강남구 압구정로 52	106-08-12514	200,000		822	차량유지비	차량수리
2022-03-01	(주)삼성화재				720,000	16	521	보험료	차량종합보험

• 영수증수취명세서(1) 탭에서 명세서(2)불러오기(F4) 를 클릭하여 (2) 탭에서 입력한 내역 반영

영수증수취명세서(2)	영수증수취명세서(1)	해당없음		
1. 세금계산서, 계산서, 신용카드 등 미사용내역				
9. 구분		3만원 초과 거래분		
		10. 총계	11. 명세서제출 제외대상	12. 명세서제출 대상(10-11)
13. 건수		3	2	1
14. 금액		960,000	760,000	200,000

※ 해당 메뉴 종료 시 작성한 내용 저장할 것

② **조회** [회계] – [전표입력/장부] – [거래처원장] – 3월 20일

• (주)삼송물산의 외상매출금 잔액 5,500,000원 확인

기 간	2022 년 03 월 20 일 ~ 2022 년 03 월 20 일 ?	계정과목 108 ? 외상매출금	거래처분류 ? ~ ?
거래처	00129 ? (주)삼송물산 ~ 00129 ? (주)삼송물산	부서/사원 ?	
금 액	0. 전체 ▼ ~		

	코드	거래처	전기(월)이월	차변	대변	잔액	사업자번호	코드	거래처분류명	은행명	계좌번
	00129	(주)삼송물산	5,500,000			5,500,000	305-81-39563				

입력 [회계] – [전표입력/장부] – [일반전표입력] – 3월 20일

• 거래자료 입력

(차) 110.받을어음   10,000,000   (대) 108.외상매출금   5,500,000

(00129.(주)삼송물산)   (00129.(주)삼송물산)

                                             259.선수금   4,500,000

                                             (00129.(주)삼송물산)

□	일	번호	구분	코드	계정과목	코드	거래처	적요	차변	대변
□	20	00001	차변	110	받을어음	00129	(주)삼송물산		10,000,000	
□	20	00001	대변	108	외상매출금	00129	(주)삼송물산			5,500,000
□	20	00001	대변	259	선수금	00129	(주)삼송물산			4,500,000

• 받을어음 클릭 후 F3을 눌러 자금관련 정보입력

● 받을어음 관리										삭제(F5)
어음상태	1 보관	어음종류	6 전자		어음번호	00420220320123456789			수취구분	1 자수
발행인	00129	(주)삼송물산		발행일	2022-03-20		만기일	2022-06-20	배서인	
지급은행	100	국민은행	지점	삼성지점	할인기관		지점		할인율(%)	
지급거래처						* 수령된 어음을 타거래처에 지급하는 경우에 입력합니다.				

③ 입력 [회계] − [전표입력/장부] − [일반전표입력] − 3월 28일

(차) 120.미수금　　　　　　　　　　2,500,000　　(대) 903.배당금수익　　　　　　2,500,000

　　 (00112.제일산업(주))

□	일	번호	구분	코드	계정과목	코드	거래처	적요	차변	대변
□	28	00001	차변	120	미수금	00112	제일산업(주)		2,500,000	
□	28	00001	대변	903	배당금수익					2,500,000

실무수행 2 부가가치세관리

① 입력 [회계] − [전표입력/장부] − [매입매출전표입력] − 5월 15일
• 거래자료 입력

거래유형	품 명	수 량	단 가	거래처	분개유형
11.과세	차량용 공기청정기	20	800,000	02040.(주)청정기업	3.혼합

□	일	유형	품명	수량	단가	공급가액	부세	합계	코드	거래처명	사업.주민번호	전자세금	분개
□	15	과세	차량용 공기청정	20	800,000	16,000,000	1,600,000	17,600,000	02040	(주)청정기업	102-81-17053		혼합

※ 전자세금란은 [전자세금계산서 발행 및 내역관리]에서 발급 및 전송 후 자동 반영

• 하단 전표 입력

(차) 108.외상매출금　　　　　　12,600,000　　(대) 404.제품매출　　　　　　16,000,000
　　 259.선수금　　　　　　　　 5,000,000　　　　 255.부가세예수금　　　　 1,600,000

구분	코드	계정과목	차변	대변	코드	거래처	적요	관리
대변	255	부가세예수금		1,600,000	02040	(주)청정기업	차량용 공기청정기 20 X 800,000	
대변	404	제품매출		16,000,000	02040	(주)청정기업	차량용 공기청정기 20 X 800,000	
차변	108	외상매출금	12,600,000		02040	(주)청정기업	차량용 공기청정기 20 X 800,000	
차변	259	선수금	5,000,000		02040	(주)청정기업	차량용 공기청정기 20 X 800,000	
		전표건별 소계	17,600,000	17,600,000				

입력 [회계] − [부가가치세 II] − [전자세금계산서 발행 및 내역관리] − 5월 15일
• 미전송된 내역을 체크한 후 전자발행 ▼ 을 클릭하여 표시되는 [로그인] 화면에서 확인(TAB) 클릭
• [전자(세금)계산서 발행] 화면이 조회되면 발행(F3) 을 클릭한 다음 확인 클릭
• 국세청란에 '발행대상'으로 표시되면 ACADEMY 전자세금계산서 클릭

- [Bill36524 교육용 전자세금계산서] 화면에서 '로그인' 클릭
- [세금계산서 리스트]에서 '미전송' 체크 → '매출 조회' 클릭 → '발행' 클릭 → '확인' 클릭

입력 [회계] - [전표입력/장부] - [매입매출전표입력] - 5월 15일

- 전자세금란이 '전자발행'으로 반영되었는지 확인

□	일	유형	품명	수량	단가	공급가액	부가세	합계	코드	거래처명	사업.주민번호	전자세금	분개
□	15	과세	차량용 공기청정	20	800,000	16,000,000	1,600,000	17,600,000	02040	(주)청정기업	102-81-17053	전자발행	혼합

② **입력** [회계] - [전표입력/장부] - [매입매출전표입력] - 6월 11일

- 해당 전표 선택 후 상단의 수정세금계산서 클릭

- 수정사유 : 3. 환입 선택 후 확인(Tab) 클릭

수정사유

수정사유 3. 환입 ▼ (발행매수 : 1 매 발행)

비 고 당초(세금)계산서작성일 2022 년 06 월 11 일

- 수정 전표 작성일 : 6월 15일, 수량 : -20, 단가 : 300,000 입력 후 확인(Tab) 클릭

수정세금계산서(매출)

구분	년	월	일	유형	품명	수량	단가	공급가액	부가세	합계	코드	거래처명	사업.주민번호
수정입력사유	3	환입			당초(세금)계산서작성			2022-06-11					
당초분	2022	06	11	과세	공기청정기	20	300,000	6,000,000	600,000	6,600,000	02050	예림 산업(주)	220-87-12697
수정분	2022	06	15	과세	공기청정기	-20	300,000	-6,000,000	-600,000	-6,600,000	02050	예림 산업(주)	220-87-12697

입력 [회계] - [부가가치세 II] - [전자세금계산서 발행 및 내역관리] - 6월 15일

- 미전송된 내역을 체크한 후 전자발행 ▼ 을 클릭하여 표시되는 [로그인] 화면에서 확인(TAB) 클릭
- [전자(세금)계산서 발행] 화면이 조회되면 발행(F3) 을 클릭한 다음 확인 클릭
- 국세청란에 '발행대상'으로 표시되면 ACADEMY 전자세금계산서 클릭
- [Bill36524 교육용 전자세금계산서] 화면에서 '로그인' 클릭
- [세금계산서 리스트]에서 '미전송' 체크 → '매출 조회' 클릭 → '발행' 클릭 → '확인' 클릭

입력 [회계] - [전표입력/장부] - [매입매출전표입력] - 6월 15일

- 전자세금란이 '전자발행'으로 반영되었는지 확인

□	일	유형	품명	수량	단가	공급가액	부가세	합계	코드	거래처명	사업.주민번호	전자세금	분개
□	15	과세	공기청정기	-20	300,000	-6,000,000	-600,000	-6,600,000	02050	예림산업(주)	220-87-12697	전자발행	외상

③ **입력** [회계] – [전표입력/장부] – [일반전표입력] – 7월 10일

(차) 153.원재료   240,000   (대) 101.현금   240,000

□	일	번호	구분	코드	계정과목	코드	거래처	적요	차변	대변
□	10	00001	차변	153	원재료				240,000	
□	10	00001	대변	101	현금					240,000

※ 사업자로부터 매입한 경우에는 (전자)계산서, (전자)세금계산서, 신용카드매출전표, 현금영수증, 직불카드영수증, 선불카드영수증, 직불전자지급수단 영수증, 선불전자지급수단 영수증 중 하나를 수취해야 의제매입세액 공제가 가능

입력 [회계] – [전표입력/장부] – [매입매출전표입력] – 8월 5일

• 거래자료 입력

거래유형	신용카드사	품 명	수 량	공급가액	거래처	분개유형
58.카면	99600.삼성카드	미가공 소고기	5	1,600,000	00118.장수농산	2.외상/3.혼합

□	일	유형	품명	수량	단가	공급가액	부가세	합계	코드	거래처명	사업.주민번호	전자세금	분개
□	05	카면	미가공 소고기	5		1,600,000		1,600,000	00118	장수농산	101-90-39264		혼합

• 하단 전표 입력

(차) 153.원재료   1,600,000   (대) 251.외상매입금   1,600,000
     (적요06.의제매입세액 원재료차감(부가))   (99600.삼성카드)

구분	코드	계정과목	차변	대변	코드	거래처	적요	관리
차변	153	원재료	1,600,000		00118	장수농산	06 의제매입세액 원재료차감(부가)	
대변	251	외상매입금		1,600,000	99600	삼성카드	미가공 소고기 5	
		전표건별 소계	1,600,000	1,600,000				

입력 [회계] – [전표입력/장부] – [매입매출전표입력] – 9월 10일

• 거래자료 입력

거래유형	품 명	수 량	공급가액	거래처	분개유형
60.면건	미가공 돼지고기	10	2,200,000	00120.이승우	3.혼합

□	일	유형	품명	수량	단가	공급가액	부가세	합계	코드	거래처명	사업.주민번호	전자세금	분개
□	10	면건	미가공 돼지고기	10		2,200,000		2,200,000	00120	이승우	740502-1245119		혼합

• 하단 전표 입력

(차) 153.원재료   2,200,000   (대) 103.보통예금   2,200,000
     (적요06.의제매입세액 원재료차감(부가))   (98000.국민은행)

구분	코드	계정과목	차변	대변	코드	거래처	적요	관리
차변	153	원재료	2,200,000		00120	이승우	06 의제매입세액 원재료차감(부가)	
대변	103	보통예금		2,200,000	98000	국민은행	미가공 돼지고기 10	
		전표건별 소계	2,200,000	2,200,000				

※ 제조업을 경영하는 사업자가 농어민으로부터 면세농산물 등을 직접 공급받는 경우에는 별도의 증빙 없이도 의제매입세액 공제가 가능

입력 [회계] – [부가가치세 Ⅰ] – [의제매입세액공제신고서] – 7월 ～ 9월

공급자		매입처 명세	매입세액정산(의제)					
1	이승우	주민등록번호	740502-1245119			사업자등록번호	---.--.------	
2	장수농산							
3		취득일자	구분	물품명	수량	매입가액	공제율	의제매입세액	건수	전표
		2022-09-10	농.어민으로부	미가공 돼지고기	10	2,200,000	4/104	84,615	1	매입

공급자		매입처 명세	매입세액정산(의제)					
1	이승우	주민등록번호	------.-.-------			사업자등록번호	101-90-39264	
2	장수농산							
3		취득일자	구분	물품명	수량	매입가액	공제율	의제매입세액	건수	전표
		2022-08-05	사업자(신용키	미가공 소고기	5	1,600,000	4/104	61,538	1	매입

입력 [회계] – [부가가치세 Ⅰ] – [부가가치세신고서] – 7월 1일 ～ 9월 30일

• 14.그밖의공제매입세액 – 43.의제매입세액란에 반영되었는지 확인

구분		금액	세율	세액
신용매출전표 수취/일반	41	150,000		15,000
신용매출전표 수취/고정	42			
14 그 밖의 공제 매입 세액 명세	의제매입세액/평창,광주	43	3,800,000	뒤쪽참조	146,153
	재활용폐자원등매입세	44		뒤쪽참조	
	과세사업전환매입세액	45			
	재고매입세액	46			
	변제대손세액	47			
	외국인관광객환급세액	48			
	합계	49	3,950,000		161,153

입력 [회계] – [전표입력/장부] – [일반전표입력] – 9월 30일

(차) 135.부가세대급금   146,153   (대) 153.원재료   146,153

□	일	번호	구분	코드	계정과목	코드	거래처	적요	차변	대변
□	30	00001	차변	135	부가세대급금				146,153	
□	30	00001	대변	153	원재료					146,153

④ **입력** [회계] – [전표입력/장부] – [일반전표입력] – 10월 20일

(차) 822.차량유지비   66,000   (대) 253.미지급금   66,000
(99600.삼성카드)

□	일	번호	구분	코드	계정과목	코드	거래처	적요	차변	대변
□	20	00001	차변	822	차량유지비				66,000	
□	20	00001	대변	253	미지급금	99600	삼성카드			66,000

입력 [회계] – [전표입력/장부] – [매입매출전표입력] – 10월 24일

• 거래자료 입력

거래유형	신용카드사	품 명	공급가액	부가세	거래처	분개유형
57.카과	99602.하나카드	주유대	50,000	5,000	00125.진영주유소	4.카드

□	일	유형	품명	수량	단가	공급가액	부가세	합계	코드	거래처명	사업.주민번호	전자세금	분개
□	24	카과	주유대			50,000	5,000	55,000	00125	진영주유소	105-90-55780		카드

• 하단 전표 입력

(차) 522.차량유지비   50,000   (대) 253.미지급금   55,000

       135.부가세대급금   5,000   (99602.하나카드)

구분	코드	계정과목	차변	대변	코드	거래처	적요	관리
대변	253	미지급금		55,000	99602	하나카드	주유대	
차변	135	부가세대급금	5,000		00125	진영주유소	주유대	
차변	522	차량유지비	50,000		00125	진영주유소	주유대	
		전표건별 소계	55,000	55,000				

입력 [회계] – [전표입력/장부] – [매입매출전표입력] – 10월 28일

• 거래자료 입력

거래유형	품 명	공급가액	부가세	거래처	분개유형
61.현과	복사기	3,000,000	300,000	00127.(주)신도리코	1.현금

□	일	유형	품명	수량	단가	공급가액	부가세	합계	코드	거래처명	사업.주민번호	전자세금	분개
□	28	현과	복사기			3,000,000	300,000	3,300,000	00127	(주)신도리코	220-81-12128		현금

• 하단 전표 입력

(차) 212.비품   3,000,000   (대) 101.현금   3,300,000

       135.부가세대급금   300,000

구분	코드	계정과목	차변	대변	코드	거래처	적요	
출금	135	부가세대급금	300,000	현금	00127	(주)신도리코	복사기	
출금	212	비품	3,000,000	현금	00127	(주)신도리코	복사기	
		전표건별 소계	3,300,000	3,300,000				

입력 [회계] – [부가가치세 I] – [신용카드매출전표등 수령금액 합계표(갑)] – 10월 ~ 12월

• 우측 상단의 [불러오기(F3)]를 클릭하여 입력한 거래내역 반영

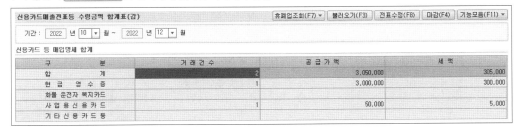

제57회 정답 및 해설   325

입력 [회계] − [부가가치세 I] − [부가가치세신고서] − 10월 1일 ∼ 12월 31일

- 14.그밖의공제매입세액란에 반영되었는지 확인

	구분		금액	세율	세액
14 그 밖의 공제 매입 세액 명세	신용매출전표수취/일반	41	50,000		5,000
	신용매출전표수취/고정	42	3,000,000		300,000
	의제매입세액/평창,광주	43		뒤쪽참조	
	재활용폐자원등매입세	44		뒤쪽참조	
	과세사업전환매입세액	45			
	재고매입세액	46			
	변제대손세액	47			
	외국인관광객환급세액	48			
	합계	49	3,050,000		305,000

- 18.그밖의경감 · 공제세액 − 54.전자신고세액공제란에 10,000 입력

	구분		금액	세율	세액
18 그 밖의 경감공제 세액명세	전자신고세액공제	54			10,000
	전자세금발급세액	55			
	택시운송사업자경감세	56			
	대리납부 세액공제	57			
	현금영수증사업자세액	58			
	기타	59			
	합계	60			10,000

[실무수행평가] − 부가가치세 관리

11	12	13	14	15
18,000,000	26	3	146,153	250,000,000
16	**17**	**18**	**19**	**20**
161,153	④	3,050,000	305,000	3,628,200

11~12 조회 [회계] − [부가가치세 I] − [세금계산서합계표] − 4월 ∼ 6월

매출세금계산서

유형	구분	매출처	매수	공급가액	부가세
전자	사업자	16	26	224,869,090	22,486,910
	주민번호	12			
	소계	16	26	224,869,090	22,486,910

(매출)전자세금계산서

	거래처명	등록번호	매 11	공급가액	부가세
1	(주)청정기업	102-81-17053	2	18,000,000	1,800,000
2	(주)명신전자	110-81-24986	1	15,000,000	1,500,000
3	(주)성민기기	123-81-37420	1	21,300,000	2,130,000
4	미래전자(주)	134-81-45560	2	11,000,000	1,100,000

13 조회 [회계] – [전표입력/장부] – [매입매출전표입력] – 6월 15일

수정세금계산서(매출) ✕

수정입력사유 3 환입					당초(세금)계산서작성일		2022-06-11				

구분	년	월	일	유형	품명	수량	단가	공급가액	부가세	합계	코드	거래처명	사업.주민번호
당초분	2022	06	11	과세	공기청정기	20	300,000	6,000,000	600,000	6,600,000	02050	예림산업(주)	220-87-12697
수정분	2022	06	15	과세	공기청정기	-20	300,000	-6,000,000	-600,000	-6,600,000	02050	예림산업(주)	220-87-12697
					합 계								

14 조회 [회계] – [부가가치세 Ⅰ] – [의제매입세액공제신고서] – 7월 ~ 9월

의제매입세액공제신고서   작성조회(Ctrl+X) 일괄삭제 불러오기(월별조기분) 기능모음(F11) ▼

관리용   신고용   ※ 22' 1기 확정신고분부터 공제한도율이 10% 상향 조정됨에 따라 한도를 확인 후 신고해주시기 바랍니다.

기간 : 2022 년 07 ▼ 월 ~ 2022 년 09 ▼ 월

	공급자		매입처 명세	매입세액정산(의제)				
			구분	매입처수	건수	매입가액	공제율	의제매입세액
1	이승우		합 계	2	2	3,800,000	4/104	146,153
2	장수농산		사업자매입분(계 산 서)					
3			사업자매입분(신용카드)	1	1	1,600,000	4/104	61,538
			농·어민 매 입 분	1	1	2,200,000	4/104	84,615

15 조회 [회계] – [부가가치세 Ⅰ] – [부가가치세신고서] – 7월 1일 ~ 9월 30일

	구 분			금액	세율	세액
과세표준및매출세액	과세	세금계산서발급분	1	250,000,000	0/100	25,000,000
		매입자발행 세금계산서	2		10/100	
		신용카드 · 현금영수증	3		10/100	
		기타	4		10/100	
	영세	세금계산서발급분	5		0/100	
		기타	6		0/100	
	예정신고누락분		7			
	대손세액가감		8			
	합계		9	250,000,000	㉑	25,000,000

16 조회 [회계] – [부가가치세 Ⅰ] – [부가가치세신고서] – 7월 1일 ~ 9월 30일

그밖의공제 매입세액	14	3,950,000	161,153

17 조회 [회계] – [부가가치세 Ⅰ] – [부가가치세신고서] – 7월 1일 ~ 9월 30일

• 거래내역 없는 것이 정답

  ④ [계산서합계표] : 우측 상단의 과표(F7) 클릭 – 85, 86번란에서 확인 불가

  ① [세금계산서합계표] : 1번란 확인

  ② [신용카드매출전표등수령금액합계표] : 14번란 더블 클릭 – 41번란 확인

  ③ [의제매입세액공제신고서] : 14번란 더블 클릭 – 43번란 확인

18 조회 [회계] – [부가가치세 Ⅰ] – [신용카드매출전표등 수령금액 합계표(갑)] – 10월 ~ 12월

신용카드 등 매입명세 합계

구 분	거 래 건 수	공 급 가 액	세 액
합 계	2	3,050,000	305,000
현 금 영 수 증	1	3,000,000	300,000
화 물 운 전 자 복 지 카 드			
사 업 용 신 용 카 드	1	50,000	5,000
기 타 신 용 카 드 등			

19 조회 [회계] – [부가가치세 Ⅰ] – [부가가치세신고서] – 10월 1일 ~ 12월 31일

그밖의공제매입세액	14	3,050,000	305,000

20 조회 [회계] – [부가가치세 Ⅰ] – [부가가치세신고서] – 10월 1일 ~ 12월 31일

차가감납부할세액(환급받을세액) (㉣-㉺-㉾-㉻-㉼-㉽-㉾-㉿+⑳)	27	3,628,200

실무수행 3   결 산

① 입력 [회계] – [전표입력/장부] – [일반전표입력] – 12월 31일

(차) 257.가수금   13,300,000   (대) 108.외상매출금   8,800,000
                                      (00132.(주)장원전자)
                                      114.단기대여금   4,500,000
                                      (00225.태평기기(주))

☐	일	번호	구분	코드	계정과목	코드	거래처	적요	차변	대변
☐	31	00001	차변	257	가수금				13,300,000	
☐	31	00001	대변	108	외상매출금	00132	(주)장원전자			8,800,000
☐	31	00001	대변	114	단기대여금	00225	태평기기(주)			4,500,000

② **입력** [회계] – [고정자산등록] – [고정자산등록] – 240.소프트웨어

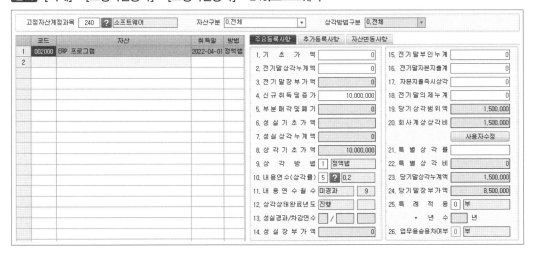

입력 [회계] – [결산/재무제표 Ⅰ] – [결산자료입력] – 1월 ~ 12월

• 무형고정자산상각 – 소프트웨어란에 1,500,000 입력

과	목	결산분개금액	결산입력사항금액	결산금액(합계)
6). 무형고정자산상각			1,500,000	1,500,000
소프트웨어			1,500,000	

• 기말 상품 재고액란에 26,000,000 입력 후 [전표추가(F3)]를 클릭하여 결산분개를 일반전표에 추가

과	목	결산분개금액	결산입력사항금액	결산금액(합계)
9)당기완성품제조원가			740,901,946	740,901,946
(1). 기초 제품 재고액			30,000,000	
(5). 제품평가손실				
(7). 기말 제품 재고액			26,000,000	

입력 [회계] – [결산/재무제표 Ⅰ] – [이익잉여금처분계산서]

• '저장된 데이터 불러오기' → '아니오' 선택

• 당기 처분 예정일, 전기 처분 확정일 입력 후 [전표추가(F3)]를 클릭하여 손익대체분개를 일반전표에 추가

[실무수행평가] – 재무회계

21	22	23	24	25
760,000	③	22,000,000	9,620,000	2,900,000
26	**27**	**28**	**29**	**30**
290,960,000	1,643,000	36,100,000	9,750,000	③
31	**32**	**33**	**34**	**35**
15,000,000	26,000,000	4,000,000	8,500,000	③

21 조회 [회계] – [결산/재무제표 I] – [영수증수취명세서]

영수증수취명세서(2)	영수증수취명세서(1)	해당없음	

1. 세금계산서, 계산서, 신용카드 등 미사용내역

9. 구분	3만원 초과 거래분		
	10. 총계	11. 명세서제출 제외대상	12. 명세서제출 대상(10-11)
13. 건수	3	2	1
14. 금액	960,000	**760,000**	200,000

22 조회 [회계] – [전표입력/장부] – [거래처원장] – 5월 1일 ~ 5월 31일
- 계정과목 : 108.외상매출금, 거래처 : 처음 ~ 끝 입력 후 조회

잔액	내용	총괄잔액	총괄내용

기 간 2022 년 05 월 01 일 ~ 2022 년 05 월 31 일 ?　계 정 과 목 108 ? 외상매출금　거래처분류 ? ~ ?
거래처 00101 ? (주)예성전자 ~ 99602 ? 하나카드　부서/사원 ?
금 액 0. 전체 ▼ ~

□	코드	거래처	전기(월)이월	차변	대변	잔액	사업자번호	코드	거래처분류명	은행명	계좌번
□	00101	(주)예성전자	15,070,000			15,070,000	140-81-16513				
□	00102	(주)대일전자	24,125,000			24,125,000	206-81-18238				
□	00103	(주)경승전자	1,925,000			1,925,000	515-81-19392				
□	00104	(주)영일기기	15,400,000	33,000,000		48,400,000	213-81-20595				
□	00105	(주)정밀전자	36,995,000	6,280,000		43,275,000	135-81-22099				
□	00106	세일산업(주)	11,000,000			11,000,000	506-81-23679				
□	00107	(주)명신전자	3,041,500			3,041,500	110-81-24986				
□	00109	(주)BN전자	68,696,715	100,000,000		168,696,715	140-81-27043				
□	00111	(주)서울시스템	107,040,000			107,040,000	506-81-28276				
□	00114	새서울카센터(주)	2,200,000			2,200,000	314-81-29981				
□	00132	(주)장원전자		8,800,000		8,800,000	135-81-42173				
□	00200	(주)수창기기	7,425,000			7,425,000	410-81-46987				
□	02040	(주)청정기업	2,200,000	12,600,000		14,800,000	102-81-17053				
□	03150	(주)비전통상	11,000,000			**11,000,000**	106-81-77349				
□	04820	하남전자(주)	11,000,000			11,000,000	112-81-47044				

23 조회 [회계] – [금융/자금관리] – [받을어음현황] – 6월 1일 ~ 6월 30일

만기일(월)별	거래처별	어음조회	부분할인/분할배서조회

조회구분 1.일별 ▼ 1. 만기일 ▼ 2022 년 06 월 01 일 ~ 2022 년 06 월 30 일 ?　거 래 처 처음 ? ~ 끝 ?

만기일	어음번호	코드	거래처	원금	보유금액 (분할배서 후금액)	미보유금액 (분할배서금액)	거래일	구분	코드	금융기관	지점
2022-06-20	00420220320123456789	00129	(주)삼송물산	**10,000,000**	10,000,000		2022-03-20	보관	100	국민은행	삼성지점
2022-06-20	08820150120123456789	02000	(주)오성전자	**12,000,000**	12,000,000		2022-01-20	보관	400	신한은행	역삼

24 `조회` [회계] – [전표입력/장부] – [일/월계표] – 1월 ~ 3월

차 변			계 정 과 목	대 변		
계	대 체	현 금		현 금	대 체	계
9,620,000	720,000	8,900,000	(제 조 경 비)			

25 `조회` [회계] – [전표입력/장부] – [일/월계표] – 1월 ~ 3월

조회기간 2022 년 01 월 ~ 2022 년 03 월

차 변			계 정 과 목	대 변		
계	대 체	현 금		현 금	대 체	계
702,500		702,500	전 력 비			
588,000		588,000	세 금 과 공 과 금			
167,000		167,000	수 선 비			
1,000,000		1,000,000	보 험 료			
2,402,900		2,402,900	차 량 유 지 비			
132,000		132,000	운 반 비			
50,000		50,000	도 서 인 쇄 비			
765,100		765,100	소 모 품 비			
550,000		550,000	수 수 료 비 용			
7,600,000		7,600,000	광 고 선 전 비			
125,000		125,000	잡 비			
			[영 업 외 수 익]		2,900,000	2,900,000

26 `조회` [회계] – [전표입력/장부] – [일/월계표] – 4월 ~ 6월

조회기간 2022 년 04 월 ~ 2022 년 06 월

차 변			계 정 과 목	대 변		
계	대 체	현 금		현 금	대 체	계
			[매 출]	5,580,000	311,289,090	316,869,090
			상 품 매 출		25,909,090	25,909,090
			제 품 매 출	5,580,000	285,380,000	290,960,000

27 `조회` [회계] – [전표입력/장부] – [일/월계표] – 10월 ~ 12월

조회기간 2022 년 10 월 ~ 2022 년 12 월

차 변			계 정 과 목	대 변		
계	대 체	현 금		현 금	대 체	계
7,060,000	7,000,000	60,000	수 선 비		7,426,000	7,426,000
6,460,000	3,960,000	2,500,000	보 험 료		9,476,000	9,476,000
1,643,000	66,000	1,577,000	차 량 유 지 비		7,022,810	7,022,810

28 `조회` [회계] – [결산/재무제표 Ⅰ] – [재무상태표] – 3월

과목	제 ?(당)기 [2022/01/01 ~ 2022/03/31]		제 6(전)기 [2021/01/01 ~ 2021/12/31]	
	금	액	금	액
미 수 금		36,100,000		33,600,000

29 조회 [회계] – [결산/재무제표 Ⅰ] – [재무상태표] – 3월

과목	제 7(당)기[2022/01/01 ~ 2022/03/31]		제 6(전)기[2021/01/01 ~ 2021/12/31]	
	금	액	금	액
선 수 금		9,750,000		3,750,000

30 조회 [회계] – [결산/재무제표 Ⅰ] – [재무상태표] – 9월

과목	제 7(당)기[2022/01/01 ~ 2022/09/30]		제 6(전)기[2021/01/01 ~ 2021/12/31]	
	금	액	금	액
원 재 료		501,833,946		33,686,620

31 조회 [회계] – [결산/재무제표 Ⅰ] – [재무상태표] – 12월

과목	제 7(당)기[2022/01/01 ~ 2022/12/31]		제 6(전)기[2021/01/01 ~ 2021/12/31]	
	금	액	금	액
단 기 대 여 금		15,000,000		50,000,000

32 조회 [회계] – [결산/재무제표 Ⅰ] – [재무상태표] – 12월

과목	제 7(당)기[2022/01/01 ~ 2022/12/31]		제 6(전)기[2021/01/01 ~ 2021/12/31]	
	금	액	금	액
제 품		26,000,000		30,000,000

33 조회 [회계] – [결산/재무제표 Ⅰ] – [재무상태표] – 12월

과목	제 7(당)기[2022/01/01 ~ 2022/12/31]		제 6(전)기[2021/01/01 ~ 2021/12/31]	
	금	액	금	액
비 품		4,000,000		0

34 조회 [회계] – [결산/재무제표 Ⅰ] – [재무상태표] – 12월

과목	제 7(당)기[2022/01/01 ~ 2022/12/31]		제 6(전)기[2021/01/01 ~ 2021/12/31]	
	금	액	금	액
소 프 트 웨 어		8,500,000		0

35 `조회` [회계] – [결산/재무제표 Ⅰ] – [재무상태표] – 12월

과목	제 7(당)기[2022/01/01 ~ 2022/12/31]		제 6(전)기[2021/01/01 ~ 2021/12/31]	
	금	액	금	액
퇴 직 급 여 충 당 부 채		50,000,000		50,000,000
외 화 장 기 차 입 금		52,500,000		52,500,000
부　　채　　총　　계		1,257,879,610		427,417,000
자　　　　본				
Ⅰ. 자 　 본 　 금		1,148,000,000		1,148,000,000
자 　 본 　 금		1,148,000,000		1,148,000,000
Ⅱ. 자 본 잉 여 금		2,000,000		2,000,000
주 식 발 행 초 과 금		2,000,000		2,000,000
Ⅲ. 자 본 조 정		△800,000		△800,000
자 　 기 　 주 　 식		△800,000		△800,000
Ⅳ. 기 타 포 괄 손 익 누 계 액		10,000,000		10,000,000
매 도 가 능 증 권 평 가 익		10,000,000		10,000,000
Ⅴ. 이 　 익 　 잉 　 여 　 금		532,285,315		167,053,020
이 　 익 　 준 　 비 　 금		15,100,000		15,100,000
미 처 분 이 익 잉 여 금		517,185,315		151,953,020

실무수행 4　근로소득관리

① `입력` [인사급여] – [근로소득관리] – [급여자료입력]

- `수당/공제등록` 을 클릭하여 수당항목 등록

	코드	수당명	과세구분	근로소득유형	구분	월정	급여	상여	추급	추상
1	101	기본급	과세	1.급여	매월	○	○		○	
2	102	상여	과세	2.상여	부정기			○		○
3	200	직책수당	과세	1.급여	매월	○	○		○	
4	201	자격수당	과세	1.급여	매월	○	○		○	
5	202	식대	비과세	2.식대	P01	매월	○	○		○	
6	203	자녀수당	과세	1.급여	매월	○	○		○	
7	204	자가운전보조금	과세	1.급여	매월	○	○		○	

- 1020.이기중의 급여자료입력

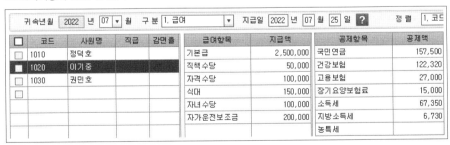

급여항목	지급액	공제항목	공제액
기본급	2,500,000	국민연금	157,500
직책수당	50,000	건강보험	122,320
자격수당	100,000	고용보험	27,000
식대	150,000	장기요양보험료	15,000
자녀수당	100,000	소득세	67,350
자가운전보조금	200,000	지방소득세	6,730
		농특세	

사원: 1010 정덕호 / 1020 이기중 / 1030 권민호

귀속년월 2022년 07월　구분 1.급여　지급일 2022년 07월 25일　정렬 1.코드

입력 [인사급여] – [근로소득관리] – [원천징수이행상황신고서]

[실무수행평가] – 근로소득관리 1

36	37	38	39	40
3,000,000	50,000	100,000	2,704,100	67,350

36~39 **조회** [인사급여] – [근로소득관리] – [급여자료입력] – 1020.이기중

40 조회 [인사급여] – [근로소득관리] – [원천징수이행상황신고서] – 1020.이기중

| 귀속기간 | 2022 | 년 | 07 | ▼ | 월 | ~ | 2022 | 년 | 07 | ▼ | 월 | 지급기간 | 2022 | 년 | 07 | ▼ | 월 | ~ | 2022 | 년 | 07 | ▼ | 월 | 0.정기신고 | ▼ |

| 1.신고구분 | ☑ 매월 | □ 반기 | □ 수정 | □ 연말 | □ 소득처분 | □ 환급신청 | 2.귀속연월 | 202207 | 3.지급연월 | 202207 | 일괄납부 | ○ 여 ● 부 | 사업자단위 | ○ 여 ● 부 |

원천징수내역　부표-거주자　부표-비거주자　부표-법인원천

구분		코드	소득지급(과세미달,비과세포함)		징수세액				9.당월 조정 환급세액	10.소득세 등 (가산세 포함)	11.농어촌 특별세
			4.인원	5.총지급액	6.소득세 등	7.농어촌특별세	8.가산세				
근로소득	간 이 세 액	A01	1	3,000,000	67,350						
	중 도 퇴 사	A02									
	일 용 근 로	A03									
	연말정산합계	A04									
	연말분납금액	A05									
	연말납부금액	A06									
	가 감 계	A10	1	3,000,000	67,350					67,350	

② 입력 [인사급여] – [기초/인사관리] – [사원등록] – 1010.정덕호

● 부 양 가 족 명 세　　　　　　　　　　　　　　　　　　　　　　　(2022.12.31 기준)

	연말정산관계	기본	세대	부녀	장애	경로70세	출산입양	자녀	한부모	성명	주민(외국인)번호	가족관계
1	0.본인	본인	○							정덕호	내 721010-1774918	
2	3.배우자	배우자								김해숙	내 750426-2111111	02.배우자
3	1.(소)직계존속	60세 이상			3	○				정태흥	내 421110-1919012	03.부
4	4.직계비속(자녀	부								정현우	내 961001-1299482	05.자녀
5	4.직계비속(자녀	20세 이하						○		정유진	내 041215-4399484	05.자녀
6	6.형제자매	부								정수연	내 830827-2222220	30.누이
	합　　계			1	1			1				

- 김해숙(연말정산관계 : 3.배우자)

  – 연간 소득금액 합계액이 100만원 이하이고, 이혼 전이이므로 배우자 공제 가능

  ※ 연간소득금액 = 주택입주 지체상금 2,000,000 – 필요경비 1,600,000 = 400,000

핵심이론 1　**배우자공제**

해당 과세기간의 소득금액이 없거나 해당 과세기간의 소득금액 합계액이 100만원 이하인 사람

핵심이론 2　**연간 소득금액 합계액 100만원 산정방법**

1. 일시적으로 발생한 퇴직소득금액과 양도소득금액도 포함
2. 근로소득만 있는 경우 총급여액 500만원 이하
3. 비과세 · 분리과세 · 비열거 소득은 제외

핵심이론 3　**기타소득금액**

기타소득금액은 총수입금액에서 필요경비를 공제한 금액으로 하며 주택입주 지체상금은 받은 금액의 80%를 필요경비로 한다.

핵심이론 4　**기본공제대상자 판정시기**

공제대상 배우자, 공제대상 부양가족, 공제대상 장애인 또는 공제대상 경로우대자에 해당하는지 여부의 판정은 해당 과세기간의 과세기간 종료일 현재의 상황에 따른다. 다만, 과세기간 종료일 전에 사망한 사람 또는 장애가 치유된 사람에 대해서는 사망일 전날 또는 치유일 전날의 상황에 따른다.

- 정태흥(연말정산관계 : 1.소득자 직계존속)
  - 합계 2,000만원 이하 금융소득은 분리과세되고, 장애인이므로 나이 제한 없이 부양가족공제 가능

> **핵심이론 1** 부양가족공제(직계존속)
>
> 거주자와 생계를 같이하는 60세 이상인 직계존속으로서 해당 과세기간의 소득금액 합계액이 100만원 이하인 사람
>
> **핵심이론 2** 부양가족이 장애인인 경우
>
> 부양가족이 법에 따른 장애인, 장애아동, 상이자 및 이와 유사한 사람으로서 근로능력이 없는 자, 항시 치료를 요하는 중증환자에 해당하는 경우 장애인에 해당하여 나이의 제한을 받지 않고 부양가족공제 가능

  - 기본공제대상자면서 70세 이상이므로 경로우대자공제 가능

> **핵심이론** 경로우대자공제
>
> 기본공제대상자면서 70세 이상인 사람

- 정현우(연말정산관계 : 4.직계비속(자녀, 입양자))
  - 20세를 초과하여 부양가족공제 불가능

> **핵심이론** 부양가족공제(직계비속)
>
> 거주자와 생계를 같이하는 20세 이하인 직계비속으로서 해당 과세기간의 소득금액 합계액이 100만원 이하인 사람

- 정유진(연말정산관계 : 4.직계비속(자녀, 입양자))
  - 20세 이하면서 연간 소득금액 합계액이 100만원 이하이므로 부양가족공제 가능
- 정수연(연말정산관계 : 6.형제자매)
  - 20세를 초과하여 부양가족공제 불가능

> **핵심이론** 부양가족공제(형제자매)
>
> 거주자와 생계를 같이하는 20세 이하 또는 60세 이상인 형제자매로서 해당 과세기간의 소득금액 합계액이 100만원 이하인 사람

41	42	43	44	45
4	3,000,000	1,000,000	2,000,000	150,000

41~45 조회 [인사급여] – [연말정산관리] – [연말정산 근로소득원천징수영수증] – 1010.장덕호

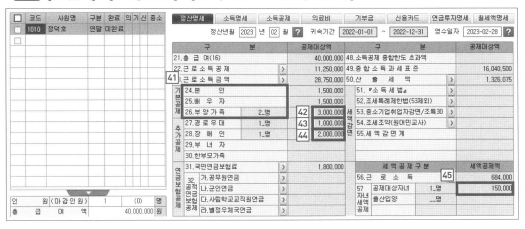

③ 입력 [인사급여] – [연말정산관리] – [연말정산 근로소득원천징수영수증] – 1030.권민호

• 의료비 세액공제 : [의료비] 탭

| 정산명세 | 소득명세 | 소득공제 | **의료비** | 기부금 | 신용카드 | 연금투자명세 | 월세액명세 |

● 지 급 내 역

	공제대상자					지급처			지급명세	
	부양가족 관계코드	성명	내 외	주민등록번호	본인등 해당여부	상호	사업자번호	의료증빙 코 드	건수	지급액
1	소득자의 직계존·	권혁재	내	500102-2111119	○			국세청	1	2,400,000

※ 미용 · 성형수술을 위한 비용과 건강증진을 위한 의약품 구입비용은 포함하지 않음

• 보험료 세액공제 : [소득공제] 탭

| 정산명세 | 소득명세 | **소득공제** | 의료비 | 기부금 | 신용카드 | 연금투자명세 | 월세액명세 |

	관계 코드	성 명	기	구	보험료				의료비	
	내외 국인	주민등록번호	본	분	건강	고용	보장성	장애인	일반	미숙아 선천성 이상아
1	0	권민호	본인/세대 주	국세청			2,200,000			
	1	741011-1111113		기타	1,569,500	340,000				
2	3	이채민	배우자	국세청						
	1	790502-2222221		기타						
3	1	권혁재	60세 이상	국세청						
	1	500102-2111119		기타						
4	4	권진찬	20세 이하	국세청						
	1	091215-3094119		기타						

※ 보장성보험료만 공제 가능

- 교육비 세액공제 : [소득공제] 탭
  - 대학원 교육비는 거주자 본인분만 공제 가능
  - 학원비는 취학 전 아동을 위하여 지급한 경우만 공제 가능

| 관계코드 | 성 명 | 기 | 교육비 | | | 신용카드 (전통시장·대중교통비 도서공연 제외) | 직불카드 (전통시장·대중교통비 도서공연 제외) | 현금영수증 (전통시장·대중교통비 도서공연 제외) |
내외국인	주민등록번호	본	구분	일반	장애인 특수교육			
1	0	권민호	본인/세대주	본인				
	1	741011-1111113						
2	3	이채민	배우자					
	1	790502-2222221						
3	1	권혁재	60세 이상					
	1	500102-2111119						
4	4	권진찬	20세 이하	초중고	1,350,000			
	1	091215-3094119						

탭: 정산명세 | 소득명세 | 소득공제 | 의료비 | 기부금 | 신용카드 | 연금투자명세 | 월세액명세

※ 지출한 교육비 전액을 입력하면 한도에 맞추어 자동으로 반영

- [정산명세] 탭을 눌러 입력한 내역이 반영되었는지 확인

46	47	48	49	50
2,200,000	180,000	1,350,000	−600,920	0.7

46~50 조회 [인사급여] – [연말정산관리] – [연말정산 근로소득원천징수영수증] – 1030.권민호

| 정산명세 | 소득명세 | 소득공제 | 의료비 | 기부금 | 신용카드 | 연금투자명세 | 월세액명세 |

특별소득공제	34. 주택	11년이전 차입분	15년미만	>			61.보장성 46	2,200,000	>		120,000
			15~29년	>			62.의 료 비	2,400,000	>	47	180,000
			30년이상	>			63.교 육 비 48	1,350,000	>		202,500
	나.장기주택저당차입금이자상환액	12년이후 차입분(15년이상)	고정 or비거치	>		특별세액공제	64 기부금	정치	10만원이하	>	
			기타대출	>					10만원초과	>	
		15년이후 차입분(15년이상)	고정&비거치	>				나.법정기부금	>	
			고정 or비거치	>				다.우리사주기부금	>	
			기타대출	>				라.지정기부금(종교외)	>	
		15년이후 차입분(10~15년)	고정 or비거치	>				마.지정기부금(종교)	>	
	35.기부금(이월분)			>			65.계				502,500
	36.계				1,909,500		66.표준세액공제		>		
37.차 감 소 득 금 액					18,040,500		67.납 세 조 합 공 제		>		
그밖의소득공제	38.개인연금저축			>			68.주 택 차 입 금		>		
	39.소기업·소상공인공제부금			>			69.외 국 납 부		>		
	40.주택마련저축	가.청약저축		>			70.월세액		>		
		나.주택청약종합저축		>							
		다.근로자주택마련저축		>							
	41.투자조합출자 등			>							
	42.신용카드등		0	>							
	43.우리사주조합 출연금			>							
	44.고용유지중소기업근로자			>							
	45.장기집합투자증권저축			>			71.세 액 공 제 계				1,336,500
	46.청년형장기집합투자증권저축			>			72.결 정 세 액(50-55-71) 50				289,575
	47.그 밖의 소득 공제 계						82.실 효 세 율(%) (72/21)×100%				0.7%

		소득세	지방소득세	농어촌특별세	계
73.결정세액		289,575	28,957	0	318,532
기납부 세액	74.종(전) 근무지	0	0	0	0
	75.주(현) 근무지	890,500	89,000	0	979,500
76. 납부특례세액 49		0	0	0	0
77. 차감징수세액(73-74-75-76)		−600,920	−60,040	0	−660,960

2024 SD에듀 TAT 2급 기출문제해설집 7회

개정1판1쇄 발행	2024년 01월 05일 (인쇄 2023년 09월 25일)
초 판 발 행	2022년 01월 05일 (인쇄 2021년 11월 17일)
발 행 인	박영일
책 임 편 집	이해욱
저 자	세무회계연구소
편 집 진 행	김은영 · 백한강 · 최수란
표지디자인	박수영
편집디자인	박지은 · 장성복
발 행 처	(주)시대고시기획
출 판 등 록	제10-1521호
주 소	서울시 마포구 큰우물로 75 [도화동 538 성지 B/D] 9F
전 화	1600-3600
팩 스	02-701-8823
홈 페 이 지	www.sdedu.co.kr

I S B N	979-11-383-5993-1 (13320)
정 가	19,000원

SD에듀
회계 · 세무 관련 수험서 시리즈

한국 세무사회	전산회계 1급 이론 + 실무 + 기출문제 한권으로 끝내기	4×6배판	25,000원
	전산세무 2급 이론 + 실무 + 기출문제 한권으로 끝내기	4×6배판	26,000원
	hoa 기업회계 2 · 3급 한권으로 끝내기	4×6배판	32,000원
	hoa 세무회계 2 · 3급 전과목이론 + 모의고사 + 기출문제 한권으로 끝내기	4×6배판	34,000원
	전산회계 1급 엄선기출 20회 기출문제해설집	4×6배판	20,000원
삼일 회계법인	hoa 재경관리사 전과목이론 + 모의고사 + 기출문제 한권으로 끝내기	4×6배판	34,000원
	hoa 재경관리사 3주 완성	4×6배판	28,000원
	hoa 회계관리 1급 전과목이론 + 모의고사 + 기출문제 한권으로 끝내기	4×6배판	25,000원
	hoa 회계관리 2급 이론 + 모의고사 + 기출문제 한권으로 끝내기	4×6배판	20,000원
한국공인 회계사회	hoa FAT 회계정보처리 1급	4×6배판	22,000원
	hoa FAT 회계정보처리 2급	4×6배판	18,000원
	TAT 2급 기출문제해설집 7회	4×6배판	19,000원
	FAT 1급 기출문제해설집 10회	4×6배판	19,000원
	FAT 회계실무 2급 최신기출 10회 + 핵심꿀팁요약집	4×6배판	16,000원
대한상공 회의소	hoa 전산회계운용사 2급 필기	4×6배판	19,000원
	hoa 전산회계운용사 2급 실기	4×6배판	20,000원
	hoa 전산회계운용사 3급 필기	4×6배판	16,000원
	hoa 전산회계운용사 3급 실기	4×6배판	18,000원
한국생산성 본부	ERP 정보관리사 회계 2급 기출문제해설집 14회	4×6배판	17,000원
	ERP 정보관리사 인사 2급 기출문제해설집 14회	4×6배판	18,000원
	ERP 정보관리사 생산 2급 기출문제해설집 10회	4×6배판	17,000원
	ERP 정보관리사 물류 2급 기출문제해설집 10회	4×6배판	17,000원
한국산업 인력공단	세무사 1차 재정학 9개년 기출문제해설집	4×6배판	22,000원
	세무사 1차 회계학개론 9개년 기출문제해설집	4×6배판	22,000원
	세무사 1차 세법학개론 7개년 기출문제해설집	4×6배판	21,000원

※ 도서의 제목 및 가격은 변동될 수 있습니다.

SD에듀와 함께하는
합격의 STEP

Step. 1 회계를 처음 접하는 당신을 위한 도서

★☆☆☆☆
회계 입문자

문제은행 방식에 최적화된
**hoa 전산회계운용사
3급 필기**

무료 동영상으로 학습하는
**hoa 전산회계운용사
3급 실기**

이론+모의고사+기출문제
**hoa 회계관리 2급
한권으로 끝내기**

자격증, 취업, 실무를 위한
기초 회계 입문서
왕초보 회계원리

Step. 2 회계의 기초를 이해한 당신을 위한 도서

★★☆☆☆
회계 초급자

최신 기출복원문제가 수록된
**hoa 전산회계운용사
2급 필기**

실기이론+모의고사
**hoa 전산회계운용사
2급 실기**

합격의 핵심이 수록된
**전산회계 1급
한권으로 끝내기**

무료 동영상으로 학습하는
**[기출이 답이다]
전산회계 1급**

Step. 3 회계의 기본을 이해한 당신을 위한 도서

★★★☆☆
회계 중급자

개정세법이
완벽 반영된
hoa 세무회계 2 · 3급
한권으로 끝내기

핵심이론 + 모의고사 +
기출문제로 합격하는
hoa 회계관리 1급
한권으로 끝내기

최신 출제기준이
완벽 반영된
전산세무 2급
한권으로 끝내기

동영상 강의 없이
혼자서도 쉽게 합격하는
[기출이 답이다]
TAT 2급

Step. 4 회계의 전반을 이해한 당신을 위한 도서

★★★★★
회계 상급자

기출유형이 완벽 적용된
hoa 재경관리사
3주 완성

합격으로 가는 최단코스
hoa 재경관리사
한권으로 끝내기

※ 도서의 이미지 및 세부사항은 변경될 수 있습니다.

   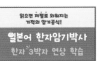